中国人民大学全国中国特色社会主义政治经济学研究中心　　中国人民大学中国经济改革与发展研究院

构建高水平社会主义市场经济体制

十六讲

本书编写组　著

中国人民大学出版社
·北京·

图书在版编目（CIP）数据

构建高水平社会主义市场经济体制十六讲/本书编写组著.--北京：中国人民大学出版社，2025.1.
ISBN 978-7-300-33300-7

Ⅰ.F123.9

中国国家版本馆CIP数据核字第2024E6Q317号

构建高水平社会主义市场经济体制十六讲
本书编写组　著
Goujian Gaoshuiping Shehuizhuyi Shichang Jingji Tizhi Shiliu Jiang

出版发行	中国人民大学出版社		
社　　址	北京中关村大街31号	邮政编码	100080
电　　话	010-62511242（总编室）	010-62511770（质管部）	
	010-82501766（邮购部）	010-62514148（门市部）	
	010-62515195（发行公司）	010-62515275（盗版举报）	
网　　址	http://www.crup.com.cn		
经　　销	新华书店		
印　　刷	涿州市星河印刷有限公司		
开　　本	720 mm×1000 mm　1/16	版　次	2025年1月第1版
印　　张	24.75 插页1	印　次	2025年1月第1次印刷
字　　数	296 000	定　价	88.00元

版权所有　侵权必究　　印装差错　负责调换

目　录

第一讲　完善市场经济的基础制度　　　　　　　　　　　洪银兴 / 1
　　一、完善产权保护制度 / 4
　　二、完善市场准入制度 / 7
　　三、完善公平竞争制度 / 11
　　四、完善社会信用制度 / 15
第二讲　构建社会主义现代化强国的高水平社会主义市场经济体制
　　　　　　　　　　　　　　　　中国人民大学经济学院课题组 / 20
　　一、新时代全面深化经济体制改革的必要性 / 21
　　二、全面建成社会主义现代化强国的经济体制改革目标 / 23
　　三、扎实推进八大重点领域改革，为中国式现代化注入强劲
　　　　动力 / 27
　　四、处理好新时代改革、发展与稳定的六对关系 / 36
第三讲　学习党的二十大精神，坚持社会主义市场经济改革方向
　　　　　　　　　　　　　　　　　　　　　　　　彭　森 / 40
　　一、中国改革的长期性和复杂性 / 40
　　二、为什么要坚持社会主义市场经济改革的方向 / 46
　　三、46 年改革的基本经验 / 57
　　四、新时代新征程改革的新任务 / 65
第四讲　中国特色社会主义政治经济学视域下的"人类命运共同体"
　　　　与"一带一路"　　　　　　　　　　　　　　刘　伟 / 72

一、经济全球化与"人类命运共同体"及"一带一路"的提出 / 72

二、全球化的历史演进与世界政治经济体系发展 / 78

三、"人类命运共同体"的形成与发展 / 85

四、金融危机后的世界政治经济体系转型 / 93

五、"一带一路"与全球治理范式重构 / 101

第五讲　以新一轮结构性改革稳增长促转型　　　　刘世锦 / 113

一、中国经济中长期发展的三个台阶和面临的两个经验或挑战 / 113

二、经济增长阶段转换面临复杂迷茫局面，宏观政策还能做什么 / 117

三、新一轮结构性改革的重点和政策措施 / 123

第六讲　立足新发展阶段　贯彻新发展理念　构建新发展格局

刘元春 / 130

一、从发展的角度深刻认识新发展格局思想的形成和完善过程 / 130

二、用战略思维、底线思维和辩证思维来深入把握新发展格局理论提出的必要性和重要性 / 142

三、从历史实践的角度把握双循环新发展格局的历史基础、政策基础、实践基础和理论基础 / 147

四、要根据当前主要矛盾和矛盾的主要方面的发展变化来布局新发展格局战略的实施路径和重点战略举措 / 153

第七讲　构建和完善高水平社会主义市场经济体制　　　逄锦聚 / 159

一、构建高水平社会主义市场经济体制是全面建成社会主义现代化强国的必然要求 / 161

二、高水平社会主义市场经济体制的一般特征和中国特色 / 164

三、在更高目标上推进经济体制改革，构建更加系统完备、更加成熟定型的高水平社会主义市场经济体制 / 169

第八讲　构建高水平社会主义市场经济体制与要素市场化改革

刘守英 / 175

一、社会主义市场经济体制是创造经济快速发展奇迹的重要法宝 / 176

二、从社会主义市场经济到高水平社会主义市场经济体制 / 177

三、以构建高水平社会主义市场经济体制推进中国式现代化 / 181

四、完善和发展要素市场才能建成高水平社会主义市场经济体制 / 183

五、进一步全面深化农村改革，推进农业农村现代化 / 190

第九讲　认识和把握中国式现代化理论的科学内涵

裴长洪 / 201

一、中国式现代化理论的本质、特征与意义 / 201

二、中国式现代化理论的科学社会主义实践与理论逻辑 / 203

三、中国式现代化理论的马克思主义政治经济学逻辑 / 209

四、中国式现代化理论的历史唯物主义和辩证法逻辑 / 215

第十讲　我国超大规模市场优势分析

黄泰岩 / 224

一、新时代经济发展的新优势 / 224

二、超大规模市场优势支撑现代化的实现机制 / 226

三、巩固和增强我国超大规模市场优势 / 230

第十一讲　高水平社会主义市场经济体制的微观基础

宋冬林 / 232

一、高水平社会主义市场经济体制的历史演进 / 233

二、高水平社会主义市场经济体制的公有制微观主体 / 242

三、高水平社会主义市场经济体制的非公有制微观主体 / 247

四、高水平社会主义市场经济体制下国企民企协同发展 / 250

五、培育壮大社会主义市场经济的微观主体 / 254

第十二讲　分类分层推进国有企业改革

杨瑞龙 / 257

一、国有企业分类改革构想的提出 / 257

二、以分类改革为主线，推进国有经济布局优化 / 264

三、以产权改革为主线，分类推进国有企业混合所有制改革 / 267

四、以共同治理为主线，分类推进国有企业治理结构创新 / 273

第十三讲　全国统一大市场建设　　　　　　　　　　刘志彪 / 281

一、建设全国统一大市场的背景与作用 / 282

二、中国统一大市场的主要特点 / 285

三、统一大市场是新发展格局形成的基础 / 287

四、全国统一大市场的总体影响 / 290

五、统一大市场对产业基础的影响 / 293

六、构建国内统一大市场的政策取向 / 296

第十四讲　推进中国经济持续增长和高质量发展　　沈坤荣 / 299

一、改革开放以来中国经济增长的实现机制 / 300

二、中国经济发展的阶段演变与外部环境变化 / 305

三、以高水平社会主义市场经济体制建设推进经济持续增长与高质量发展 / 313

第十五讲　中国式现代化的政治经济学　　　　　　谢富胜 / 322

一、引　言 / 323

二、马克思文本中的现代化思想 / 326

三、从四个现代化到中国式现代化 / 335

四、中国式现代化的一般性与特殊性 / 346

五、以现代化经济体系建设推进中国式现代化 / 357

六、结　论 / 363

第十六讲　以世界一流企业建设支撑现代化经济体系　黄群慧 / 366

一、建设现代化经济体系的内涵和意义 / 367

二、世界一流企业建设的基本认识与关键着力 / 381

三、现代新型国有企业的提出背景与建设方向 / 384

第一讲
完善市场经济的基础制度*

洪银兴**

完善市场经济基础制度这个概念是党的二十大提出来的,因此应该把它研究的背景放在中国式现代化之中。习近平总书记讲道:"中国式现代化既要创造比资本主义更高的效率,又要更有效地维护社会公平,更好实现效率与公平相兼顾、相促进、相统一。"① 这实际上是告诉我们,社会主义市场经济体制进一步地改革、进一步地完善,就是要实现这两个目标:一个是要更有效率,另一个是要更加公平。

中国的市场化改革已经进行了40多年,社会主义市场经济对中国的发展和国际地位的提升所起的作用无论如何评价都不为过。所以这个方向,我们必须要坚持下去。

---

* 原载《经济学家》,2023(11):5-15,合作者王慧颖、王宇,原题目为《完善市场经济基础制度研究》,后被《新华文摘》2024年第5期转载。

** 洪银兴,南京大学党委原书记、人文社科资深教授,教育部社会科学委员会副主任委员。

① 习近平.推进中国式现代化需要处理好若干重大关系.求是,2023(19):4-8.

社会主义市场经济体制在进入新发展阶段后不仅要继续坚持，还要进一步地完善，中央提出要筑牢社会主义市场经济有效运行的体制基础，这也就意味着我们现在还有一系列的问题影响到社会主义市场经济的有效运行，在理论上和实践上都还有许多需要进一步完善的问题，这些问题可以概括为四个方面：

第一是政府和市场的关系。社会主义市场经济的核心问题就是政府和市场的关系问题，既要使市场对资源配置起决定性作用，又要更好地发挥政府作用。这个问题提出来了，但是在实践中许多问题还是没有很好地解决，往往是要么影响到市场的决定性作用，要么政府还不能更好地发挥作用。

第二是更高标准的市场调节资源配置。中国的市场经济起步比较晚，但起点高，现在标准还要更加高，这是我们现在需要解决的问题。

第三是市场体系、市场秩序问题。现在市场还存在假冒伪劣、坑蒙拐骗，以及诈骗、过度竞争等问题，市场秩序的混乱会直接影响到市场调节的效果。

第四是进一步完善产权制度。产权制度是市场经济的根本，侵犯产权、产权得不到有效的保护会影响到市场经济的进一步完善和发展，也会影响到市场调节的效果。

在此背景下，我们首先需要完整地了解市场经济的制度性规范。

马克思在《资本论》第1卷中提到了在商品交换领域中通行的原则：自由、平等、所有权和边沁。这里着重讲前三个原则。自由是指商品交换的买者和卖者，"是作为自由的、在法律上平等的人缔结契约的。契约是他们的意志借以得到共同的法律表现的最后结果"①。市场经济是建立在自由交换基础上的契约经济。如果契约得不到执行，市场经济就不能运行，这里涉及社会信用。平等是指买卖双方彼此只是作为商品所有者发生关系，用等价物交换等价物，涉及公平竞争。所有权是指"他们必须彼此承认对方是私有者。这种具有契约形式的（不管这种契约是不是用法律固定下来的）法的关系，是一种反映着经济关系的意志关系。"② 马克思讲的关键就是自由、平等、所有权，而这三个方面就是我们讲到的社会信用、公平竞争、产权保护。

党的十八届四中全会通过的《中共中央关于全面推进依法治国若干重大问题的决定》对完善社会主义市场经济提出的要求是：必须以保护产权、维护契约、统一市场、平等交换、公平竞争、有效监管为基本导向，完善社会主义市场经济法律制度。党的二十大报告就构建高水平社会主义市场经济体制提出：构建全国统一大市场，深化要素市场化改革，建设高标准市场体系。完善产权保护、市场准入、公平竞争、社会信用等市场经济基础制度。

从马克思到党的十八届四中全会再到党的二十大，关于完善社会主义市场经济体制、关于高水平社会主义市场经济体制建设，都涉及产权保护、市场准入、公平竞争、社会信用等问题，尤其是党的二十大，把这四个方面称为市场经济基础制度。

我们要抓住市场经济的四个基础制度，即产权保护、市场准入、公平竞争、社会信用。产权保护，是保护各种市场主体的产权和相应的合法权益，同时强调产权的激励作用；市场准入，是各个市场主体能够无障碍地、平等地进入各类市场；公平竞争，是无歧视地

---

① 马克思.资本论：第1卷.2版.北京：人民出版社，2004：204.
② 同①103.

充分竞争，公平交易；社会信用，是要建立有效的保障契约得以实现的秩序，也就是市场经济要有诚信。这四个方面是一个有机的整体，要构建高标准的市场秩序，主要就是把这四个方面的基础制度建设起来。

一、完善产权保护制度

马克思认为，市场交易就是所有权的交易。任何商品（包括资产）只有在产权界定清楚的情况下才能进行交易，市场价格机制也才能发挥作用，资源也才能得到有效配置。我们讲市场交易，实际上就像马克思讲的，商品不会自己进入市场，一定是它的所有者把它带到市场上，它的交易就是所有权的交易。马克思当时没有谈产权理论，从马克思的所有制理论到现代产权理论，是一个演进和发展的过程，政治经济学不能只是在所有制上打转。

从经济学的角度，产权不仅仅是指人对物的权利，还指由人们对物的使用所引起的相互认可的行为关系。科斯理论的关键是以完善的产权制度来克服市场交易成本。产权制度的安排具有降低市场配置资源成本的功能。交易成本是市场经济固有的成本，现实企业不仅仅需要为寻找市场付出成本，其相互间竞争也需要支付成本，通过并购之类的产权安排，企业代替市场，就能够降低交易成本。

我们为什么要谈产权保护？因为有恒产者才有恒心。产权激励是市场经济最强大的动力源。市场主体能够服从市场调节的根本原因，就在于自身的产权利益与其市场行为相关。经济行为收益与风险相匹配，其最致命的风险是产权的丧失，最重要的收益是财产增值。所以产权激励制度涉及产权的界定、配置和流转，明晰企业产权归属、产权控制、产权收益和产权风险,把经济活动的风险和财产收益联系在一起,这是一种稳定且持久的激励。

产权保护有以下意义:第一,市场交易就是所有权的交易;第二,要降低市场交易成本就需要有产权制度;第三,有恒产才有恒心;第四,强调产权的激励作用。那么,如何才能完善产权保护制度?首先要了解产权的含义,产权不仅仅是指马克思当年所谈的所有制问题,现代产权制度还包含更多的内容。

产权是被用来界定人们在经济活动中如何受益、如何受损,以及他们之间如何进行补偿的一种规则。我把这个产权分成两类:第一类是所有权,即 ownership 意义上的产权。它强调几个问题:一是财产的归属,突出所有制,在现实中相关的问题就是所有权的流转、转让和交易;二是产权的保护;三是在混合所有制中的多元股权。

第二类产权——property rights——指的是由一束权利(所有权、经营权、收益权)组成的产权结构,这里的关键是要了解产权的结构,财产的权利也就是所有权、经营权、收益权是可以分割的。对这个意义上产权的研究,最重要的是两个方面:一是股份制企业的企业制度,出资者产权和法人财产权是分离的,在国有企业里所有权和经营权是分离的,这就是产权结构的问题;二是正在推进的农村土地产权制度改革,改革初期是两权分离,即所有权和承包经营权分离,现在又把农民的承包经营权分割为承包权和经营权,农村的产权制度跃升为所有权、承包权、经营权三权分置,而且明确经营权是可以流转的。所以我们现在讨论农村产权制度改革,不仅仅是强调土地承包经营权 30 年不变或进一步延长,更应该关注的是承包权和经营权分离,农民的经营权可以流转出去。

我们再回到企业,哈特认为,企业就是一种产权组织。后面我们强调要保护产权就是因为企业是一个产权组织。党的几次全国代表大会对现代产权制度的特征作了以下几个方面的概括：归属清晰、权责明确、保护严格、流转顺畅。下面我们依次来看这几个方面是如何保护产权制度的。

完善产权保护制度首先要知道保护产权指的是什么，这里概括为三个方面：依法保护、公平保护、全面保护。这就涉及几个问题：一是两个不可侵犯——公有制经济财产权不可侵犯，非公有制经济财产权同样不可侵犯。因此国家的职能就要更加明确，原来讲国家是全民所有制财产的主人，但是现在国家不仅仅是要保护国有财产，而且要保护各种所有制经济产权和合法权益。如果我们的财产无论是公有的还是私有的都能够得到国家严格的保护，那么有恒产就有恒心。诺思专门讲到财产得到保护后的效果：如果每个人都相信私人家庭神圣不可侵犯，那么在室内无人而门不闭户的情况下，就不用担心房屋会被毁或被盗。

完善产权保护制度还要求产权通过市场能顺畅地流转。市场配置的要素既有增量又有存量，相比增量要素，存量要素规模巨大。市场对这部分存量要素的配置意义更大。企业产权结构的重组、存量结构的调整，可以在优化资产质量中提高要素配置的效率。产权能够顺畅流转，本身就是产权保护的表现。几位制度经济学家对这个问题的观点如下：科斯认为，如果产权最初被错误地分配了，那么交易就会发生，并持续到产权以一种有效的方式拥有为止。青木昌彦认为，产权的初始界定是不重要的，重要的是产权的交易和重新调整。德姆塞茨认为，如果所有权可转让给出价最高的人，那么社会福利将趋于最大化。这些制度经济学家都有一个共同的观点，就是存量结构的调整。我们讲的产权保护就应该包含了存量结构的调整。原来我们国有企业效益低，原因是资产到了这个企业以后就不能流动，企业亏损了资产也不能流转出来，实际上国有资产的产权没有得到保护。现在允许产权重组，特别是我们从"管企业"转向了"管资本"，允许国有资产流转，实际上国有资产也就得到了保护，它能到一个更高效益的企业中去运行。

保护产权制度还涉及知识产权的保护。过去一般谈产权保护都是指物质产权的保护，现在尤其要提知识产权的保护，因为现在要转向创新驱动，而创新驱动的一个重要特征就是要由模仿创新转向自主创新，创新的动力就在于知识产权得到有效保护。现在知识产权的保护面临着两个问题：一是知识市场信息最不完全，知识的提供者知道信息、知道知识的内容，但是知识的购买者并不知道知识究竟是什么，但一旦知识的所有者把知识都公布出来，购买者肯定不会去买；二是创新成果的创新成本大于复制成本，这就可能产生"搭便车"的现象，所以就提出需要有严格的知识产权保护才能真正转向自主创新。知识产权保护就是对某种技术或者知识的所有权加以保护，并且在法律上能够保证所有者的权益，这样才能促进创新驱动。

二、完善市场准入制度

市场准入制度是在党的二十大报告中提出的第二个方面的基础制度。我们讲要素市场化配置的微观基础是企业的自由选择和市场的准入，各类市场主体自主地选择生产什么、怎样生产和为谁生产，能够自由进入和无障碍地退出某个市场。企业自由选择的主要方面就是选择市场，包括选择销售市场和购买市场。市场准入的领域和范围越大，企业的选择就越自由，要素的流动也就越自由，所以讲市场准入实际上是解决企业自由选择的问题。

目前我们国家市场准入的领域和范围是不充分的，市场准入存在的限制大致包括三个方面：一是市场垄断，包括资本规模的限制。市场垄断行业某一个企业垄断了某一个市场，就一定会设置种种障碍阻碍竞争者，维持它的垄断地位，这样就限制了竞争。二是制度性限制，包括所有制的限制、内外资的限制、行政审批的限制。三是标准（技术、环保等）限制等，包括能不能达到技术标准、能不能达到环保标准。当前市场准入的限制主要包括这三个方面，既有正面的也有负面的。

公平的市场准入是强调各类企业无歧视地进入市场，既要打破市场垄断，又要打破行政性的制度限制。市场准入还有一个非常重要的意义就是要建设全国统一大市场，因为限制市场准入很大程度上跟市场分割是密切相关的。现在建设全国统一大市场，目标就是要实现商品和各种生产要素在全国范围内自由流动，各个市场主体平等地进入各类市场交易。这个问题很现实，为什么？从经济形态的发展阶段来看，我国是从自然经济直接进入计划经济，又从计划经济向社会主义市场经济转型。因此，严格地说我国的统一市场一直没有形成。我们现阶段存在的市场分割指的是我们的市场是被条条和块块分割的，没有形成全国统一大市场，正是条条分割、块块分割肢解了统一的全国市场。现在地区发展很不平衡，许多行业企业不能自由地进入，就是因为市场被封锁、市场被分割。块块分割即地区封锁，是由地方行政行为所致，不管是发达地区还是经济相对落后的地区都有保护市场的一些行为；条条分割即行业垄断，实质是行政垄断，是行政的权力赋予了它垄断地位。这是我们目前市场准入两个方面的政府行为的限制。

现在要建设统一大市场，那么什么是统一大市场？统一大市场有三个规定：一是从产品和要素的流动性上进行规定，在统一市场上要素自由流动、企业自由流动、产品和服务自由流动。二是看市场主体的地位，统一市场是指各类市场主体能够平等地进入市场并且平等地使用生产要素。三是从市场规则来规定，各个地区的市场按照统一的规则运作。现在各个地区的财政能力、市场化水平不一样，因此吸引要素的规则也不一样，有的地方有能力给人才高工资，有的地方没有这个能力，有的地方可以把一些地方税降下来，更多地吸引企业进去，有的地方没有这个能力，这样地区差距就越来越大。所以统一大市场还涉及准入能力问题，不同地区有不同的准入能力，这也是需要解决的问题。统一大市场虽然不可能一下子消除地区差距，但是可以在打破地区封锁和市场分割的基础上，实现要素和产品的无行政障碍流动。

我特别强调打破市场分割的问题，因为市场准入很大程度上和市场分割是相关的，打破市场分割涉及三种分割：行业的行政性垄断、城乡市场分割和地区分割。

第一，打破行业的行政性垄断。行业的行政性垄断是以行政权力为基础的垄断，要破除垄断所赖以依附的行政基础。因此，放松管制本身就是一种良好的反垄断政策。特别是现在有一些行业垄断了要素，很多市场主体进不去，就是因为它对行业的垄断。现在国有企业改革已经将国有企业区分为公益类和商业类，但公益类也不应该只是国有经济独霸天下，部分领域市场也应该准入。

第二，打破城乡市场分割。城乡市场分割的主要特征是城乡要素市场的分割。现在最重要的是农村的企业、农户能够作为平等的市场主体，进入包括金融市场在内的城乡统一的要素市场。中国农村为什么长期落后？问题就是农民不能成为平等的市场主体，不能平等地获取要素市场上的要素，这就是城乡市场分割的问题。

第三，打破地区分割。地方政府利用行政力量保护本地市场，形成了区域间的市场分割。在自然经济的范围内是非市场的封闭性分割，现阶段是指由地方政府行政造成的地区市场行政壁垒。统一区域市场实际上就是改革政府、打破各个地区市场的行政壁垒，统一市场的前提是统一各个地区干预市场的政策。现在地方市场的准入出现了另一种形式——大家都在争资源、争市场，就看谁有本事把市场主体争到本地来，这就造成了后发地区要素严重流失的问题。我们需要研究新的问题，它不是传统意义上的保护问题，而是保护不了导致要素流失。怎么打破它？这里特别提出一个观点，就是统一市场建设的主体是企业。不能仅仅靠政府来解决这个问题，政府应该放开，真正要统一市场还是要靠企业。特别是分布在不同地区的同一供应链上不同环节的企业产品内的合作关系，是统一市场的强大动力。现在我们的分工进入了产品内分工，竞争已经转变为产业链的竞争，因此在产业链上不同环节的企业可以分布在不同地区，这就有可能打破市场分割。我国幅员辽阔，统一市场也不可能一下子全面形成，统一市场的形成是渐进的、局部推进的。先是区域内形成共同市场，在此基础上各个区域市场层层扩张，相互渗透和辐射，最终形成覆盖全国的统一市场。比如长三角，长三角地区既有发达地区，也有欠发达地区，首先是长三角一体形成一个区域共同市场，区域共同市场形成了，再进一步扩张。

　　关于市场准入还有一个问题：怎么打破行政性制度性准入限制？这就需要实行完善的市场准入负面清单制度，建立公平统一、开放透明的市场准入规则。负面清单对各类企业——外资、民资、国资的市场准入都适用。在负面清单以外各类市场主体都准入，尤其是没有所有制歧视。所谓负面清单意味着影响人民群众生命财产安全、国家安全、公共安全、生态环境安全等的领域不能进入，其他方面都可以进入。宽松便捷的市场准入环境，也就是市场准入便利化，可以克服制度性交易成本。现在制度性交易市场还非常大，在负面清单以外的一些项目、一些领域，政府应该"放管服"。"放"表现在市场准入便利化方面，应大幅削减各种行政审批，基本取消各类不必要的证照。比如，科技企业登记和开业不以资金规模为门槛，而是以高新技术研究成果为门槛，在符合法律法规规定的前提下，探索灵活的登记模式。逐步地，企业的开办由原来的审批变成登记，这就是打破行政性准入限制。

三、完善公平竞争制度

"公平"两个字很重要，公平而充分的竞争是市场经济的本质特征。马克思指出，"社会分工则使独立的商品生产者互相对立，他们不承认任何别的权威，只承认竞争的权威"[1]。这种市场有两大功能：一是优胜劣汰的市场选择机制；二是奖惩分明的市场激励机制。结果是效率提高，自动调节市场供求的不平衡。市场充分竞争的表现，如马克思说的，就是社会内部已有完全的贸易自由，消除了自然垄断以外的一切垄断。所谓公平竞争，主要包括三点：市场准入公平，市场交易公平，竞争机会均等。竞争是市场经济的运行机制，市场决定资源流向和配置的市场选择靠的是竞争机制。在市场竞争中所形成的价格信号和优胜劣汰机制促使资源流向符合市场需要的行业、效率高的企业，竞争促使经济增长由主要依靠资源投入转向主要依靠创新驱动。

公平竞争关键涉及市场秩序问题，市场秩序范式有两种：第一种是竞争范式的市场秩序，也就是要建立充分竞争的市场秩序。后

---

[1] 马克思，恩格斯. 马克思恩格斯全集：第 42 卷. 2 版. 北京：人民出版社，2016：365.

来在市场经济理论发展中出现了信息不完全理论、交易成本理论，因此出现了第二种制度范式的市场秩序，也就是要建立有序竞争的市场秩序，这两者是有区别的。为什么现在强调要建立有序竞争的市场秩序？因为在现实中，完全竞争的市场只是一个假定，不完全竞争才是现实。在现实中血拼式的竞争会造成过大的竞争费用，现在的市场不只是竞争不充分，还可能存在血拼式的过度竞争，导致效率更进一步降低。斯蒂格利茨有一个观点认为，新的市场失灵是以不完全信息、信息的有偿性以及不完备市场为基础的。它的后果是产生机会主义行为，包括逆向选择（契约签订前隐瞒信息）和道德风险（契约签订后隐瞒信息），以及劣币驱逐良币。

因此，竞争是否有效关键在竞争是否有序，市场无序会弱化甚至扭曲市场效应。要特别提出的是：市场交易有成本，竞争也会有费用。市场信息不完全不可避免地会产生机会主义行为，出现劣币驱逐良币现象；现实中过度竞争和竞争不足并存，血拼式竞争会使竞争各方不堪重负，严重浪费资源，改革开放后企业效率提高但成本增加，更大程度上是竞争费用增加；对竞争也要作费用和效率的分析，如果竞争费用过高，甚至进行血拼式竞争，竞争所产生的费用高于竞争所产生的效率收益，这种竞争就是划不来的。所以我们要研究竞争本身是有效还是无效，解决无效竞争的问题。

一是维持有效竞争的反市场垄断机制。

现在反市场垄断有一个策略选择问题：究竟是反垄断组织的形成还是反垄断行为？现实中有正反两方。正方：垄断限制竞争，造成技术进步停滞、腐朽；哈佛学派提出，垄断损害竞争、降低效率，垄断地位可以长期维持，反对垄断势力形成。反方：芝加哥学派提出，垄断来自效率提高，企业垄断地位不可能长期维持，垄断没有消除竞争，没有必要反对垄断势力形成；熊彼特认为，垄断在组织创新和技术进步方面有积极作用。

我认为我们的市场结构即市场竞争范围，有效竞争不反对具有市场支配地位的经营者的形成。因为现代市场有组织性的基础，比如最早的市场经济是原子信息，企业都是小企业、是原子市场，现在都是有组织的企业所形成的，而且市场形成一定的垄断能够降低竞争费用，特别是现在市场范围扩大，在某个地域它可能是垄断，但在更大范围内也是竞争，垄断没有消除竞争。所以我们不需要反垄断组织的形成，但是需要反垄断行为。比如利用垄断地位，制定垄断协议，滥用市场的支配地位和行政权力来排除和限制竞争。利用垄断地位来控制市场垄断价格、实行排他性交易、寻租、增加对手的成本，这样一些垄断行为我们必须要反对。公平竞争、有效竞争就是要反对这些垄断行为。企业逐步做大做强不用反对，但是利用垄断地位采取一系列的垄断行为必须要反对，这就是公平竞争所要求的。

现在还要注意的另外一个问题就是互联网平台反垄断，这是一个新的课题。现在互联网平台上有各种市场行为，比虚拟经济更加虚拟。因此对这一领域的市场监管和法治建设更为紧迫。但是有一个问题我们需要注意：某些电信和互联网公司在各个领域提供互联网基础设施，由此产生的垄断属于自然垄断，是不应该反对的。我们已有的物质性的自然垄断，比如水电气等都是国家垄断，而现在互联网上的自然垄断是公司性质，所以对这部分垄断需要更为关注。我们在互联网平台上反垄断就是反限制竞争、滥用支配地位、伤害消费者利益、阻碍创新的行为。比如某些互联网公司在垄断用户资源后肆意涨价侵害消费者利益，或者利用其自然垄断地位"赢者通吃"，在各个领域的垄断达到一定程度可能会影响国家经济安全，对相关领域有潜力的公司进行肆意并购，打击利用互联网创新的中小企业。在我国大互联网公司的挤压下，有的小微企业无生存空间，何来大众创业万众创新？在这个领域要注意反垄断的复杂性，它的垄断行为不如传统业态那样清楚，互联网互联互通、跨界经营，市场支配地位难以界定。传统业态以销售额计算市场份额，而互联网产品和服务最初大都是免费的，新业态竞争多以信息手段实现，不完全是交易行为，其垄断收益与知识产权收益相交织，所以这些领域需要我们与过去的市场相区别，需要进一步地展开研究。

二是按公平竞争要求强化竞争政策。

因为公平竞争本身是市场行为，但竞争政策是政府行为。竞争政策是政府为保护、促进和规范市场竞争所实施的政策。按照中央的规定，要强化竞争政策的基础地位。强化竞争政策的基础地位要注重以下几点：

第一，在基本经济制度框架内培育市场主体。即在以公有制为主体、多种所有制经济共同发展这个制度框架下来培育市场主体。这里涉及竞争中性，指各种所有制经济公平竞争，既不存在对哪种所有制经济的保护或歧视，也不存在所有制倾斜政策。我们要强化竞争政策的基础性地位就必须要保持竞争中性。国有企业的主导作用不是靠政府的保护而是靠竞争来维持的，要硬化企业预算约束，要有平等的市场地位约束，要进行产权约束。

第二，产业政策是国家引导产业结构的协调和转型升级的政策，包括产业结构政策和产业组织政策。在一个发展中的大国产业地区发展很不平衡的条件下，要实现现代化、产业高级化，一定要有引导，我们是需要产业政策的，关键问题是怎样把产业政策和竞争政策结合起来。

第三，竞争政策属于产业组织方面的政策，竞争政策在产业组织中起到基础性作用。这主要是指两方面：一是产业组织主要依靠竞争：竞争性地选择产业发展方向，竞争性地选择鼓励发展的产业，竞争性地淘汰落后产业，竞争性地建立企业上下游联系，产业就是要靠竞争机制组织起来，才能选准产业发展方向，实现优胜劣汰。二是在垄断和竞争的关系上，市场上存在着垄断结构和垄断行为。不同的产业有不同程度的垄断结构，因而有不同程度的竞争。面对不同垄断和竞争程度的市场，产业政策也应该有不同的引导政策。以竞争为基础的产业组织政策要求在更大范围内减少垄断，无论对哪种市场，都要采取反垄断行为。我们提出要进一步强调竞争政策的基础性作用，把国家的基本经济制度建设和竞争联系起来，把产业组织的政策和竞争有效地结合起来。

四、完善社会信用制度

市场经济是建立在自由交换基础上的契约经济。马克思说：在市场上的买卖双方，"他们是作为自由的、在法律上平等的人缔结契约的。契约是他们的意志借以得到共同的法律表现的自由产物"[①]。在市场经济中经济行为者之间是靠契约即合同维系的，如交易合同、信贷合同、就业合同、债务合同等。如果契约不能执行，市场经济也就失效了。因此，社会信用制度是市场经济的基础性制度。

现实中市场信息不完全问题即信息分布不均匀，交易双方信息不对称，利益关系阻碍信息披露，市场机制本身并不能保证决策者披露其真实信息。价格信息也不完全，表现为市场参与者会故意放大信息，制造信息噪音，尤其是现在所谈的劣币驱逐良币。在市场

---

① 马克思，恩格斯.马克思恩格斯全集：第42卷.2版.北京：人民出版社，2016：166.

信息不完全的条件下，经济行为者会产生逆向选择和道德风险的机会主义行为，既可能生产假冒伪劣产品，又可能产生坑蒙拐骗、失信违约行为。产生的失信行为包括：欠债不还，不执行交易合同，偷工减料，以次充好，采用劣质原材料、销售过期产品，更有甚者假冒伪劣、坑蒙拐骗横行霸道，利用信息不对称来欺骗消费者，通过不正当手段使自己的劣质产品在市场上出售。

针对社会信用缺失行为，单纯靠市场的自动调节是无效的，需要一系列的制度安排。需要完善法律调节机制，建立信誉机制以及与声誉机制相配套的社会信用网络系统，建立激励和约束机制，使守信用者得到利益激励、不守信用者受到惩罚。

社会信用体系的建设主要涉及两个方面：一是制度性信用，通过各种法定的和非法定的方式来建立健全征信体系，通过法律手段严厉打击欺诈等失信行为。二是道德性信用：通过全社会共同遵守的道德观和价值观来克服机会主义行为，使诚信成为自觉的行为，自觉地遵从市场秩序。完善社会信用非常关键，市场经济能不能继续下去或者市场能不能在资源配置中起到决定性作用，都与社会信用密切联系。

1. 正式的制度安排：法律、合同、标准、品牌

第一，完善法治。所谓完善法治，是指依法惩治制售假冒伪劣商品的违法行为，加大对与百姓生活密切相关、涉及人身财产安全的日常消费品的打假力度，严惩不符合强制性标准、掺杂掺假、以假充真、以次充好、以不合格产品冒充合格产品等违法行为。首先要完善市场法规，现实中维护市场经济秩序的法律法规体系和相关法律条文不完善、法律调整不完善，存在法律空白，不仅会给假冒伪劣商品的出现以可乘之机，而且会使制假售假的成本很低。在此基础上还要严格执法，防止部分执法人员的寻租行为，以免出现执

法人员犯法，对假冒伪劣产品打击不力的问题。

第二，建立市场信息披露制度。强制市场参与者准确披露进入市场的产品和服务的信息，利用大数据等现代技术来提高信息的完全程度。政府也要为市场参与者提供产能过剩、技术水准、市场需求等信息，由此从社会范围内降低信息成本。

第三，标准调节。标准是判断质量的尺度，要以标准来区别"优质产品"和"劣质产品"，以标准来监管企业的市场行为。ISO 9000 国际标准对质量保证的定义是"致力于对达到质量要求提供信任的活动"，信任是社会资本，如果能把标准问题解决好，市场经济的信用问题就能够在很大程度上解决好。标准不仅有技术标准，还有环保标准、质量标准等。

第四，品牌管理。品牌的关键在于被识别和被信任，要增强商品的品牌意识。要完善商标的注册和管理机制，提高产品服务的品牌价值和影响力，建立完善商标品牌的评价体系，加强商标品牌的推广和标准的制定。同时要加大对商标、知名商品特有名称等的保护力度。品牌问题要与打击假冒问题连在一起。

2.非正式的制度安排：道德规范、社会责任文化和社会信用机制

第一，道德规范与法治具有互补性。对不守信用的违约行为，法治的作用有限：法律制度越严格，不守信用的成本越大，人们就会越守信用。但是法治针对违约行为的惩治不可能总是有效，原因是现实中不存在完备的法律，"即使世上最睿智和最谨慎的头脑，也不能消除法律的漏洞。"且司法过程相当缓慢，执法过程也会遇到困难，因此需要有道德规范。现实中违约的失信行为大部分不明显触及法律，属于道德问题。执法的效果也与道德规范相关。如果当事人不在乎自己的信誉，法律惩罚的威慑力就非常有限。在一个缺少道德规范的社会里，法律执行也往往是最困难的。道德规范对法律

制度具有替代性。人们越讲诚信，越重视自己的信誉，越能守信用，人们之间的信用度越高，信用合同就越能得到遵守，此时法律插手调节的需求就较小。反之，越是缺少诚信、缺少道德规范的地方，就越是需要法律调节。

第二，社会责任文化的建设。亚当·斯密提出了经济人假说，认为每个人都在追求自身的利益，最终实现社会利益。但后来的诺思提出了一个相反的观点，他认为，人们按自我利益行事的理论不能解释问题的另一面，也就是社会利益的实现并不都是在大家追求自身利益中实现的。诺思所推崇的企业不是仅仅追求自身的利润目标，还应该有主动实现社会目标的意识。其基本目的在于促进一些群体不再按有关成本与收益的简单的、享乐主义的和个人的计算来行事。所以说企业文化非常重要，企业不完全是一个赚钱的机器，企业文化是企业家道德观和价值观的体现。我们实行社会主义市场经济，要推动中国式现代化，应该解决好企业的社会责任问题，要把企业的文化真正地树立起来。如果企业推崇一种唯利是图的文化，毫无疑问它就是要钻政策的空子，就会失信，但如果它推崇承担社会责任的文化，就不会出现社会信用问题。

第三，社会信用机制的建设。社会信用机制要能够识别诚信者和失信者，相应的声誉机制是道德规范的一个方面，其既有激励功能，又有惩罚功能。诚信者形成好的声誉，有人愿意借钱给他，愿意同他做买卖；失信者形成不好的声誉，人们不愿意借钱给他，也不愿意同他做买卖。

社会信用机制要能够识别诚信者和失信者，需要重视大数据的识别功能。此外还要注重传播机制建设，使诚信者和失信者的信息广而告之。失信方与授信方之间的矛盾，就会扩大为失信方与全社会的矛盾。失信方会受到市场和全社会的惩罚。现在的征信机制和自媒体平台能够及时地把一些失信者公之于众，这可能对社会信用起到很大的作用。

现在企业信用体系建设很重要，因为企业信用是企业的社会资本。我们需要建立企业的征信系统，要建立市场主体准入前信用承诺制度。对严重违法的失信企业要建立"黑名单"制度，将信用信息作为惩戒失信市场主体的重要依据。要建立企业信用修复机制，鼓励企业重塑信用。

第二讲
构建社会主义现代化强国的高水平社会主义市场经济体制*

中国人民大学经济学院课题组**

40多年前，我们党开启了改革开放大幕，创造了经济快速发展和社会长期稳定两大奇迹，实现了全面建成小康社会的第一个百年奋斗目标。党的二十大向全世界庄严宣誓："从现在起，中国共产党的中心任务就是团结带领全国各族人民全面建成社会主义现代化强国、实现第二个百年奋斗目标"。改革开放是决定当代中国命运、大踏步赶上时代的关键一招。改革开放也是推进中国式现代化、实现中华民族伟大复兴的关键一招。坚定不移全面深化改革开放，建立社会主义现代化强国的现代化经济体制，是实现这一宏伟目标的重要举措。经济体制改革是全面深化改革的重点，

---

* 基金项目：研究阐释党的二十大精神国家社科基金重大项目"中国式现代化的发展规律和评价指标研究"（23ZDA015）。

** 本课题组成员有于泽、刘晓光、刘瑞明、李三希、刘青、宋扬、范志勇、熊雪锋、刘守英。于泽、李三希、宋扬、范志勇、刘守英为中国人民大学经济学院教授、博士生导师，刘晓光、刘瑞明、刘青为中国人民大学国家发展与战略研究院教授、博士生导师，熊雪锋为中国人民大学农业与农村发展学院助理教授。

社会主义市场经济体制的建立和完善是中国特色社会主义的重大理论和实践创新，是改革开放取得的重大成果，构建高水平社会主义市场经济体制是推进中国式现代化、全面建设社会主义现代化国家的重要法宝。

一、新时代全面深化经济体制改革的必要性

1978 年，党的十一届三中全会拉开了改革开放的大幕，开启了改革开放和社会主义现代化建设新时期。1992 年，党的十四大把建立社会主义市场经济体制确立为我国经济体制改革的目标。党的十八大以来，以习近平同志为核心的党中央高度重视社会主义市场经济体制改革，把坚持和完善社会主义市场经济体制摆在全面深化改革的重要位置，谋划和部署了一系列深化经济体制改革的重大任务和重要举措。[①] 坚持和完善基本经济制度，确立中国特色社会主义"四梁八柱"，所有制范围不断扩展，内涵不断丰富，实现形式日益多样化，呈现公有制为主体、多种所有制经济共同发展的良好局面。面对严峻复杂的国内外环境和各种风险挑战，健全和完善以国家发展规划为战略导向，以财政政策和货币政策为主要手段，就业、产业、投资、消费、环保、区域等政策紧密配合的宏观经济治理体系。科技体制改革全面发力、多点突破、纵深发展，为建设创新型国家打下坚实基础，推动发展新质生产力。高度重视发展数字经济，深入建设网络强国、数字中国，推动国家大数据战略，数字经济总体规模稳步增长，数字基础设施不断完善，产业数字化与数字产业化稳步发展。加快建立开放型经济新体制，在全国范围内推广自由贸

---

① 中共国家发展改革委党组. 进一步全面深化经济体制改革 以高质量发展推进中国式现代化. 求是，2024（10）：29-35.

易试验区，积极参与全球治理，为解决全球性问题提供中国方案。坚持按劳分配为主体、多种分配方式并存的分配制度，不断优化收入分配格局，让改革发展成果更多更公平惠及全体人民，人民群众获得感幸福感安全感不断增强。坚定把"三农"问题作为全党工作的重中之重，工农互促、城乡互补、协调发展、共同繁荣的新型工农城乡关系加快形成。各领域基础性制度框架基本确立，多领域实现历史性变革、系统性重塑、整体性重构。实践充分证明，社会主义市场经济体制的建立和完善极大调动了亿万人民的积极性，极大促进了生产力发展，极大增强了党和国家的生机活力，为推进中国的现代化进程注入强劲动力，是中国特色社会主义的重大理论和实践创新。

与此同时，当前我国经济下行压力依然较大，经济复苏仍不充分，传统经济增长动能减弱，新动能培育增量不足，各类经济主体发展信心不振，亟须再进行一次调动全社会精气神的系统性改革，激发经济发展新动能，延续经济增长与追赶势头。现阶段，高水平社会主义市场经济体制建设面临诸多挑战，具体表现在：市场体系基础制度还需进一步完善，要素和资源市场自主有序流动仍存在不少障碍，市场环境和质量需要进一步优化，商品和服务市场质量体系尚不健全，市场监管效能仍亟须提升，全国统一大市场还有诸多障碍和堵点。[①] 面对新国际竞争格局下的"卡脖子"问题，科技创新体制亟待取得根本性突破，科技资源存在错配、分散、重复、低效、分割、协同性差等问题依然突出，人才成长体制和激励机制不健全，科技创新与经济、产业的协同性不够，科技成果转移转化能力不足，高水平科技创新国际开放合作格局亟待重构。数字经济发展大而不

[①] 张军扩.建设全国统一大市场的本质要求与实现路径.全球化，2023（5）：10-18.

强、快而不优，数据要素市场建设相对滞后，数据产权分置、安全可信流通以及高质量供给不足，数字经济监管体系有待完善，"数字鸿沟"问题亟待解决。建设高水平开放型经济面临新形势、新挑战，全球化的波折、贸易保护主义和地缘政治紧张局势升级，我国在国际舞台上面临来自西方战略竞争的空前压力。城乡差距、收入差距、区域差距仍然较大，实现共同富裕的目标任重道远。乡村系统结构失衡、城乡二分加剧、城乡不平等加大了不平衡不充分问题。面对国际国内诸多历史性挑战，亟须以高水平社会主义市场经济体制为主攻方向进一步深化改革，不断提高资源配置效率，激发各类市场主体活力，培育和壮大经济发展新动能，为延续经济增长与追赶势头营造良好制度环境，破除经济社会发展的体制机制障碍，为实现中国式现代化提供充满生机与活力的制度保障，为强国建设、民族复兴提供有力支撑。

二、全面建成社会主义现代化强国的经济体制改革目标

全面深化改革的总目标是完善和发展中国特色社会主义制度、推进国家治理体系和治理能力现代化，在经济领域建立全面建成社会主义现代化强国的高水平社会主义市场经济体制。

一是以高水平社会主义市场经济体制推动全面建成社会主义现代化强国。现代化是由传统社会向现代社会的转型。[1][2] 从世界各国实现现代化的历史看，从传统体制转向现代体制是现代化的基本特征。在经济方面，表现为从传统封闭的自然经济和小商品经济转向以市场配置资源为主的现代市场经济，强调竞争和产权保护，提倡

---

[1] 刘守英.中国式现代化的主要特征.中国人民大学学报，2021，35（4）：7-8.
[2] 刘守英.中国式现代化的独特路径.经济学动态，2021（7）：12-21.

创新创业和企业家精神。因此，建立市场经济体制是实现现代经济增长的必要条件，也是现代体制的核心内容。任何一个国家现代化目标的达成都要求实现制度的现代化，要求国家治理体系和治理能力的现代化，其中最重要的基础性制度就是市场经济体制。凡是实现现代化的国家都建立了市场经济体制。全面建成社会主义现代化强国，不仅要建立市场经济体制，更要在党的领导下构建高水平社会主义市场经济体制，这意味着，中国式现代化在经济领域更加强调经济制度的完备性、更加强调公平竞争、更加强调有效市场和有为政府的结合，目标是以构建高水平社会主义市场经济体制发展新质生产力，推动高质量发展，为建设现代化经济体系打下坚实制度基础。①②

二是以高水平社会主义市场经济体制建设为实现高质量发展这一首要任务提供体制保障。高质量发展是全面建设社会主义现代化国家的首要任务，其载体为现代化经济体系。现代化经济体系是由社会经济活动各个环节、各个层面、各个领域的相互关系和内在联系构成的有机整体，市场体系是其重要组成部分。只有建设好充分发挥市场作用、更好发挥政府作用的高水平社会主义市场经济体制，实现市场机制有效、微观主体有活力、宏观调控有度，才能形成现代化经济体系，才能更好顺应现代化发展潮流和赢得国际竞争主动，也才能为其他领域的现代化提供有力支撑。只有建立高水平社会主义市场经济体制，才能构建新发展格局。高水平社会主义市场经济体制能够保证内外双循环的畅通，实现内外双循环的相互促进。国内循环畅通的核心是保持生产、分配、流通、消费各环节的畅通，

---

① 刘伟.科学认识与切实发展新质生产力.经济研究，2024，59（3）：4-11.
② 江小涓.统筹推进发展型改革与治理型改革 为中国式现代化提供制度保障.中国经济问题，2024（1）：1-6.

构建高水平社会主义市场经济体制，就是要破除制约要素合理流动的堵点，有效破除行政垄断和市场分割，形成国民经济的良性循环。国际循环畅通要求进一步深化商品和要素流动型开放，推动规则、规制、管理、标准等制度型开放，这也是高水平社会主义市场经济体制的主要内容。

为了实现这一改革目标，我们必须进一步解放思想，以经济体制中主要矛盾和矛盾的主要方面为突破口，为中国式现代化提供强大动力和制度保障。

以中国共产党人的历史使命感和责任担当先立后破，继开创社会主义市场经济理论之后，进行社会主义与资本关系的理论原始创新和制度创造。资本是人类发展生产力的重要要素，资本不是资本主义的专属品，社会主义也有资本，社会主义的生产力大发展需要资本大力健康发展。充分发挥社会主义的制度优势，解决资本主义制度下的资本野蛮生长问题，利用和发展好资本，为建成社会主义现代化强国服务。

以改善发展预期、增强政府与市场互信、激发各类市场主体活力为重点，以依法行政、公开透明、大幅度实质性减少直接干预和行政审批为突破口，切实提高宏观经济治理的市场化、法治化水平。切实深化政府行政管理体制改革，建成与远景目标相适应的现代化的财税、货币、投资、消费、创新、金融、社保体制。

进一步厘清政府与市场边界，优化市场准入、监管、退出机制，增强市场主体权利，以法治化推动建成统一开放、竞争有序、制度完备、治理完善的市场体系和与远景目标相适应的高标准市场体系。

构建并完善适应创新驱动发展要求的制度环境和政策法律体系，切实保护科技成果权，实现科技要素参与分配和依法保护，改变科技体制行政化局面，让科学家心无旁骛地向世界科学高峰攀登，实现前瞻性基础研究、引领性原创成果重大突破，在关键共性技术、前沿引领技术、现代工程技术、颠覆性技术创新方面取得重要成功，为建成创新型国家提供制度保障。

建设创新引领、数据赋能、监管科学，兼顾效率和公平的数字经济基础制度体系，使数字技术创新体系更加高效，数据要素潜能进一步发挥，监管治理更加科学常态，数字经济发展成果更加公平地惠及全体人民，建成与中国式现代化目标相适应的统一公平、竞争有序、成熟完备的数字经济基础制度。

理性应对百年未有之大变局，大力推进规则、规制、管理、标准等制度型开放，构建与高标准国际经贸规则相衔接、相协调的国内规则和制度体系，打造公平竞争的市场化营商环境，以及内外资平等、自由竞争的外商投资环境，建设透明稳定、可预期的法治环境，积极参与并逐步引领全球经贸规则、规制、标准的制定，实现从"跟随者"向"引领者"的转变。

完善初次分配、再分配、第三次分配相互协调的制度安排，瞄准低收入群体，建立体现效率、促进公平的共同富裕体制机制和政策框架，使低收入群体的生活水平明显改善，基本公共服务实现均衡化发展，三大差距呈现明显的下降趋势，共同富裕取得实质性进展。

推进乡村振兴、深化城乡融合，构建城乡权利平等开放体制机制，赋予乡村发展权利、优化城乡要素配置，激发乡村活力、实现乡村充分发展和城乡均衡发展，建成与农业农村现代化相适应的城乡权利平等开放体制，实现乡村放活、城市包容、城乡融合的城乡发展新格局，乡村振兴取得决定性进展。

三、扎实推进八大重点领域改革，为中国式现代化注入强劲动力

1.完善基本经济制度的有效实现形式，构建促进实现"两个毫不动摇"的体制机制

一是明确民营经济（企业）是社会主义基本经济制度不可或缺的实现形式。我国企业投资主体多元化，股权结构多元化，所有制形式和结构呈现新变化，新的经济模式、经营模式不断涌现，形成了丰富的所有制结构和分配方式。社会化大生产和股份制的演进，催生了越来越多以"股权的个人所有和生产资料的共同占有"为特征的新型企业，高科技发展创造了更新的经济形态及其多种实现形式，需要在法律上明确它们都是社会主义基本经济制度的实现形式。二是明确多种所有制形成的资本所有权、产权。关于非公有制经济的所有权权能以及相应的企业法人产权权利束缺乏正式规定和法律安排，是导致国民经济运行交易成本上升和企业家预期不稳的根源。国家应切实保护各种所有制经济所有权和法人产权的合法利益，坚持权利平等、机会平等、规则平等，废除对非公有制经济各种形式的不合理规定，消除各种隐性壁垒，激发非公有制经济活力和创造力。健全以公平竞争为核心原则的企业法人产权保护制度，加强对各种所有制经济组织和自然人所有权与法人产权的保护，清理有违公平的法律法规条款。鼓励民营企业依法进入更多领域，引入非国有资本参与国有企业改革，更好激发非公有制经济的活力和创造力。三是完善不同性质的资本和要素参与三次分配的制度。要素分配权是所有权和法人产权安排的具体实现，要坚持生产要素由市场评价贡献、按贡献决定报酬，完善资本、技术、管理等作为要素的集合

在市场中按贡献参与分配的初次分配机制。完善再分配制度，发挥税收等政策在激励财富创造和再分配中的作用，完善资本利得税制度，降低用于社会用途各项所得的税率，促进资本用于财富创造，加大税收对过高收入的调节力度，提高用于个人用途的所得税率，使财富最大程度惠及社会和百姓。完善第三次分配制度和相关政策，引导、支持有意愿、有能力的企业、社会组织和个人积极参与公益慈善事业，实行参与公益慈善事业的税收减免制度，赋予参与第三次分配主体更大的社会荣誉和更高的政治待遇。

2. 建设高标准市场体系

一是健全和夯实市场体系基础制度，建立公平开放透明稳定的市场规则。严格落实市场准入负面清单制度，建立"全国一张清单"。完善适应知识产权和数据要素的反垄断法律法规。完善企业破产制度，降低企业市场退出成本。二是提升市场运行的灵活性，提高要素资源配置效率。利用数字技术推动成品油、天然气、电力等领域市场机制改革。以上市公司质量提升为核心，重点完善常态化退市机制，深化股票发行注册制改革。切实推进人民币国际化。引导金融企业在防风险基础上降低融资成本。坚持以市场化为主导，更好地支持改善性住房需求，构建多层次房地产供给体系，加大对城市更新的金融支持。三是改善市场环境和质量。强化消费者权益保护，加快建立消费者集体诉讼制度，加强对消费者的司法保护。完善和优化消费品标准体系，提升消费品整体质量。四是提升监管现代化水平。完善监管规则，坚持审慎包容，将探索新产品、新市场等权利最大限度交给企业。完善市场主体信用承诺、失信行为认定、失信联合惩戒、失信主体信用修复等机制，大力推进信用分级分类监管，防止滥用信用监管。

3.深化政府改革，更好发挥政府作用

一是以依法行政、公开透明、大幅度实质性减少政府直接干预和行政审批为重点，深化政府行政管理体制改革，推进各项职能转变。切实转变政府职能，建立现代行政管理体制，增强政府公信力和执行力，建设法治政府和服务型政府。减少行政性直接干预手段，减少行业准入的前置性审批。二是实行"国民基础社会保障包"制度。为促进人口自由流动，保障国民基本社会权益，带动资源优化配置和生产率提高，可设计并实施主要由中央和省级政府承担责任的、低标准均等化的"国民基础社会保障包"制度。用名义账户制统一各类人群的基本养老保险，基本养老保险基金实行全国统筹，医保参保补贴实行费随人走，当人口跨行政区流动时，补贴由上级政府承担，中央政府对义务教育生均经费实行按在校生人数均一定额投入，对全国低保对象按人头实行均一定额补贴。这些待遇纳入统一的个人社会保障卡，全体人民均可享受，社会保障卡具有补贴结算功能，实现全国范围的携带。三是深化投资体制改革。减少投资审批环节，提高审批效率。加强投资保护，保障投资利益。从注重事前审批转向改善投资信息、法律、融资、保险等服务。改革民资、外资审批体制，实行"非禁即入"。四是以优先调整事权、带动财力重新配置为重点，启动新一轮财税体制改革。以政府职能转变优化收支结构，增强中长期财政稳定性和可持续性，以事权合理划分重新确定财力配置，合理确定中央事务、地方事务、中央与地方共同事务、中央委托事务、中央引导和鼓励性事务的边界，明确省以下各级政府事权边界。将基础养老金、司法体系、食品药品安全、边防、海域、跨地区流域管理等划为中央事权。五是以降低金融行业准入门槛、推进利率汇率市场化为重点，推动金融体系改革。建立以市场为导向、高效而富有弹性的金融体系，支持转型升级和城镇化进程。重点开展面向中小企业和创新型企业的创业板、新三板、场外市场等多层次资本市场体系建设。大幅度提高债券在融资结构中的比重,实现场内外市场、银行间及交易所市场的互联互通,建立统一的债券监管体系。深化发行制度市场化改革,重点从发行环节实质审核转向信息披露。监管重点从行政性审批和保护金融机构转向防控风险为本和保护金融消费者。针对日趋活跃的跨市场金融创新活动,强化金融体系系统性风险防范的协调职能。深化金融机构产权结构和治理结构改革。降低金融行业准入门槛,形成多元化竞争性的金融体系。大幅降低各级政府对金融机构的持股比例,通过金股等国际通行的股权形式和有效监管降低金融行业准入门槛,鼓励能满足金融服务需求的新兴民营金融机构的发展。

4. 构建发展新质生产力的创新体制

一是探索创建新型举国创新体制。生产力是推动经济发展的根本力量,发展新质生产力是实现中国式现代化的根本动力。新质生产力是由技术革命性突破、生产要素创新型配置、产业深度转型升级而催生的新的生产力革命。新一轮科技革命正在催生新的经济形态,科技创新从模仿性创新向原始创新突破,生产要素重组带来创造性破坏,产业革命蓄势待发,推动生产力向更高级、更先进的质态发展。必须通过全面深化经济体制、科技体制等改革,形成与新质生产力相适应的新型生产关系,有效打通堵点卡点,提高要素配置效率,促进各类先进优质生产要素顺畅流动,为发展新质生产力营造良好制度环境。在涉及国家安全等国家重大利益的领域内,国家科技规划根据国家科技战略需求进行部署,制定主体创新责任制度;在投入大、周期长的基础科技创新领域,探索"集中力量办大事"的长效机制;在商业不确定性较高的竞争性领域,减少政府干预,提升开放程度,引入国际竞争,充分发挥市场机制在研发方向、技术路线等方面的决定性作用。二是营造公平竞争且包容宽松的创新环境。明确市场准入标准，借助动态负面清单，彻底消除各类准入壁垒。完善知识产权保护制度，健全纠纷解决机制，加大侵权惩罚力度，通过重要案例树立司法权威。三是改进创新基础设施的供给和共享机制。以战略支撑、需求牵引为原则，对创新基础设施建设进行提前谋划、统筹协调；以政府性基金为引导，鼓励龙头企业、社保基金、私募股权基金、保险资金和集合资产管理计划等更多社会资本参与建设；优化国家实验室、重点实验室等布局，提升中试平台、专利基础信息资源的开放水平，构建开放共享互动的创新网络。四是加速形成高效的科技成果转化链条。健全科技成果处置权的分类管理机制，减少审批备案流程；在不涉及国家利益、社会重大利益的领域内，完全下放科技成果的处置权。优化科技成果转化激励机制，提高科研人员在科技成果转化中的收益比例。支持行业龙头企业与高校、科研院所开展深度合作、协同创新，加强关键核心技术攻关。构建多元化的高校创新评价指标体系。

5.建立数字经济发展新动能体制

一是构建更加高效的数字技术创新体系。改革产学研协同创新模式与机制，鼓励行业性龙头企业、高校和科研院所针对产业创新、科技研发和数字化转型升级开展联合创新，突出转化应用导向，构建激励相容的产学研成果转化和利益分配机制。完善科技产业领域的市场机制，为新技术应用的供需对接打造开放和公平的市场环境。二是建立促进数据高效流通使用、赋能实体经济的数据要素制度体系。推动数据基础设施建设，保障数据的安全可信流通。加快数据产权分置制度的落地和推广，健全数据要素各参与方合法权益保护，强化数据的高质量供给。培育数据生产、流通、应用等环节优质企业，构建多层次数据交易流通体系。以公共数据和行业数据为引领，探索数据开发利用新模式。建立与数据要素价值和贡献相适应的收益分配机制,激活数据要素市场主体积极性。三是建立法治化、科学化、常态化的数字经济监管体系。创新监管理念,以鼓励创新、包容审慎、法治化和科学化为原则,改革数字经济监管体系。加快数字经济领域的"绿灯"投资制度建设,明确资本"红绿灯",为企业家提供良好的政策环境和稳定的政策预期。充分利用大数据、区块链、人工智能等新型数字技术,优化监管流程、提升监管效率。四是构建以市场为主体的可持续发展动力体系。向市场开放数字教育、数字医疗、数字政务、智慧城市等更多数字化应用场景。鼓励平台企业在引领发展、创造就业和国际竞争中发挥更重要的作用。发挥大型平台企业和行业龙头企业的"头雁效应",推动产业互联网发展,助力广大中小企业加快数字化转型,构建"平台企业/行业龙头企业＋大量中小企业"的数字产业生态系统。五是弥合"数字鸿沟",促进全体人民共享数字经济发展红利。推动农村和欠发达地区的互联网、云计算等数字技术的普及和应用。建立提高全民数字化技能的教育体系。构建有利于新型就业形态发展的劳动者权益保护制度。应对技术冲击,构建更加合理的贫困救助、失业救济和再就业培训等制度,加强数字社会的适老化改造,保障全体人民共享数字红利。

6. 构建高水平开放型经济新体制

一是构建开放型经济新结构,优化商品贸易结构,发展服务贸易、绿色贸易,将生态环保融入开放政策,推动绿色技术和环保产品的国际合作和贸易,构建以服务贸易、数字经济和数字贸易为重点的新型开放经济结构,提高我国在国际服务贸易中的份额,打造全球服务贸易中心地位。二是深化和提速改革开放,继续推进市场化改革,进一步优化营商环境,消除隐性壁垒,降低市场准入门槛,提升经济的开放度，增加市场的透明度、公平性和可预测性，推动教育、医疗等服务领域的深度开放和国际合作，激发市场主体活力。在自由贸易试验区实施更加开放的政策，探索可复制、可推广的改革经验，并加快复制、推广。建立跨部门、跨领域的协调机制，确保开放政策的有效实施和问题的及时解决。三是加强国际科技合作与创新，在科技创新方面与国际合作伙伴建立更加紧密的合作关系，尤其加强在人工智能、生物科技、清洁能源等高科技领域的国际合作，共同推动科技的发展进步与造福人类。加大对海外高端人才的吸引力，建立更为灵活的创新型人才引进机制和国际交流机制。四是提升国际经济合作与竞争力，倡议加强国际供应链合作与管理：通过进一步开放市场，增强我国在国际经济合作中的影响力和竞争力。在维护多边贸易体系的同时，积极参与区域经济合作，积极倡议加强国际供应链合作与管理，构建开放型世界经济。

7. 构建共同富裕实现体制

一是更好发挥市场在初次分配中的决定性作用，建设统一大市场，促进要素自由流动，减少乃至消除劳动力市场歧视，持续破除妨碍劳动力、人才流动的体制机制弊端。赋予高校等事业单位更多用人自主权，突破编制带来的用工藩篱和分配不公，提高各级各类学校的教师待遇，真正推进教育、科技、人才"三位一体"统筹发展。探索建立与数据要素价值相适应的初次分配机制，肯定数据处理者的劳动价值，增强数字财富创造的积极性。二是实施更精细化、激励相容的再分配制度，着力促进机会公平。把提高低收入群体的收入作为推动共同富裕的主要着力点，构建基于生命周期视角的社会救助体系，充分认识当前儿童期的环境差异、教育机会差异将会演变为未来中国的收入差距，出台对于经济困难家庭儿童的早期干预政策，大幅提高农村地区学前教育和义务教育质量。完善低收入群体的就业支持计划，出台更多激励相容的政策措施，实现从"受助"到"自助"的良性循环。进一步完善个人所得税制度，在一、二线城市增加子女教育、住房贷款等专项扣除的金额，切实减轻以劳动收入为主的中等收入群体的税收负担。逐步构建财产税的征收制度框架，适时实行符合国情的遗产税与赠予税制度，打破代际阶层固化。提高农村居民的社会保障水平，缩小城乡间、地区间、人群间的社保水平差异。三是完善激励机制，更好地发挥第三次分配的作用。积极引导企业、个人、社会团体参与公益慈善事业，让有意愿的慈善组织和慈善基金流向农村地区，帮扶弱势群体。引导企业提供普惠产品和服务，满足低收入群体和特殊人群的需求，提升基本公共服务均等化水平。

8.构建城乡融合与乡村振兴体制

推动城乡权利平等开放，就是要致力于完善和开放乡村发展权利、赋予农民城市权利和构建城乡平等权利体系，促进城乡人口自由流动，实现资本、土地、技术和数据等城乡要素市场化配置，扫除乡村振兴和城乡融合的体制障碍，破除城乡二元经济和社会结构，形成乡村振兴和城乡融合协同推进的新格局。一是构建反贫困长效机制和常态化帮扶机制。防止返贫、守住底线，稳定并逐步减少相对贫困人口比重，提高相对贫困人口的自我发展、创造财富能力，形成反贫困的长效机制；提升年轻一代人力资本，加强儿童早期发展教育和职业教育，逐步将职业教育培训作为一项基本公共服务提供；促进就业机会公平，打破行政性管制，开放个人发展权利，防止社会阶层固化，拓宽纵向流动通道，避免对低收入劳动者的歧视性做法，为低收入阶层提供更多可及机会。二是构建完善而开放的乡村发展权利体系。深化农地三权分置改革，以服务规模化、产业规模化、市场规模化为核心探索农业规模报酬实现方式，建立小农与现代农业相结合的产业体系、组织体系、服务体系，推动农业产业革命；以宅基地权利分置和权能完善为核心，以宅基地有偿退出推动村庄适度集聚，优化乡村基本公共服务供给，提升农村社会保障水平，因村施策，分类推进，实现乡村系统重构；以非农建设权利完善乡村发展权，放松用地指标和用途管制，允许集体经济组织和农民利用集体建设用地从事非农建设，在用地类型、标准、规划编制等方面保证多功能、新产业、新业态、新形态在乡村落地，保障乡村发展空间。三是构建以人为核心的新型城镇化权利体系。保障农民乡村土地、集体成员等基本权利，确保农地入市、宅基地流转收入优先用于相应的农村人口社保体系，加快人口城市化；赋予和完善农民城市权利，将户籍制度转变为人口居住地登记，加快推进住房、教育、医疗、社会保障等基本公共服务均等化，健全财政转移支付同农业转移人口市民化挂钩机制；制定公共服务成本分担和布局优化机制，建立中央政府、地方政府、企业、个人四级成本分担机制，按常住人口规模，优化公共服务和基础设施的数量、质量、结构和布局。四是构建要素自由流动的城乡融合权利体系。以城乡统一土地权利体系为核心，促进城乡平等发展权，实施以土地为基础的不动产统一登记制度，构建平等进入、公平交易的土地市场，建立公平共享的土地增值收益分配制度；以集体土地入市为核心保障农民居住权，允许城中村农民集体利用集体土地建立房屋租赁市场，降低农民城市落户门槛；以集体产权制度改革为基础，开放村庄准入权，有序引导城市居民、企业家及社会资本下乡，允许外来人口在满足一定条件后享有村庄的住房、土地、公共事务参与等权利，鼓励城乡人员、资金、技术等要素共同参与乡村建设，共建共享。

四、处理好新时代改革、发展与稳定的六对关系

党的十一届三中全会开启了改革开放的大幕，提出发展是硬道理。第一个"硬道理"产生了非常好的效果，把全党全国人民统一到以经济建设为中心上来，推动我国以生产力发展作为主线，始终紧紧抓住发展这个执政兴国的第一要务，聚精会神搞建设、一心一意谋发展。我们在 40 多年间创造了经济快速发展和社会长期稳定两大奇迹，中华民族实现了从站起来到富起来的伟大飞跃，无可辩驳地证明了"发展是硬道理"。

2023 年 12 月召开的中央经济工作会议明确提出，必须把坚持高质量发展作为新时代的硬道理，必须把推进中国式现代化作为最大的政治。这不仅是做好当前经济工作的总要求，也是我们基本实现现代化和全面建成社会主义现代化强国的总方针。第二个"硬道理"的提出，不仅旗帜鲜明地表明，以经济建设为中心、以发展为主线没有变，而且要实现高质量发展，必须告别传统发展模式，以新发展理念引领发展。这是 2023 年中央经济工作会议发出的最强音。

高质量发展是发展的递进，第二个"硬道理"比第一个"硬道理"更硬。我们唯有在新征程上聚焦经济建设这一中心工作和高质量发展这一首要任务，才能把中国式现代化的宏伟蓝图一步步变成美好现实。同时，我们也要看到，落实第二个"硬道理"任务更为艰巨。我国经济发展的约束条件和函数发生了重大变化，要素结构、组合方式、配置效率发生了改变，传统生产函数和要素组合方式难以为继。我们如何从习惯了的"容易发展"转向"不容易的发展"？当前我国发展的国际环境发生了重大变化，我们如何作出因应与求变，在变局中谋新局？面对所有的不确定性，唯有靠高质量发展这

个硬道理来增进我们的确定性。在全面建设社会主义现代化国家新征程中，要处理好以下六对关系：

第一，新时代的政治与经济关系。在全球和中国发展进程中，政治对经济的影响巨大，同样经济也深度影响政治。在新征程上，正确处理好政治与经济的关系至为关键。党中央明确提出实现中国式现代化是最大的政治，这是新时代处理好政治与经济关系的基本原则。中国式现代化是最大的政治，意味着全党一切工作的重心要围绕实现中国式现代化这一最大的政治展开。只有实现中国式现代化，才有中华民族的伟大复兴。高质量发展是新时代最大的经济，中国式现代化是新时代最大的政治，两者构成新时代政治与经济关系的主轴。在两者的良性互动中，我们最终将实现中华民族的伟大复兴这一宏伟目标。

第二，经济增长与经济收缩的关系。新时代的改革实际上是在一个经济下行压力加大的环境中的改革。过去40多年之所以只要改革就能起作用，很重要的原因是有高增长作为支撑；同时，只要改革就会有高增长继续伴随。在高增长年代，大家比较容易接受改革，因为通过改革能够带来高增长、消化社会矛盾，高增长也进一步推动了改革。目前我们面临的问题是较大的经济下行压力，如何通过改革应对经济收缩是我们面临的新挑战。从人类历史发展的经验来看，现代化分为两个阶段：第一个阶段是靠高增长来推动现代化的进程，以高增长作为支撑，依靠高增长解决社会中的问题；第二个阶段是较易被大家忽略的，就是防收缩阶段。当高增长结束以后，现代化的第二个阶段就是收缩，即可能会出现下行，在下行的过程中会有负增长。一些成功实现现代化国家的基本经验是：经济收缩阶段也是一个全面开放的阶段，越在收缩阶段，越要开放。我国现在正处在防收缩阶段，必须通过推进更大力度的改革，加大全体人民和各经济主体的参与与努力,实现向高收入社会迈进。

第三,秩序与活力的关系。改革是要进一步增加社会的活力。立足当前发展阶段,活力必须建立在秩序的基础上。在高增长阶段结束后,我们面临的更大问题在于秩序的稳定,即政治、经济和社会之间如何平衡的问题。改革是增加活力,而维持秩序有可能会影响社会的活力。所以,在推进深化改革的过程中,要处理好秩序与活力的关系。建立秩序是建立规则,实现公平,而不是简单地管控,只有这样才能以改革增加社会活力、以良序实现社会稳定。

第四,体制转型与防范风险的关系。守住不发生系统性金融风险底线是我国成功跨越中等收入陷阱,实现第二个百年奋斗目标的必要保证。我国面临的重大金融风险本质上不是金融投机风险,而是传统经济发展模式与当前发展阶段不相适应的风险。防范与化解风险和实现体制转型是辩证统一的。一方面,加快经济增长方式转变和体制转型是防范化解金融风险的根本途径,需要从生产关系和生产力两个方面着力。通过主动调整传统经济发展模式,从源头上消除潜在重大风险形成和积累的可能,起到"釜底抽薪"的作用。积极推动实体经济不断发展壮大,增强对金融风险的反向吸收和化解能力。另一方面,要"先立后破",避免因转型造成的"二次风险"。防范与化解重大风险重在构建长效机制,杜绝消极式和运动式的化债模式。消极的方式单纯以降低债务负担为核心,缺少系统性和全局性视野,而积极的方式以培养经济增长新动能为核心,通过高质量发展化解金融风险。消极方式的核心是"止血",但极有可能造成经济活动进一步收缩。这种方式虽然有利于短期管控债务规模,但往往会造成经济陷入长期停滞的风险,无异于"饮鸩止渴"。积极方式是培养经济长期"造血"能力,实现杠杆率的反向软着陆,更有利于经济的长期稳定和可持续发展。

第五，安全与发展的关系。过去我们更关注发展，相对来说，对安全的问题可能重视不够。随着国际环境的变化，安全问题变得越来越重要。统筹安全与发展，需要处理好安全的界定和边界问题。既要维持安全，又要注意避免由此造成对发展的制约。需要坚持底线思维和系统观念，辩证处理好安全与发展的关系。

第六，中国与世界的关系。我国40多年的改革开放进程，从外部环境来说，很重要的一点就是我们融入了全球化，我们充分利用了以开放促改革。随着国际竞争格局的变化，全球化进程发生逆转，以开放促改革的国际环境发生了重大变化，需要我们坚持胸怀天下，以改革促开放，推动更高质量、更全面的对外开放，保持国际经济循环畅通，更好融入世界产业体系和全球治理格局。

第三讲
学习党的二十大精神，坚持社会主义市场经济改革方向

彭　森[*]

2023年是全面贯彻落实党的二十大精神的开局之年，也是中国改革开放45周年，还是党的十八届三中全会确立全面深化改革10周年。

从2023年4月开始，全党深入开展了学习贯彻习近平新时代中国特色社会主义思想主题教育，结合这次学习，总结回顾改革所走过的历史进程，分析判断新征程中改革所面临的新形势、新挑战、新任务，对我们提高政治站位、不忘初心、牢记使命、守正创新、勇毅前行具有重要意义。

一、中国改革的长期性和复杂性

改革开放是中国人民和中华民族发展史上的一次伟大的革命，

---

[*] 彭森，曾任国家发展和改革委员会副主任、全国人民代表大会财政经济委员会副主任委员，现任中国经济体制改革研究会会长。

建立和发展社会主义市场经济是我们党领导建设伟大革命从理论到实践的伟大创造。习近平总书记曾经指出："我国实现了从高度集中的计划经济体制到充满活力的社会主义市场经济体制、从封闭半封闭到全方位开放的历史性转变。"①

46年来，改革是人类历史长河中的一瞬，但也是我们每一个改革的参与者、见证者终生的事业。46年的改革如何划分阶段？采用不同的标准，对改革开放阶段的划分会得出不同的结论，但都需要遵循一个基本的原则，这就是：选择党的某一次全会所作出的重要决定作为标志。

1. 按照改革发展的自然历史进程，中国46年的改革开放可以分为五个阶段

第一个阶段从1978年12月到1984年10月，是改革起步探索阶段。1978年12月召开的党的十一届三中全会开始全面拨乱反正，纠正"文化大革命"的错误，摒弃"以阶级斗争为纲"的错误路线，作出把党和国家工作中心转移到经济建设上来、实行改革开放的历史性决策，特别是提出解放思想、实事求是、团结一致向前看的思想路线，吹响了改革开放的号角。所以以此作为改革的开始点。这个阶段改革的重点在农村，包括废除人民公社制度、推行家庭联产承包责任制，极大地调动了农民的积极性。城市改革主要是在一些国企进行承包制的试点。对外开放从1979年批准设立4个经济特区，到1984年扩大到14个沿海城市。

第二个阶段从1984年10月到1992年10月，是改革开放整体推进阶段。1984年10月召开的党的十二届三中全会通过了《中共中央关于经济体制改革的决定》，标志着改革开始由农村转向城市和整个

---

① 中共中央关于党的百年奋斗重大成就和历史经验的决议. 北京：人民出版社，2021：18-19.

经济领域。1985年3月中共中央作出了《关于科学技术体制改革的决定》，同年5月发布了《关于教育体制改革的决定》，因此，习惯上以此作为第二个阶段的开始，由起步探索阶段转向整体推进阶段。党的十二届三中全会确立了改革的方向、性质、任务和各项基本方针政策，特别是第一次明确提出，中国的社会主义经济是在公有制基础上的有计划的商品经济，这是一项重大的理论突破，是对马克思主义政治经济学的重大创新和贡献。

第三个阶段从1992年10月到2002年11月，是初步建立社会主义市场经济阶段。标志性事件是1992年春天邓小平南方谈话，再次掀起了进一步解放思想、扩大改革开放的浪潮。1992年秋召开的党的十四大明确提出建立社会主义市场经济体制的改革目标。1993年11月召开的党的十四届三中全会通过了《中共中央关于建立社会主义市场经济体制若干问题的决定》，内容包括10个部分共50条，全面确立了20世纪90年代改革的目标和各项任务。这个时期的改革比较重视总体规划，提出"四梁八柱"的基本任务框架。在这一时期，以公有制为主体、多种所有制经济共同发展的所有制结构逐步建立，国企改革从放权让利承包转向经营机制的转换，探索建立现代企业制度，取消生产资料价格双轨制，推进生产要素市场体系的改革，建立以分税制为重点的财税体制，推动金融、外贸、涉外体制改革，成功地加入了WTO等等。其间在1997年召开的党的十五大上，改革理论有了新突破。

第四个阶段从2002年11月到2012年11月，是社会主义市场经济体制的完善调整阶段。改革的第三个阶段一般不以2000年作为结束的标志，而是以2002年11月党的十六大召开为标志。2003年10月，党的十六届三中全会通过了《中共中央关于完善社会主义市场经济体制若干问题的决定》，首次正式宣布社会主义市场经济体制初步建立，提出了五个统筹发展、使股份制成为公有制的主要实现形式，提出建立健全现代产权制度、推动混合所有制经济发展，提出更大程度地发挥市场在资源配置中的基础性作用，提出以人为本，树立全面、协调、可持续的发展观，促进经济社会和人的全面发展，等等，为党的十七大提出科学发展观、党的十八大强调改革的价值取向和发挥市场在资源配置中的基础性作用奠定了基础。党的十七届三中全会通过了《中共中央关于推进农村改革发展若干重大问题的决定》。所以，2002—2012年这10年，不是改革的停滞期而是改革的完善调整期。这10年先后出台了很多文件，包括："两个毫不动摇"，保证各种所有制经济依法平等使用生产要素、公平参与市场竞争、同等受法律保护，统一内外资企业的税制，完成大型商业银行股份制改革，解决资本市场的股权分置问题；取消农业税，全面放开粮食购销，实行最低价收购，推动农村土地确权登记办证，推进城镇化进程取得重大进展；特别是加入WTO以后，以开放促改革，全面履行入世承诺，法律法规制度多次多处修改废止，中国由有限领域的市场开放转为全方位的市场开放。党的十七大报告指出："坚持解放思想、实事求是、与时俱进，勇于变革、勇于创新，永不僵化、永不停滞，不为任何风险所惧，不被任何干扰所惑，使中国特色社会主义道路越走越宽广，让当代中国马克思主义放射出更加灿烂的真理光芒。"

第五个阶段从2012年11月至今，是统筹推进"五位一体"总体布局，全面深化改革的阶段。党的十八大以来，党中央高举改革开放旗帜，果断作出全面深化改革的重大战略决策，改革呈现全面发力、多点突破、纵深推进的崭新局面，改革的系统性、整体性、协同性前所未有，改革的广度、深度、力度前所未有。全面深化改革成为当代中国最鲜明的特点，成为当代中国共产党人最鲜明的品格。这一时期对社会主义市场经济理论的认识有了新的飞跃，比如：党的十八届三中全会把发挥市场在资源配置中的决定性作用写进《中共中央关于全面深化改革若干重大问题的决定》，是思想领域的一个重大突破；党的十八届四中全会以全面依法治国为主题，从理论上解决了改革与法治的关系问题；党的十九届四中全会把社会主义市场经济体制表述为我国社会主义基本经济制度；党的十九届五中全会提出全体人民共同富裕取得更为明显的实质性进展的任务；等等。这些都是在理论上的重大突破。同时改革在发展实践上也进入了新的境界，重大领域和关键环节的改革取得了决定性的成果，经济体系更加系统完备、更加成熟定型，国家治理体系和治理能力现代化水平明显提高。

2.从理论创新和历史重大转折的角度，中国46年的改革开放可以划分为三个阶段

第一个阶段是在改革发展实践中重新认识计划经济、商品经济和市场经济，通过思想发动、局部探索到整体推进，不断探索中国改革开放的方向和目标的阶段。这个阶段主要的理论成果就是邓小平理论的创立，包括社会主义的本质、"三个有利于"、计划与市场的关系等等。这一阶段从1978年到1992年，一共是14年。

第二个阶段是确立社会主义市场经济的目标模式，以此全面推进初步建立并不断完善社会主义市场经济的阶段，时间是从1992年到2012年，一共是20年。

第三个阶段是新时代全面深化改革的阶段。从2012年开始，至今也已经有12年的时间了。

中国的改革是20世纪人类历史上伟大的试验，也是党领导下的一个新的长征。对于改革所需要的时间的认识，也是在改革中不断深化的。

近代中国人对于时间的观念一般都看得比较短，所以在改革初期，不论是中央的考虑，还是一般的理论界的看法，都认为可能通过十年左右就可以完成中国改革的任务。如 1984 年召开的党的十二届三中全会通过了《中共中央关于经济体制改革的决定》，这个决定在列举了改革的主要任务，包括国企改革、价格改革、计划体制改革、政府职能转换等任务之后，专门讲了一段话，就是中央认为这些改革应该根据国民经济各个环节的内在联系和主客观条件的成熟程度，分轻重缓急和难易，有先有后，逐步进行。由于国企改革、价格改革、政府职能转换是从 1984 年开始的，用五年基本完成，也就是大致到 1988 年、1989 年，即从 1978 年到 1988 年、1989 年，是一样的，都认为要用十年左右时间来完成这项改革。

1987 年，李铁映接任国家体改委主任后，要求制定一个"358 规划"，就是改革的三年、五年、八年规划，这反映了对改革需要的时间的看法已经有了一些变化，因为如果从 1986 年再搞一个八年，实际上就到 1995 年了，这就相当于改革要搞十几年。当时为了完成这个"358 规划"，组成了八个课题组，中国人民大学吴树青老师，北京大学厉以宁老师，中共中央党校王珏老师，吴敬琏课题组吴敬琏、周小川老师，中国社会科学院刘国光、张卓元老师，国务院农研中心发展研究所课题组陈锡文老师，国家计委课题组刘洪、洪佳和老师，上海课题组贺镐圣老师各自带领一个课题组，一共八个组。经过半年多时间的研究，八个组都提出了各自的"358 改革规划"，比较一致的认识是，大家都认为再搞 8 年应该基本能够完成改革的任务。我记得很清楚，当时吴敬琏教授带的那个组集中了很多改革方面的青年才俊，最后他提的意见是 1 年稳中起步，2~4 年基本转轨，5~8 年巩固完善，认为中国的改革再搞 8 年，从 1986 年再搞 8 年，到 1995 年应该能够完成。但从实践来看，我们的设想确实距离实际还是有很大差距。后来因为种种变化，实际上一直到了1992年，党的十四大才确立了中国改革的市场化目标，即中国经济体制改革的目标是建立社会主义市场经济体制，仅仅是确立改革的目标就用了14年的时间。三个阶段中的第二个阶段——市场化的改革，又用了20年时间才开始慢慢地巩固和完善下来，然后是进一步的市场化改革，也就是全面深化改革下的推进市场化改革，又用了将近10年的时间。

21世纪初，一些参加过"358规划"的同志，或者长期关注中国改革计划进程和从事改革史研究的同志召开座谈会，会上有同志说，我们原来把改革想简单了，看浅了、看易了、看近了，实际上发展无止境，改革也无止境，这是最后大家形成的一个共识和看法。应该讲，改革和探索中国特色社会主义的实践是相伴相生的，要一以贯之，坚持始终。

二、为什么要坚持社会主义市场经济改革的方向

2022年召开的党的二十大在强调发展是党执政兴国第一要务的同时，进一步强调坚持社会主义市场经济改革方向，坚持高水平对外开放。李强总理在2023年全国两会之后召开的第一次新闻发布会上也明确重申，我们还是要吃改革饭，走开放路，要坚持社会主义市场经济改革方向，在深化改革开放中不断增强发展的动力和活力。

中央为什么一再强调市场化改革的方向和任务呢？我想可以从以下三个方面来认识这个问题。

1. 中国改革的目标模式就是建立和完善社会主义市场经济体制，这是经过改革的艰难探索后得出的认识

首先，有必要对一般意义上的改革和我们所说的市场化改革作

一个区分。从一般意义上说，改革就是解放生产力、发展生产力，要进一步破除生产关系和上层建筑上的障碍，为解放生产力开辟道路，这就是改革。从这个意义上说，确实是发展无止境、改革无止境，改革永远在路上。应该讲，改革也可能是人类社会古今中外都有的一个永恒的话题，而我们现在讲的改革，特别是党的十四大以后所确立的市场化的改革，专指的是破除计划体制的束缚，实现从计划经济向社会主义市场经济转轨所进行的改革。这个从1992年确立社会主义市场经济体制的目标模式以来搞的市场化改革，到2024年已经32年了。

党的二十大提出了开辟马克思主义中国化时代化新境界的任务。回顾中国改革开放46年所走过的道路，实际上也是不断地解放思想，实事求是，追求真理，探索创新，不断地推进马克思主义中国化时代化的过程，而社会主义市场经济理论就是这一过程中最大的一个创新成果。长期以来，西方的学者或者政治家把市场经济看作与社会主义不可兼容，社会主义不可能搞市场经济。但是20世纪在中国改革发端的1979年，邓小平提出了社会主义也可以搞市场经济。而一直到1982年党的十二大还坚持，正确贯彻计划经济为主、市场经济调节为辅的原则，是经济体制改革中的一个根本性问题。1984年党的十二届三中全会通过的《中共中央关于经济体制改革的决定》提出社会主义计划经济是在公有制基础上的有计划的商品经济，当时大家都认为这是一个很大的创新突破，包括近些年还有些专家认为这就是中国市场经济的开端，因为商品经济也就是市场经济的一个初级形式。但实际上，如果看一下党的十二届三中全会通过的《中共中央关于经济体制改革的决定》的原文，上面明确写的是，我国实行的是计划经济即有计划的商品经济，在商品经济前面不但加了"有计划的"这几个字，而且还讲，前提就是我国实行的是计划经济。这说明党内对于搞计划经济还是搞市场经济，一直是有激烈的争论的。

所以说，在改革的前十几年，随着改革不断突破计划经济的束缚，改革的目标模式也在不断调整，但市场经济还始终是一个禁区。直到1992年邓小平发表南方谈话，明确提出计划经济不等于社会主义，资本主义也有计划，市场经济不等于资本主义，社会主义也有市场，计划和市场都是经济手段。同年10月党的十四大报告明确提出，中国经济体制改革的目标是建立和完善社会主义市场经济体制。这一目标模式的确立把社会主义制度与市场经济结合起来，形成了具有中国特色的社会主义经济发展模式，开启了中国改革开放的新阶段，也开启了马克思主义中国化的一个新纪元。

所以，社会主义市场经济是中国改革的一大发明，也是中国改革经过艰难探索和实践取得的一个伟大成果。对于中国在社会主义条件下搞市场化改革，国内外确实有很多不解和疑惑。我记得很清楚，1992年党的十四大提出建立和完善社会主义市场经济体制的目标，国际上当时也有不同的看法。1993年，国家体改委举办北京高层论坛，请了国外的一些政要和刚刚退下来的政要，包括英国前首相撒切尔夫人。撒切尔夫人毕业于牛津大学，我当时也刚刚从牛津大学做访问学者回来不久，所以论坛主办方就让我一直陪同撒切尔夫人。撒切尔夫人一路在问：你们说的社会主义市场经济到底是什么意思？我印象最深的就是，她见到当时的总书记江泽民时也问了这个问题。江泽民说，社会主义市场经济体制就是社会主义条件下的市场经济。当翻译人员把这句话翻译给撒切尔夫人听后，她还是不太明白，但她不好意思再追问了。当天晚宴时，她又向当时的政治局委员、国家体改委主任李铁映问了同样的问题。我还专门向李铁映报告，说这个问题，撒切尔夫人上午已经问过总书记了，李铁映就笑了,他说:"这个问题我这样回答,你们西方人吃饭用的是刀叉,我们中国人吃饭用的是筷子。现在我们右边放了刀叉,左边放了筷子,吃饭的时候吃牛排我们可以用刀叉,吃面条我们可以用筷子,用什么吃饭更方便,我们就用什么样的餐具。市场经济,我们不把它作为一个和社会性质相联系的模式,它可以和资本主义相结合,当然也可以和社会主义相结合,社会主义条件下完全可以搞市场经济。"他这么讲了以后,我觉得撒切尔夫人可能听明白了,后来就没有再问这个问题。

社会主义市场经济体制是我们当年经过探索所确立的目标模式,这是我们当前还是要坚持社会主义经济改革方向最重要的原因,也是党的文件所确立的改革模式。

2. 市场化改革是应对百年未有之大变局,实现高质量发展的关键一招

改革开放是决定当代中国命运的关键一招,也是构建新发展格局、实现高质量发展、推动中国式现代化的关键一招。

从经济方面看,当前我国经济发展的外部环境十分复杂严峻,百年未有之大变局加速演进,世界政治、经济、安全格局发生了深刻的变化,各种风险和不确定性持续上升。除了2022年爆发的俄乌冲突目前还基本无解,地缘政治冲突威胁加剧之外,2023年世界经济也出现了很多新的问题,包括2023年年初瑞士瑞信银行、美国硅谷银行的破产暴雷,加大了国际银行金融系统的危机和风险,以及美国2022年3月以来前后11次疯狂加息,它的溢出效应对全球经济产生了很大冲击。应该讲,全球化进程遭受了重大的挫折,新冷战的威胁不断浮现,特别是近年来中美关系持续紧张,有向"全面脱钩"对抗的方向演变的风险,这也引起了全球的焦虑。国际货币基金组织针对此专门提出:中美目前的"脱钩断链"、对抗的趋势将对全球经济产生深远的不良影响,不利于全球经济的复苏。IMF在

2023年7月25日发布了关于全球经济增长的预测，认为受发达经济体增长乏力的拖累，2023年全球经济增速预计再降到3%左右，低于2021年的6.3%和2022年的3.5%，这主要还是由于俄乌冲突在继续加深、疫情的影响，以及高利率所导致的货币政策收紧，全球经济处于不稳定的状态。

但是，目前美国与中国之间紧张的对抗状态，确实对我国经济和国际环境产生了巨大的影响。美国2022年10月在国家安全战略中把中国描绘为对现有国际秩序既有重塑意图又在经济、外交、军事、科技等方面具有挑战能力的对手，这已经成为美国朝野的共识。在2023年召开的G7峰会上，美国等西方国家进一步统一了步调，虽然表面上说不寻求与中国发生冲突或者新冷战，把与中国脱钩改为去风险化，但是，它们明确提出，中国是它们共同的长期的战略性最大挑战，实际上"脱钩断链"已经由美国对中国单挑变成组成了一个价值联盟，集体与我国"脱钩断链"。2023年拜登又签署了对外投资限制的行政令，严格限制半导体、量子信息、AI技术等对华投资。当然还有美国等西方国家联手围堵遏制中国，插手台湾问题、涉疆涉藏问题、南海问题等等，可以说当前是中国面临的国际形势最严峻、最复杂的时期。

从国内形势看，2021年以来，国内经济增长速度持续走弱，我国经济面临的需求收缩、供给冲击、预期转弱三重压力仍未消退。改革开放前40年，中国经济保持了年均9.4%的增长速度，2010年是10.3%，是最后一次超过两位数的增长。但是从2011年9.2%的增长到2019年的回落到6.1%，基本上平均每年回落0.5个百分点，一路下行。三年的疫情，我国GDP平均增长了4.5%，但2022年只有3.0%。根据2022年年底中央经济工作会议的精神，2023年年初从中央到地方都在拼经济、稳增长、扩内需、拉投资，第一季度经济增长达到 4.5%，比 2022 年第四季度提高了 2.2 个百分点；第二季度增速是 6.3%，略低于预期，上半年总的增速是 5.5%，应该说从当时来看，国民经济企稳回升的势头比较明显，开局还是良好的，但是从第二季度的 6 月开始，我们过去讲的拉动经济的"三驾马车"都开始进一步地下行。原来期待第三、四季度国民经济可能恢复到常态性的增长，但是从 6—7 月的数据来看，2023 年下半年确实面临着比较复杂的困难和挑战。

从传统的"三驾马车"来看，2023 年上半年投资仅同比增长了 3.8%，7 月进一步下降为 3.4%，其中民间投资同比下降了 0.5%。社会消费品零售总额上半年同比增长 8.2%，但是 6 月仅仅增长了 3.1%，7 月进一步下降为 2.5%，CPI 也同时回落到了－0.3%。从外贸来看，2023 年上半年仅仅增长了 2.1%，其中 6 月同比下降了 6.0%，7 月进一步下降到－8.3%，其中出口下降了－9.2%，进口下降了－6.9%。以美元计价，6 月出口下降了 12.3%，7 月下降了 14.5%。所以，这种情况确实值得我们高度关注，经济回升复苏、持续恢复发展的基础很不稳固，在宏观经济运行方面存在很多值得关注的问题。

刚才讲到的"三驾马车"问题，反映了我国内需外需仍然不足。国内面临着通缩的压力，外贸出口连续下降反映的是外部环境更加复杂严峻，需求明显减弱，也反映了西方国家对华的遏制、"脱钩断链"也产生了一定的后果。另外，我们国内还有一些问题，比如地方财政入不敷出、债务上升、风险加重，特别是内生动力不强，民营经济的信心没有恢复，年轻人失业比较严重。2023 年第一季度居民收入增速低于经济增速，这也是长期以来没有过的。所以，现在刺激消费，居民说我们不是有钱需要刺激才提高消费，我们现在是没有钱来消费，因此直接造成了居民的最终消费低迷不振。

面临着这么多的国际国内的问题和挑战，很多专家感叹，当今世界充满了不确定性，但是，党的二十大确定的方针路线给了我们一个最大的确定性，这就是：坚持以经济建设为中心，坚持社会主义市场经济改革的方向不动摇。中央一再要求，要坚持战略定力，坚定地做好自己的事。这里说的自己的事主要是讲两条：一是发展，二是市场化的改革。做好自己的事情，是中国传统上的一个重大战略思想。《孙子兵法》里有一段很经典的话"昔之善战者，先为不可胜，以待敌之可胜。不可胜在己，可胜在敌"，意思是两军对垒的时候，我们首先要让自己立于不败之地，把自己的事情做好，才能立于不败之地，然后等待敌人犯错误。"不可胜在己，可胜在敌"意味着自己的事情办好了，自己就立于不败之地；如果是敌人犯了错误，我们就可以战胜他。历史经验无数次地告诉我们，发展是解决我国一切问题的基础和关键，改革是发展的根本动力。

总之，面对严峻复杂、风高浪急的国际环境，面对我国经济运行中存在的突出矛盾和问题，特别是经济下行的这种巨大压力，短期内我们可以通过调整宏观政策来扩内需、促投资、刺激消费、稳定就业，包括采取一些更加积极的财政政策，以及总量和结构性的、更加稳健的货币政策。但是最根本的，从中长期来看，要解决目前中国的这种长期的结构性问题，必须要通过改革。

党的十八届三中全会上，习近平总书记明确地指出，使市场在资源配置中起决定性作用。高质量发展是党的十九大正式提出来的，其中的核心要旨，一是要以提高全要素生产率为高质量发展的核心途径，二是要以改善民生为高质量发展的核心目的。全要素生产率的提高靠的是创新，一般人误以为就是科技创新，实际上创新理论的定义是生产要素、配置形式与结构所发生的根本性变化，所以，市场化改革就是最大的创新。从理论上讲，市场化改革可以为高质量发展开辟道路，而且中央也一再明确提出，同时也有一些实践上的例子，我在这里讲两个例子。

（1）王小鲁、樊纲定期发布《中国分省份市场化指数报告》，这是中国经济体制改革研究会长期支持的一个重要研究课题。这项研究已经进行了23年，先后发布了9份报告。报告从五个方面选取了17项指标进行长期、持续、客观的跟踪和评价，这17项指标没有一个讲经济增长了多少、财政增长了多少、人均GDP有多少，而是政府与市场的关系、商品市场的完善、要素市场的完善、非公经济的发展以及市场环境和法治环境等五个方面的17项指标。这个分析报告引起了理论界、学术界很大的关注，很多经济学家用这个报告来分析中国的市场化改革进展。北京大学张维迎教授也长期使用这个报告的数据，他发现，各省份指数的分析虽然没有用到经济方面的统计指标，但是各省份的市场化指数排名与各个地方的经济发展排名是高度相关的，而且是正相关的。我也从他的角度反复地进行了比较，觉得他的这个结论是正确的。

（2）中共中央党校周天勇教授对中国经济增长速度与全要素生产率的关系进行了分析研究。从理论上讲，全要素生产率是指扣除了资本、劳动力、土地等要素投入对经济增长的贡献后，剩余的因素对经济增长作出的贡献，一般是指科技创新或广义技术进步这方面的因素。但是周教授研究发现，不论是国际上的案例，还是中国改革以来的情况，广义技术进步基本上是一个常量，每年对GDP的增长贡献平均在1个百分点，而中国改革以来经济以年均9.4%的速度高速发展，其中有3.49个百分点是与全要素生产率有关的。在排除了广义技术进步这1个百分点以后，还有2.49个百分点得益于经济转轨过程中市场化改革所释放出来的被旧体制禁锢的发展潜力。换个说法就是，在中国经济高速增长的40多年里，全要素生产率的贡献占 36.7%，其中改革所形成的全要素生产率对 GDP 的贡献占 26.18%，就是四分之一以上。

当前我们要应对经济下行的压力，保持经济的稳定增长，我想，除了宏观政策、结构调整、产业政策之外，必须要进行市场化的改革。当然，对于全要素生产率的计算和结论，有各种计算方法，可谓见仁见智。但是周教授的研究用数据证明，市场化改革为中国经济的快速发展，或者是下一步的稳定发展提供了重要的支撑。

3. 市场化改革的目标任务远未完成

总体来说，市场化改革的任务是改计划经济、建市场经济。计划经济与市场经济最本质的区别是资源配置方式根本不同：政府为主来配置资源，就是计划经济；市场为主来配置资源，就是市场经济。

中国改革 46 年，市场化改革就搞了 32 年。2002 年党的十六大宣布我国初步建立了社会主义市场经济，但是距离高水平的成熟定型的社会主义市场经济仍有差距，以致有人发问：中国的计划经济从 1953 年确立第一个五年计划开始，照搬苏联高度集中的计划经济模式，搞了 25 年，但是为什么改计划经济改了 40 多年还没有改成？

如何评估当前市场化改革所取得的进展呢？

我想起一个很有趣的例子。2011 年我在国家发改委分管改革工作的时候，按照中央的要求，要对当时的改革进程进行全面的总结，同时为新一轮改革制定规划。当时也请了一些西方专家到中国做咨询，其中有一个著名专家就是哈佛大学教授、2001 年诺贝尔经济学奖获得者迈克尔·斯宾塞（Michael Spence），他当时全程参与了我们的专家咨询活动。我用了差不多 3 个半天给他们介绍了中国改革，又看了一些项目，最后请专家们对目前中国的改革进行评价或提出建议。很多西方专家都对中国的市场化改革称赞有加，最后我们请迈克尔·斯宾塞教授来讲一讲，他说，当然中国的社会主义市场经济是一个很伟大的事业，是一个重大的发明，根据他们这次来看到的情况，我们所描绘的社会主义市场经济体制就像一个大厦一样已经都建立起来了，远处看是一个很宏伟的大厦，但不能近看，因为近看就会发现一些问题，比如门窗够不够、安装的地方是不是合适。这里他实际上讲的是我国对外开放的程度问题。另外，他还说，一个大厦内部应该还有动力系统、循环系统、信息系统、安全系统、生态系统等等，中国的社会主义市场经济这个大厦里很多系统和机制还不完备，特别是他提出了关于竞争的问题，因为从国际上来看，竞争政策是一个通行的基础性的政策，但是当时中国对于竞争政策重要性的认识还相对不够。他当时讲的判断，我们觉得很重要，我也根据整个活动的情况，最后写了报告向中央作了汇报，后来我还向中央政治局作过一次关于这一问题的专题报告。

后来在党的十八大包括党的十八届三中全会上，习近平总书记在对《中共中央关于全面深化改革若干重大问题的决定》作说明的时候也明确地指出，要让市场在资源配置中发挥决定性作用。目前我国的市场经济体制还存在一些问题，比如政府与市场的关系尚未理顺，市场体系仍不完善，市场配置资源的范围有限等。2018年，在庆祝改革开放40周年大会上，习近平总书记指出："我们现在所处的，是一个船到中流浪更急、人到半山路更陡的时候，是一个愈进愈难、愈进愈险而又不进则退、非进不可的时候。"[①]

过去的10年，我们以巨大的政治勇气全面深化改革，打响改革攻坚战，加快改革的顶层设计，坚决破除各方面体制机制弊端，各

---

① 在庆祝改革开放40周年大会上的讲话.北京：人民出版社，2018：42.

领域的基础制度框架基本建立，但是距离建成一个成熟的高水平社会主义市场经济体制还有很大的差距，重点领域还有不少硬骨头要啃，例如市场体系仍然不够完善，特别是要素市场的发展相对滞后，还存在着大量的市场分割和多轨运行的情况，市场在资源配置中还难以发挥决定性的作用；政府对微观经济活动的干预仍然过多，一些行政垄断、市场壁垒、地区分割等现象严重影响了全国市场的统一；民营经济公平竞争的地位尚未真正建立起来，歧视、怀疑甚至黑化民营经济的现象屡有发生，极大影响了民营企业家的预期和信心，也弱化了竞争政策的基础性地位。

近年来，面临着国际上百年未有之大变局的压力、数字革命的挑战和机遇，导致在社会上出现了怀念计划经济、怀疑市场经济的苗头。有人觉得按照现在的大数据、计算机的运算能力，是不是搞计划经济也是可以的，政府是不是很多事情也能做得很好。针对这样的情况，2020年，习近平总书记在参加政协联组会的时候专门讲到，还是要坚持社会主义市场经济改革的方向，让市场在资源配置中起决定性作用，不能回到计划经济的老路上去。

应该讲，坚持社会主义市场经济改革方向，核心是处理好政府与市场的关系，实际上就是要处理好在资源配置中，是市场起决定性作用还是政府起决定性作用的问题。习近平总书记指出，市场决定资源配置，是市场经济的一般规律，市场经济本质上就是市场决定资源配置的经济。完善社会主义市场经济必须遵循这条规律，着力解决市场体系不完善、政府干预过多和监管不到位的问题。推进市场化改革，关键是要最大程度地减少政府对资源的直接配置，减少政府对微观经济活动的直接干预，把市场能有效调节的经济活动交给市场，把政府不该管也管不好的事情交给市场，让市场在所有能够发挥作用的领域都充分发挥作用，推动资源配置实现效益的最大化和效率的最优化。

党的二十大报告对党的十八大以来的改革成果作了充分的肯定和全面准确的评价，同时也对构建高水平社会主义市场经济体制提出了明确的任务。中央近年在积极推进要素市场化配置改革、加快建设全国统一大市场、健全公平竞争审查制度、进一步完善社会主义市场经济体制方面，推出了一系列市场化改革的文件，进一步向世人宣誓了中央坚持社会主义市场经济体制改革的决心。任务提出来以后，关键还是落实，改革永远在路上，但市场化的改革任务必须以只争朝夕的决心和勇气来加快推进。

三、46 年改革的基本经验

因为 2024 年是改革 46 周年，所以下面我简单回顾总结一下 46 年改革的基本经验。

关于中国改革的基本经验，在纪念改革开放 30 周年的时候，中央从理论方面总结过十条。后来庆祝改革开放 40 周年的时候，习近平总书记也作出过重要的指导性意见。近年来社会上也有学者作过很好的归纳。作为改革的亲历者、见证者、参与者，我认为以下几条可能尤为重要。

1. 坚持解放思想、实事求是的思想路线

解放思想是改革开放的一个前提条件。思想不解放，教条主义、经验主义横行，哪里来的创新、哪里来的改革呢？40 多年来，每一次改革的深化、每一项重大改革方案的出台，首先都是以解放思想为先导、为条件，没有思想解放，任何改革突破都是难以想象的。改革时代之所以以 1978 年 12 月党的十一届三中全会召开为标志，不是因为这次会议正式确定了改革开放的方针，而是党的十一届三中全会决定从思想上拨乱反正，纠正"文化大革命"的错误，批判"两个凡是"的错误路线，把党和国家中心工作转移到经济建设上来。在党的十一届三中全会召开之前，1978年11月10日召开了中央工作会议，这个会议原来的主题是讨论农村工作和今后两年的经济工作，但是一开就开了36天，是一次解放思想的大会。会议主题转到了真理标准的讨论和对重大历史问题的评价，这才有了邓小平最后所作的《解放思想，实事求是，团结一致向前看》的讲话。解放思想，实事求是，团结一致向前看，这是开辟新的改革时代的宣言书。在解放思想的基础上，到1979年4月中央工作会议才提出了"调整、改革、整顿、提高"的八字方针，这八字方针中就包括了改革。之后，又经过农村家庭联产承包责任制的改革探索，1984年党的十二届三中全会才通过了《中共中央关于经济体制改革的决定》，把改革的重点转到城市改革上来。所以，思想解放确实是非常重要的。

党的二十大提出开辟马克思主义中国化时代化新境界，如果没有思想解放，没有理论创新和发展，今后的改革任务都是无法完成的。邓小平在党的十一届三中全会之前召开的中央工作会议上，专门讲了一段非常振聋发聩的话，在今天仍然有重大的现实意义。邓小平说，一个党，一个国家，一个民族，如果一切从本本出发，思想僵化，迷信盛行，那它就不能前进，它的生机就停止了，就要亡党亡国。邓小平把思想解放放到非常重要的位置上，这是我们改革理论研究和实践探索的皈依，我们必须把思想解放的旗帜永远高高地举起来。

2. 坚持发展是硬道理

改革的本质就是变革上层建筑和生产关系，解放和发展生产力。改革不是目的，改革只是一个工具，是一个路径的选择，改革是为发展服务的。改革初期最大的阻力是关于姓"社"还是姓"资"的争论。所以邓小平提出，贫穷不是社会主义，发展是硬道理，不改革开放只有死路一条。正是坚持了以经济建设为中心，一切改革的评价，关键是看是否有利于发展社会主义社会的生产力，是否有利于增强社会主义国家的综合国力，是否有利于提高人民的生活水平，40多年改革开放才会克服和排除来自"左"和右的各种干扰，取得了举世瞩目的伟大成就。

农村改革就是最突出的例子。新中国成立的时候人口是5.4亿，当时的粮食总产量约1.1亿吨，人均208公斤。国民经济恢复以后，1958年中国的人口恢复到了6.6亿，粮食总产量只有1.96亿吨。后来经历了"文化大革命"的动乱，到1978年改革开始时，我国人口为9.63亿，粮食总产量为3.05亿吨。20年只增加了1.09亿吨。但是农村改革实行包产到户以后，特别是1979年调整了粮食统购价格，1984年我国人口达到10.44亿，粮食总产量增加到了4亿吨，人均390公斤，仅仅6年就增加了1亿吨。1996年粮食总产量达到4.9亿吨，2013年达到6亿吨，这些年一直维持在6.5亿吨以上。2022年达到6.87亿吨，人均483公斤，远远超过全球人均320公斤的水平。新中国成立后几十年我们都觉得粮食问题是个大问题，当时6亿人的吃饭问题、8亿人的吃饭问题、10亿人的吃饭问题解决不了，靠什么？靠的就是改革变革生产关系，农村家庭联产承包一包就灵。但是当时的争论很大，我印象很清楚，包产到户初期，有很多说法都认为，辛辛苦苦几十年，一夜回到解放前。一直到1980年9月中央召开会议，研究农村家庭联产承包到底要不要做的时候，还是有很大争论，有人认为家庭联产承包搞包产到户就是一座独木桥，不能做，也有人坚决要搞家庭联产承包。当然，承包不是一包就灵，它还包括农村其他政策的调整，比如粮食购销价格的调整，

1979年统购统销粮食价格一下子提高了20%，20年没有动农产品价格，这次一次购销价格就提高了20%，超计划的超购部分购销价格提高了50%。如果再突破，超过超购部分的，还可以进入自由市场，进入自由市场的粮食，粮价就放开了，已经达到了购销价格的2倍以上。当时价格的放开，加上农村实行的家庭联产承包责任制，刺激了农民种粮的积极性，解决了这么多年来不敢想的这么多人吃饭的问题。这是一个最明显的例子。

中国解决各种问题的关键在于依靠自己的发展，而改革是发展的第一推动力。当前中国进入新时代，面临新的矛盾，要开启新的阶段，但是改革是发展的根本动力这一论断不会改变，坚持以经济建设为中心不会改变。只是我们现在说的发展是高质量的发展，是以人民为中心的发展，这是我们必须坚持的新发展理念。

3. 坚持市场化的改革方向

40多年来，中国改革的核心问题一直就是计划与市场，或者说政府与市场的关系问题。1982年党的十二大召开以前对商品经济的争论很大，当时根据党内理论工作负责人的意见，党刊直接发文批判商品经济，重申以计划经济为主体、市场调节为补充。邓小平会见外宾时提过计划调节和市场调节相结合，1979年他还提了中国也可以搞市场经济。因此，从高度集中的计划经济，到有计划的商品经济，再到社会主义市场经济，改革目标模式的变化反映了思想解放的过程，也是"三个有利于"标准检验以后的成果，更是人民在改革实践探索中达成的共识和正确的选择。

实践证明，市场经济是最有效的资源配置方式，只有充分发挥市场在资源配置中的决定性作用，才能让一切劳动、资本、技术、管理的活力竞相迸发，才能让一切创造社会财富的源泉竞相涌流。

近年来中央也多次强调市场化的改革。党的十八届三中全会通过的《中共中央关于全面深化改革若干重大问题的决定》明确提出，必须积极稳妥从广度和深度上推进市场化改革，大幅度减少政府对资源的直接配置，推动资源配置依据市场规则、市场价格、市场竞争实现效益最大化和效率最优化。2019年政府工作报告特别强调，坚持以市场化改革的思路和办法破解发展难题。党的十九大报告和党的二十大报告都明确地反复提出要坚持社会主义市场经济改革的方向。

我又想起了国家体改委原副主任、党组书记安志文讲过的一段话。安志文曾经担任过国家计委委员、建委副主任，他说新中国成立后他一辈子就干了两件事：开始是诚心诚意地学计划经济，后来实心实意地改计划经济、搞市场经济；搞计划经济的时候他一马当先，搞市场经济的时候他义无反顾。所以，社会主义市场经济确实是我国改革的一个最基本的经验，要坚持这个方向不动摇。

4. 坚持走渐进式改革的发展道路

中国作为一个有14.1亿人口的发展中大国，各项改革必须从自己的国情出发，而决不可能照搬任何外来的模式。改革初期邓小平提出摸着石头过河，重大的改革要先行试点，总结经验，逐步推开。这种渐进式改革之路也成为中国改革的一个最为人称道的基本经验。

渐进式改革的关键在于要重视调动地方、企业和群众的积极性，尊重和保护改革的首创精神，支持和保护广大干部群众满腔热情地投身到改革事业，鼓励和保护理论工作者对改革理论和实践的总结，也支持和保护企业家等新的社会阶层发挥中国特色社会主义建设者的作用。

中国渐进式改革最重要的一个例子还是价格改革。2018年改革开放40周年的时候，我到中国人民大学参加价格改革40周年研讨会并作了发言，中国社会科学院的张宇燕老师也在会上作了发言，我们都是把价格改革作为中国改革的一个最重要的实践和探索，也是最重要的经验来进行总结和回顾的。改革初期，100%的生产资料、90%的生活资料价格都是政府定价。我印象最深刻的一个例子是，在改革初期的1979年讨论农村工作时，考虑要通过提高农村粮食的收购价格来解决当时的工农产品价格"剪刀差"问题。但粮食的收购价格提高了，肉蛋奶禽的成本也提高了，所以它们的价格也要提高。当时实行的是计划经济，计划经济就是所有商品的价格都由国家统一规划。所以，粮食价格提高，肉蛋奶禽价格提高，就涉及给职工发补贴，当时的想法是基本要跟上粮食价格上涨的幅度，但当时价格一涨就涨得很多。所以，国务院在1979年7月专门召开了一次国务院常务会讨论怎样增加职工补贴，来适应粮食价格和肉蛋奶禽价格提高的问题。当时的方案是给每个职工每月增加5元，一年增加60元，当时全国有多少职工呢？全国职工加上现役军人参加补贴的一共1亿人，这就意味着财政部一年要多支出60亿元，60亿元在当时是一大笔支出。在会上讨论的时候，当时的财政部部长张劲夫说，我们作过测算，粮食价格提高以后，肉蛋奶禽的价格也提高了，但总的提价幅度只有55亿元，补60亿元，财政部就得多拿钱，能不能少补一点？每个职工一个月补4.5元行不行？会上大家争论得很激烈。后来，当时主持财经工作的一个副总理说，我们这么大一个共和国，就为了5毛钱在这争来争去，太不像话了，我们就按照原计划5元来补。当时我也是受益者，1979年我在北京大学读书时是带工资的——一个月43元，现在一下增加了5元钱，5元钱在当时是很重要的一个补贴。但这些当时都是要经过讨论、争论，由政府计划推进的。后来随着价格改革的不断推进，到了1986年，国家统一定价的商品由113种减到25种，65%的农产品和55%

的工业消费品都实现了浮动价格和市场定价。

针对生产资料特别是钢、铝、有色金属等出现了一些"双轨制"的问题，对当时的经济秩序造成了较大危害，中央在1986年、1987年准备放开生产资料价格，考虑价税财联动的方案，我当时也参加了这个方案小组，也是作计算、讨论，结果最后考虑到诸多风险，方案没有出台。到了1988年，当时要搞价格闯关，邓小平讲要过五关斩六将，但是正好遇到了严重的通胀冲击，这个改革方案也终止了，无疾而终。所以双轨制一直延续到20世纪90年代中期，粮食价格一直到1993年才全面放开，生产资料价格"双轨制"到1994年才真正实现了并轨，由市场决定价格。中国的价格改革走了一条双轨并存、调放结合、以放为主的渐进的道路。

实践证明，这种渐进式的改革是中国的哲学、中国的智慧。直到今天，在全面深化改革这10多年里，很多改革比如说海南自由贸易试验区、农村土地三块地改革、要素市场化配置的综合化改革，还是要通过先行试点、综合授权、先行先试、取得经验以后，有些可复制可推广的经验才能全面推开。这个过程也是正确处理改革与法治关系、顶层设计与基层探索关系的一个过程。党的十五大以来要求依法治国，一切改革都要在法治的轨道上进行，而改革又涉及对现有法律制度和政策的一些突破，所以，目前必须要通过综合授权的方式先行先试。在试点的地方，经过中央批准或者全国人大批准，可以在某些法律方面取得一些突破，包括在深圳我们推行了中国特色社会主义先行示范区这样一个综合授权的试点，在浙江搞了推动高质量发展、建设共同富裕示范区的综合授权的试点，近期在浦东、厦门还要进行这方面的试点，这都体现了中国改革中坚持以渐进式的理念来推进的过程。

5. 坚持以人民为中心的根本宗旨

这里我强调两点：一是人民群众是历史的创造者，是推动社会发展的决定性力量，也是经济体制改革和社会主义现代化建设的主要动力和推动者。人民群众也是实践和认识的主体，一切智慧的源泉都存在于群众的实践中。只有尊重人民群众在改革开放中的首创精神，到群众中去，总结和汲取群众在实践中创造的经验，改革开放才能不断地开拓进取，克服一个又一个难点。所以，充分发挥人民群众的主观能动性，尊重人民群众的首创精神，是中国特色社会主义市场经济的一个鲜明特征。二是发展与改革都是为了人民，以人为本。党的十八大以来，以习近平同志为核心的党中央多次强调以人为本、人民至上。党的二十大报告指出，必须坚持人民至上，人民性是马克思主义的本质属性。一切改革如果不能以人民为中心，不能满足人民群众对美好生活的向往和追求就是无意义的。改革40多年来，我们之所以取得了成功，关键就是坚持发展为了人民、发展依靠人民、发展成果由人民共享。

在构建高水平社会主义市场经济体制的新征程上，必须坚持以人民为中心的发展思想，坚持共同富裕的本质要求，强化宗旨意识，践行群众路线，尊重和鼓励人民群众的首创精神，推动改革发展成果更多更公平地惠及全体人民，不断增强人民群众的获得感、幸福感和安全感，充分激发蕴藏在人民群众中的创造力。

当然中国改革的基本经验还有很多，例如正确处理改革、发展和稳定的关系，正确处理改革和对外开放的关系，正确处理改革和法治的关系，正确处理经济改革和政治改革的关系，等等。

6. 中国改革基本经验中最重要的一条是坚持党的领导

40多年来所有重要的改革都是在党的会议上作出的。中国共产党领导是中国特色社会主义最本质的特征，也是中国改革最本质的特征，或者说最基本的经验。

40多年的改革实践创造了很多经验，这些经验代表着中国的改革智慧，是中国特色社会主义政治经济学的组成部分。在全面深化改革的今天，这些经验仍然闪耀着真理的光辉。

四、新时代新征程改革的新任务

加快构建高水平社会主义市场经济体制，是推动中国式现代化的关键任务。

建设中国式现代化，是新时代新征程中国共产党的使命任务。党的二十大对中国式现代化的五个基本特征和五项重大原则要求都进行了全面系统的阐述。中国式现代化既包括经济体系的现代化，如新型工业化、信息化、城镇化、农业现代化等等，也包括人的现代化，这体现为以人民为中心，现代化的本质是人的现代化。中国式现代化最重要的是还包括国家治理体系和治理能力现代化。小智治事，大智治制，高水平社会主义市场经济体制是国家治理体系和治理能力现代化的一个重要标志，也是实现高质量发展、加快中国式现代化的重要制度支撑和保证。

党的二十大报告在阐释中国式现代化的主要目标任务和重大原则时，都明确提出了坚持深化改革开放，破解深层次体制机制障碍，完善社会主义市场经济体制的要求。报告所强调的市场化改革的重点任务和党的十九届五中全会审议通过的《中共中央关于制定国民经济和社会发展第十四个五年规划和二〇三五年远景目标的建议》是完全一致的，即：建设高标准市场体系，市场主体充满活力，产权制度和要素市场化配置改革取得重大进展，公平竞争制度更加健全，更高水平开放型经济新体制基本形成。这些是主要目标。

考虑到新一轮的深化改革，我认为，在指导思想上一定要坚持解放思想，不忘初心，重点突破，守正创新。全面深化改革要注意和坚持三个重点：第一，全面深化改革要以经济体制改革为重点。全面深化改革包括经济、政治、文化、环境等几个方面，它的重点是经济体制改革，只有这样，高质量发展、中国式现代化的目标才能得以实现。第二，经济体制改革要以市场化改革为重点。第三，市场化改革要以市场主体、要素市场和市场的基础性制度为重点。要抓住这三个重点。

因此，新一轮中国市场化改革和对外开放应该集中完成好以下几项任务：

1.培育更有活力、创造力和竞争力的市场主体

党的二十大报告再次强调两个毫不动摇，特别是要依法保护民营企业的产权和企业家的权益。民营经济是市场经济的重要组成部分，是稳增长、保就业的主要力量，发展市场经济就要旗帜鲜明地承认民营经济的地位和作用。在这个问题上，2005年国务院出台了《关于鼓励支持和引导个体私营等非公有制经济发展的若干意见》，2010年国务院出台了《关于鼓励和引导民间投资健康发展的若干意见》，2019年中共中央、国务院出台了《关于营造更好发展环境支持民营企业改革发展的意见》，2023年又出台了《关于促进民营经济发展壮大的意见》，共8个方面、31条。我想，出台的文件是很多，最关键的还是要采取措施，切实消除民营经济在市场准入、项目招投标、社会信用和法律保护等方面所存在的一些所有制歧视，营造稳定公平透明可预期的营商环境，最大限度地放开市场、放宽政策、放活人才，恢复和提升民营企业家的信心。

国有企业当然还要继续深化改革，特别是坚持有进有退、有所为有所不为，加快国有经济的布局优化、结构调整和战略重组，推

动国有经济进一步聚焦战略安全、产业引领、国计民生、公共服务的功能，向关系国家安全、国民经济命脉的重要行业，向提供公共服务、应急能力建设和公益的重要行业集中。国有企业还要进一步地推进混合所有制改革。混改的目的不是要做优做强做大国有企业或国有资本，关键是要引入竞争机制，构建适应市场配置资源的现代股权结构，还要处理好党的领导与市场化选聘经营管理者的关系。

2.建设高效、规范、公平竞争的国内统一大市场

在建设高效、规范、公平竞争的国内统一大市场方面，重点还是要坚决破除行业垄断、所有制歧视、地方保护主义和各种市场壁垒，完善统一的产权保护制度，实行统一的市场准入制度，维护统一的公平竞争制度，健全统一的社会信用制度。在夯实市场经济基础制度的过程中，关键任务是要强化竞争政策的基础性作用。在市场竞争中，只有公平才能激发市场主体的活力。

这里也不能不谈到竞争中性的问题，对于竞争中性，2019年政府工作报告也有明确的阐述：要按照竞争中性原则，在要素获取、准入许可、经营运行、政府采购和招投标等方面，平等对待各类所有制企业。我想，我们不能再搞过去那种纯而又纯的国有经济，也不能搞纯而又纯的私营个体经营，现在情况都发生变化了，现在是混合经济、混合所有制大量广泛地存在。

所以在这个过程中，对竞争中性的问题也是有争论的。2019年政府工作报告是有法律效力的，它是在全国两会上经过2 980名人大代表举手表决通过的，但现在好像谈得更少一些了。这两年讲得比较多的就是加强公平竞争审查制度，我觉得这也是一个进步，要加快建立市场竞争状况的评估制度。

在构建全国统一大市场、完善有效市场体系和市场体制的同时，也要更好地发挥政府的作用，深化简政放权、放管服结合，继续推

动政府职能的转变。政府的工作重心还是要放到提供优质公共服务、创新监管方式、维护公平竞争的市场环境上来。

3. 推进要素市场化配置改革

在推进要素市场化配置改革方面，要尽快推出要素市场化配置综合改革试点。健全要素市场体系，扩大要素市场配置的范围，实现要素价格市场决定、流动自主有序、配置高效公平，要统筹推进在土地、资本、劳动力、技术和数据这五大要素方面的市场化配置改革。这里的重点是在"十四五"后半期，新一轮的市场化改革对土地要素、劳动力要素的市场化配置改革，应该取得实质性的重大突破。

土地作为一个最基本的生产要素，改革开放40多年来的市场化进程是相对严重滞后的。全国每年建设用地差不多有1 000多万亩，"十三五"时期的时候差不多有800多万亩，最近进一步压缩，2023年可能是650万亩，但其中政府计划划拨的土地要素占50%以上。我觉得，城乡土地的流通不畅也是目前市场化改革发展的一个重大的制约因素。对于农村的集体建设用地，政府的拍卖价格还是严重扭曲的，宅基地不能流转，农民的资产性收入也难以提高，所以城乡差距、工农差距难以缩小，也不利于共同富裕目标的实现。

在大部分要素都实现了市场化配置的情况下，怎样才能解决目前国家用地自上而下、垂直统一的办法和土地要素市场化进程严重滞后的问题，我想，还是要按照中央的精神，坚定地推进土地要素的市场化配置改革。在"十四五"时期后几年，一是要建立城乡统一的建设用地市场。农村集体性的建设用地与国有的土地应该是同等入市、同价同权，这个原则已经说了几年了，现在进展相对较慢。二是要深化产业用地市场化改革，盘活国有企业存量低效闲置的用地。一方面是大量土地的闲置，另一方面是建设用地还存在很大的瓶颈。三是要深化农村宅基地改革，放活宅基地使用权，特别是促进闲置宅基地在自愿有偿退出以后跨集体流转，这方面过去有法律的限制，宅基地的流转只限于本集体之内。现在通过一些试点，特别是农地入市的试点，有些宅基地的改革已经开了新的口子，其中一个是可以在资源有偿的基础上把它转为集体建设性用地，集体建设性用地如果又和其他的城市建设用地可以同价同权、同等入市，就可以解决在不是一个集体内部的人群之间流转的问题，这方面可能在地方还要继续进行探索并取得突破。四是要进一步改革土地计划的管理方式，赋予省级政府更大的用地自主权，探索全国性的建设用地增减挂钩、结余指标的跨区域交易机制。目前我国的土地改革任务还是相对比较重的，但还是要有一个目标，要迈出第一步。它是一个难点，但也可能成为新一轮改革的重要推动力量。我们也设想过，到2035年能不能通过土地制度的市场化改革实现如下目标，比如基本取消行政性指令性的用地计划，不再实行建设用地的指标管理，也不再对市场主体和公共部门占地做门槛的审查，完全依照空间规划和法律的规范进行程序性审查，代之以依照法律使用交易土地的登记制度。另外，再全面建成全国统一的城乡建设用地市场，在该市场上土地依法进行交易。通过市场竞争、公平竞争，土地的价格实现市场定价，最终把政府从土地财政中真正解放出来。

  关于劳动力的市场化配置，其关键还是目前的户籍制度问题。我们的户籍制度和土地制度一样，它适应的也是计划经济，是为过去的二元体制和二元经济服务的。当前我国城乡二元结构问题没有解决，户籍制度是很大的体制障碍。城镇化进程这几年在逐渐放慢，按照户籍统计的城镇化率现在只有46%，而按照常住人口统计的城镇化率是65%，中间有接近20%的差距。深圳在搞中国式现代化先行先试的试点，做先行示范区，但首先户籍问题就是必须要克服的一个大难关。根据《深圳市2023年国民经济和社会发展统计公报》，

2023年末深圳的户籍人口只有606.14万，常住人口1 779.01万。而深圳市管理人口有2 237万，这是一个非常大的差距。这个问题必须解决，不解决的话，劳动力在城乡方面的差别，包括所有制方面的差别，都会极大地阻碍劳动力的自由流转和市场的配置。

实际上解决这个问题也很容易，重点是要突破户籍制度对劳动力自由流动所设置的障碍。第一步可以推行以经常居住证登记户口的制度。在城市群内可以探索户口的通迁、居住人互认的制度，建立劳动、就业、创业、医疗、养老等基本公共服务与常住人口挂钩的机制。第二步是逐步用居住证来取代实行了70年的户籍制度。户籍制度作为一个影子制度还是可以保留的，但它只是记录了你的出生和迁徙情况。如果我到一个地方工作、居住，取得了这个地方的居住证，就应该完全享受和原来所有的户口居民同等的基本公共服务。这是非常重大的一个问题，也是一个重大的改革。我们也希望在"十四五"时期后两年，在这方面能有一个重大的突破。

4. 收入分配制度改革

在收入分配制度改革方面，党的二十大强调，分配制度是促进共同富裕的基础性制度，一方面要通过做大"蛋糕"，努力提高居民收入在国民收入分配中的比重，提高劳动报酬在初次分配中的比重，探索通过土地、资本等要素使用权、收益权来增加中低收入群体的要素收入，增加城乡居民财产收入；另一方面要通过加大税收、社会保障、转移支付对社会收入再分配的调节力度，建立和规范财富积累机制，保护合法收入，调节过高收入，取缔非法收入，从而更加积极有为地促进共同富裕。

5. 实行高水平对外开放

在实行高水平对外开放方面，要坚持实施更大范围、更宽领域、更深层次的对外开放，稳步地扩大规则、规制、管理、标准等制度型开放；创新服务贸易发展机制，发展数字贸易；进一步缩减外资准入的负面清单，建立健全跨境服务贸易的负面清单管理制度；稳妥推进银行、证券、保险、基金、期货等金融领域的开放；营造市场化、法治化、国际化的营商环境。要进一步完善自由贸易试验区的布局，赋予其更大的改革自主权，特别是海南自由贸易港和自由贸易岛，要对标当今世界最高水平的开放形态，按照货物贸易零关税、服务贸易准入又准营的方向，推进贸易自由化、便利化；实施自由贸易试验区提升战略，扩大面向全球的高标准自由贸易区网络，推动《区域全面经济伙伴关系协定》（Regional Comprehensive Economic Partnership，RCEP）的实施。在更高水平对外开放方面，改革的任务也是很重的。

第四讲
中国特色社会主义政治经济学视域下的"人类命运共同体"与"一带一路"[*]

刘 伟[**]

一、经济全球化与"人类命运共同体"及"一带一路"的提出

经济全球化是世界各国相互之间经济联系越来越密切,进而形成经济各方面逐渐趋向一体化的"命运共同体"的经济发展趋势。这一趋势是一个深刻演进的历史过程,不同时代有其不同的内容和形式,实现的方式和程度也具有不同时代的历史特征。从其发展的动因上看,就其生产力发展的物质基础而言,在于不断深化的产业革命和现代化进程;就其生产关系演进的制度背景而言,在于资产

---

[*] 原载《管理世界》,2019(3):1-16,合作者张文,原题目为《新时代中国特色社会主义政治经济学视域下的人类命运共同体》。

[**] 刘伟,中国人民大学原校长,中国人民大学全国中国特色社会主义政治经济学研究中心主任、国家一级教授。

阶级革命和资本主义生产方式在全世界的扩展；就其实现的体制方式而言，主要在于市场化在全世界范围内的深化。

1. 资本主义生产方式开辟了人类经济发展历史进入世界经济的新阶段

正如马克思所指出的："资产阶级，由于开拓了世界市场，使一切国家的生产和消费都成为世界性的了。"① 从15世纪初地中海沿岸开始出现资本主义萌芽到16世纪初地理大发现及海外殖民，资本主义贸易中心从地中海扩展到大西洋沿岸，形成了潜在的世界市场和全球化可能；从18世纪中叶开始的第一次产业革命确立了资本主义制度在全球文明历史进程中的统治地位，到19世纪后半期开始的第二次产业革命进一步推动经济全球化并形成了资本主义生产主导下的国际经济格局；从20世纪初资本主义进入垄断时期并通过资本输出以殖民地或附属国的方式把广大落后国家统一于垄断资本主义（帝国主义）主导的世界经济结构，到第二次世界大战后以美国为首形成的新的世界经济体系（布雷顿森林体系）；从布雷顿森林体系推动20世纪50年代之后形成经济一体化的全球经济高潮，到20世纪90年代后开始加速发展的经济全球化世界性新潮流，直至进入21世纪后在贸易自由化、金融国际化、全球网络化、经济区域化等各方面深入进展的推动下，在世界经济发展中形成的不平衡问题、环境资源问题等挑战不断加剧的条件下，经济全球化成为历史性的不断深化的趋势，同时也在人类经济发展史上不断对全球化提出更为深刻的要求。②

就制度演进而言，经济全球化是资本主义生产方式在世界范围内不断扩张，资本主义经济主导的资源配置方式市场化在全球范围

---

① 马克思,恩格斯.马克思恩格斯选集：第1卷.2版.北京：人民出版社,1995：276.
② 逄锦聚,洪银兴,林岗,等.政治经济学.5版.北京：高等教育出版社,2014.

内不断深化的历史进程，因而其作用具有二重性：一是促进资本在世界范围内有效流动和合理配置，从而全面提升全球资源配置效率和分工的水平，极大地推动生产力的进步和发展；二是加速资本主义生产关系内在矛盾在全球范围内的激化，生产的社会化与资本私有制之间的内在矛盾更加尖锐，运动空间更为广泛，从而进一步加剧了发展的不平衡、不平等以及发展的不可持续等多方面的矛盾冲突。因此，迄今为止的经济全球化历史，一方面是资本主义国家以资本在世界范围内不断扩张的方式主导的，其不仅处于制定规则和秩序的中心地位，而且通过把广大发展中国家置于从属地位的方式，在全球化过程中获得最大的利益，发展中国家的利益增进必须是在能够首先满足发达资本主义国家利益最大化前提下才有可能，这一进程必然是加剧利益冲突、扩大发达国家与发展中国家差距的矛盾深化过程；另一方面，资本主义生产方式的全球化是资本主义市场经济自由化在全球深化的重要体现，因此必然是市场经济盲目自发竞争和矛盾加深，进而经济危机演变为更为广泛、更为深刻的世界经济危机的过程。

殖民主义和冷战时代结束，特别是进入 21 世纪之后，经济全球化的趋势更为迅猛。一方面是更为迅速的科技进步，尤其是信息技术革命，为经济全球化创造了新的技术和产业基础；另一方面是更为广泛的市场化，特别是传统计划经济国家向市场经济的转轨以及大量发展中国家的市场化改革，为要素配置在全球范围的自由竞争创造了更为广阔的市场条件。此外，跨国公司的空前发展，从微观层面的要素流动上为经济全球化创造了更为坚实的企业制度基础；国际机构中多边组织（如 WTO 等）的发展，从宏观层面的国际经济联系机制上为经济全球化创造了更为自由的世界经济秩序条件。在这一进程中，中国经济迅速成长并正在逐渐走向世界舞台的中央，成为新时代经济全球化的突出特点，中国经济发展和体制转型成为推动新时代经济全球化的重要力量，同时，中国经济也是经济全球化的受益者，进而，在新时代经济全球化背景下出现的全球治理赤字，要求包括中国在内的世界各国共同承担。正是在这一背景下，习近平总书记提出"人类命运共同体"理念，并进一步提出"一带一路"倡议，作为中国参与人类命运共同体建设的重要举措。

2. 治理赤字与全球治理新理念

总结以往的国际关系历史，特别是自15世纪末大航海时代资本主义生产方式产生以来，各国政治经济关系在开始构成世界性联系的同时，不同时期总会形成一个居领导地位的大国，在处理国际关系、确立国际规则、提供国际公共产品、维护世界秩序等方面起主导作用，甚至在价值观上也居主流地位。亨利·基辛格在《大外交》开篇就说："仿佛是根据某种自然法则，每一个世纪总会出现一个有实力、有意志且有智识与道德动力的强国，依其价值观来塑造整个国际体系。"[1] 诸如16世纪的葡萄牙、17世纪的荷兰、18—19世纪的英国、20世纪以来的美国等都拥有相应时代的国际主导地位。西方学者莫德尔斯基将其概括为"世界政治长周期理论"（又称"领导权周期论"），他发现了大体以一个世纪为间隔的长周期，每个周期又分为若干阶段：领导者大国的崛起阶段；领导国地位被世界承认阶段；世界领导国遭遇新崛起强国挑战阶段；挑战者失败，原有领导国的合作者上升为新的领导阶段。[2] 这一理论的基本逻辑在于：世界政治经济体系需要一个领导者；领导国的地位

---

[1] Henry Kissinger, *Diplomacy*, New York: Simon & Schuster, 1994, p.17.
[2] 王逸舟.西方政治经济学：历史与理论.上海：上海人民出版社，1998.

是周期性循环变化的，周期为100~200年；领导地位的更替是通过全球性战争实现的，虽然战争的结果均是挑战者失败，但原有领导者也不再成为领导者，而是原有领导者的合作者取代其领导地位。① 后来人们所说的"修昔底德陷阱"也包含类似的含义。伴随着新时代中国发展的崛起，能否打破这种"周期"，成为人们普遍关心的问题。

马克思强调，共同体是作为社会关系总和的个人生存与发展的内在前提，人类未来理想社会需要构建"真正共同体"，使个人不再沦为孤立的原子式个体，在共同劳动中摆脱异己力量的支配，从而在融入世界历史进程的物质生产和精神生产中获得自由与全面发展。世界各地、各国之间的交往呈现着由相互孤立、隔绝到彼此交流、不断融合的发展脉络。然而，在西方的主流理论中，国与国之间都是为了争取本国利益的最大化，导致以主权国家为基石的国际体系所隐含的强权政治逻辑，与现代技术和资本发展所需的全球合作之间产生了巨大冲突，从而使得世界出现了发展赤字、和平赤字和治理赤字等问题。随着技术革新与资本扩张，各地之间的联系日益密切，同时矛盾和冲突也日益增多，国际秩序陷入了霍布斯意义上的"丛林假说"。各国之间利益、安全的矛盾以及宗教纠纷的激化，最终导致了欧洲此起彼伏的混战。为了修正"丛林假说"背后野蛮争夺的失序倾向，西方政治经济思想家在对历史和现实的研究中，以现代民族国家制度理论为基石，构建了相应的延伸性体系，尝试将"自然社会"② 中"一切人对一切人的战争状态"③，转化为有规则的

---

① 典型例子如第一次世界大战和第二次世界大战时，德国挑战英国的领导地位，但均告失败，同时英国也不再成为领导者，而英国的伙伴美国成为替代者。苏剑，等.典型发达国家高速发展阶段海外区域战略的回顾与反思及对我国的启示//刘伟，郭濂.一带一路：全球价值双环流下的区域互惠共赢.北京：北京大学出版社，2015.

②③ 托马斯·霍布斯.利维坦.北京：商务印书馆，1996.

"市场"争夺，为理解和指导现实国际问题作出了积极努力。以威斯特伐利亚和会为起点，一个以正式邦交形式和以召开国际会议为互动模式的国际关系体系不断演进，形成现代政治格局的雏形。21世纪以来，中国经济崛起成为全球政治经济关系中的最大变量。习近平总书记倡导在和平发展中与世界各国命运休戚与共，构建以合作共赢为核心的新型国际关系，弘扬共商共建共享的全球治理理念，"构建人类命运共同体"①的理念应运而生。在全球化时代树立人类命运共同体意识，需要深入理解和进一步发展中国化马克思主义的矛盾论和辩证唯物史观，以辩证的思维方式把握世界历史进程中复杂的矛盾关系。中国正尝试改变零和对抗的博弈逻辑，从传统中国"天下为公、世界大同"的理想中汲取智慧，为全球治理体系注入新的公平与发展理念。

"一带一路"倡议则是实现"人类命运共同体"理念的重要抓手。正如习近平总书记所提出的："'一带一路'倡议，唤起了沿线国家的历史记忆……在新的历史条件下，我们提出'一带一路'倡议，就是要继承和发扬丝绸之路精神……赋予古代丝绸之路以全新的时代内涵。"②当代世界经济的运行，逐渐超越了传统的"中心-外围"③模式，正逐渐转变为以中国为中介、联结发达国家与发展中国家的"双环流"④体系。在这个体系下，中国提出"一带一路"倡议，共建大区域治理平台，为世界各国创造发展机遇。世界各国共建"一带一路"，将推动人类命运共同体持续发展，以开放的精神建构互惠

---

① 习近平.共同构建人类命运共同体.求是，2021 (1)：4-13.
② 习近平.在十八届中央政治局第三十一次集体学习时的讲话//中共中央文献研究室.习近平关于社会主义经济建设论述摘编.北京：中央文献出版社，2017：269-270.
③ 劳尔·普雷维什.拉丁美洲的经济发展及其主要问题，1949-05.
④ 刘伟，郭濂.一带一路：全球价值双环流下的区域互惠共赢.北京：北京大学出版社，2015.

互利的合作模式，推进公正合理的国际政治经济新秩序逐步形成。①

二、全球化的历史演进与世界政治经济体系发展

技术创新与资本积累促进了全球化的发展，而全球化的发展又推动了世界政治经济秩序的全新构建与价值观的重新塑造。在全球化发展的新时代背景下，中国吸取了他国教训与历史经验，正在以新的方式参与并逐渐推动全球治理的变革，向世界贡献中国智慧和中国方案。

1."全球化"的缘起与发展

回顾西方文明发展的历程，在全球性的紧密交往开始之前，西方人对于"世界"的概念就开始有了认知。西方人对世界的思考，可以追溯到古希腊对于神学和宗教的探讨，而后又转向自然的人类社会并且逐渐拓展到政治经济关系层面的世界秩序。古希腊时期，受到狭小城邦地理范围的影响，古希腊人对于世界的认知大多局限在自然和神学层面对于宇宙和自然法则的想象。古希腊神话中所构建的层级分明的神祇谱系，充分反映出城邦时代人们对于世界的认

---

① "一带一路"倡议提出以来，我国与沿线国家之间的合作取得了扎实进展。在政策沟通上，共建"一带一路"倡议及其核心理念已写入包括联合国在内的重要国际机制成果文件，政府间合作文件涉及150多个国家，范围从亚欧大陆扩展到非洲、拉美和加勒比地区以及南太平洋地区。在加强设施联通上，"陆海天网"四位一体互联互通体系建设稳步推进；中欧班列到达境外15个国家49个城市；民航387条航线通达33个沿线国家；等等。在贸易畅通上，与沿线国家货物贸易累计超过7万亿美元，在沿线国家合作建设了82个境外合作贸易区，累计投资超过了300亿美元，入区企业近4 000家，2018年对原沿线国家非金融类直接投资156.4亿美元，增长8.9%，累计新签对外承包工程合同额超过5 000亿美元。在资金融通上，已有11家中资银行在27个沿线国家设立了71家一级机构，已在7个沿线国家和地区建立了人民币清算安排，人民币跨境支付系统覆盖41个沿线国家和地区。与非洲开发银行、泛美开发银行、欧洲复兴开发银行等多边开发银行开展联合融资合作。在民心沟通上，已与60多个国家签订了文化合作协议，与沿线国家建了17个海外中国文化中心，在沿线国家举办境外办学机构和项目85个，确定了300多个文化交流执行计划。参见国家发展和改革委员会关于2018年国民经济和社会发展计划执行情况与2019年国民经济和社会发展计划草案的报告。

知，即整个世界都掌握在宇宙和神的秩序与法则之中。《荷马史诗》中所描述的正义作为宇宙的普遍准则，既规定着神的秩序，也规定着人类的秩序。工商业的发展和日益频繁的对外交往打开了古希腊人重新认知世界的大门。智者运动之后，苏格拉底、亚里士多德、柏拉图等哲学家将世界治理的主体从"宇宙""神""自然法则"等超乎人上的元素转到了人类自身，希望通过阐发构建人类最高美德——"善"，在混乱的世界中构建正义与和平的世界秩序。公元前4世纪，犬儒学派哲学家第欧根尼宣称"我是世界公民"。同时期的斯多葛学派也表现出对自然法的追求和世界主义情怀，体现出对相同人性的发现以及人类共同生活的理想。[①]

西罗马帝国崩溃后，欧洲进入漫长而黑暗的中世纪。宗教与世俗的持续斗争产生了近代的曙光，欧洲人对世界的认识和构想逐渐转移到了现实政治经济秩序上来。14世纪初，但丁在《论世界帝国》中提到，世界历史是各个国家和民族的历史。他注意到世界疆域的辽阔属性，希望通过构建"一统天下的尘世政体或囊括四海的帝国"[②]保证国家的统一和世界和平。虽然早期西方思想家和哲学家们对于世界的认知多囿于地中海沿岸一隅，但是他们对于世界主义的憧憬和世界秩序的构想，却在现实中不断历史地推动着人类世界的交往。

对于"全球化"的缘起，学术界有"地理大发现说""工业革命说""世界大战说"等不同解释。值得关注的是，全球化的最初形态是世界各国各地之间的商贸往来。商品的长途贩运和旅人的长途旅行编织着古代世界的交往和联系网络。尤其是黄河文明、恒河文明和地中海文明在商贸往来中的相互碰撞和融合，更是深刻影响着人

---

① 梯利.西方哲学史.北京：北京大学出版社，2015.
② 但丁.论世界帝国.北京：商务印书馆，1985.

类历史文明的进程。作为世界上最古老的东西方贸易通道，古丝绸之路发展的动因在于与西方的商贸往来。15世纪的地理大发现使得世界轮廓渐趋清晰，给西欧商人们带来了发展的机会和幻想。封建制度的瓦解和资本主义萌芽的产生使得追求财富、"商业本位"的重商主义在欧洲兴起。重商主义者渴望通过对外贸易并且保持贸易顺差，使更多的货币回流本国，积累财富。① 全球化之初，各国通过建立在生产优势和资源禀赋基础上的国际分工，逐渐融入全球化贸易的网络当中，成为全球体系的重要部分。第二次世界大战后，国际贸易格局发生了巨大的变化。在庞大的世界市场中，商品生产、销售、服务、交换的国际化已然基本实现，世界经济更加密不可分。

国际贸易的发展使得国际政治、经济、民族之间的往来越来越密切，全球化的内涵也不断丰富和拓展。安东尼·吉登斯提出了全球化的四个维度：世界资本主义、全球性劳动分工、民族国家体系和世界军事秩序。这使"全球化"的概念超越了经济和贸易的维度，"世界范围内的社会关系"得到强化。② 不容忽视的是，全球化面临着全球经济的两极分化、全球生态的威胁、全球极权主义的存在以及全球性战争等诸多新风险。全球化不仅代表全球贸易，更包含着人类在政治、经济、文化、科技、安全、气候等多方面的全球性联系，包含着更普遍的文化交流与碰撞、更自由的贸易体系以及更深度的国际合作。

2. 技术创新与资本主义世界政治经济体系发展

马克思指出："由于机器和蒸汽的应用，分工的规模已使脱离了本国基地的大工业完全依赖于世界市场、国际交换和国际分工。"③

---

① Magnusson, L. G., *Mercantilism*, Routledge, 1994, p.46.
② 安东尼·吉登斯. 现代性的后果. 南京：译林出版社，2011.
③ 马克思，恩格斯. 马克思恩格斯选集：第1卷.3版.北京：人民出版社，2012：246.

"全球化"促成了"历史"向"世界历史"的转变，而促成这一转变的正是生产力的发展以及资本固有的扩张本性。

一方面，工业革命和科技革命为全球化奠定了物质基础，使全球性的分工和生产成为可能。前两次工业革命中发明的火车、轮船、汽车等交通工具以及电报、电话等通信工具，历史性地推动着全球交通和通信的发展。随着第三次科技革命的兴起，高速铁路、航空、海运等多种交通运输方式迅速发展和改良，使世界各地的联系更加紧密。遍布五大洲的国际海运航线、总里程超过120万公里的全球铁路网、诸多国家的高速铁路系统建设、海底隧道和大陆桥的建设，沟通了世界重要的港口和城市，极大增加了国际贸易的运输规模，降低了国际商品的运输成本，缩短了运输时间。同时，全球范围快速发展的互联网络和移动通信帮助人类克服了时间、空间的障碍，及时地进行信息交互，不断拓展全球信息的传播疆界，成为推动世界发展和联系的重要力量。全球范围内的技术革新和基础设施建设，奠定了世界各地互联互通的基础，逐渐相连的全球交通网和不断加速的全球信息网，正紧密地串联着世界各地的各个角落，连接着每一个人。

另一方面，资本积累也是全球化发展的内在动力。正如阿瑞吉和王宇洁所提到的[①]，500多年的世界资本主义体系发展是一个体系不断扩张的过程。这个体系的扩张并非空间地理的开拓，而更多是资本主义的生产、贸易与金融扩张，使得中心地区的实力向边远地区不断渗透，进一步扩大了资本主义在全球的发展网络。为了实现资本扩张，各国基于各自的技术优势和要素禀赋，大量开展国际贸易，希望从国际贸易顺差中进行资本的累积。这就促使了越来越多

---

① 乔万尼·阿瑞吉，王宇洁.现代世界体系的混沌与治理.社科新视野，2003（2）：45.

的跨国公司的创立和跨国直接投资的产生，密切了全球的经济联系。资本的扩张推动了国际金融市场的形成，让全球资本的快速积累有了牢固的基础，还形成了庞大的全球资本流动循环。但也因资本的流动大、流速快，全球金融体系长期处于十分不稳定的无序状态，加深了全球性的经济危机。伴随着西方国家资本积累而来的，还有逐渐失衡的国际经济秩序和不断扩大的国家间贫富差距。

此外，全球性的劳动分工是现代世界体系运行的重要机制，然而与劳动分工相伴而生的，并非理想中的全球共同发展和富裕，而是不同国家之间的不平等交换。这种状态下的世界体系特征被称为世界体系中的"中心-边缘"结构。这一世界体系实际是"根植于资本主义的世界经济体系"[1]。拥有强大国家机器、掌握先进技术、控制贸易和金融市场的"中心国家"，利用"边缘国家"廉价的劳动力、原材料与商品市场，从事具有高附加值的产品生产和销售；而"边缘国家"只能从事低附加值的初级生产，受到中心国家的支配。长期的劳动分工和不平等交换因为获利不同而不断使不同地区和不同阶级间的经济差距、劳工收益拉大，造成国际贸易体系的恶性循环。除了分工和不平等交换，"中心-边缘"结构中还存在着"融入"和"边缘化"的机制，这也恰好反映了资本主义经济扩张的本能。也就是说，越来越多的世界体系之外的国家不断"融入"体系之内，而世界体系也在不断使新的国家"边缘化"。并且这个"融入"和"边缘化"的过程，经常是在"中心国家"霸权的干涉和强制下进行的。

二战以后，广大亚非拉国家先后摆脱了西方发达国家的殖民统治，实现了政治上的独立自主。然而在经济上却仍长期受制和依附

---

[1] Immanuel Wallerstein, *World-systems Analysis: An Introduction*, Durham: Duke University Press, 2004, p. 23.

于西方发达国家，处于国际生产体系的外围、全球产业链的底端，受到剥削和控制。究其原因，全球性资本主义生产体系所带来的不平等的国际经济秩序、国际分工和交换体系难辞其咎。不发达国家的贫穷落后，并非因为其自身资源禀赋的缺陷，而是因为外来资本主义的渗透使欠发达国家的生产剩余受到了中心国家的挤占和攫取，外来的破坏性的竞争也摧毁了欠发达国家幼稚的民族工业。这种依附关系的形成可以追溯到全球化发展的初期。早在16—17世纪的重商主义时期，欧洲国家长期使用武力在海外开拓殖民地，还通过"三角贸易"大量从殖民地获取原材料和黄金，之后又向殖民地倾销商品牟取暴利，这虽然一定程度上促进了殖民地的生产增长，推动其融入世界市场，但使得殖民地经济发展长期依附于宗主国。进入工业资本主义阶段后，国际分工的开展深刻影响了殖民地的生产方式，其匮乏的经济资源和发展仍然使其在逐步完善和扩大的国际分工中处于劣势和被支配地位，其生产始终被局限在低端产品上，这也加剧了殖民地的不发达程度。虽然二战后亚非拉国家相继独立，但由于经济基础脆弱，其自身很难独立自主地发展经济，只能依附于发达国家并延续被剥削状态。同时，发展中国家往往还会陷入"贫困陷阱"之中。[①] 由此，在"中心-边缘"结构的世界体系中，边缘国家往往由于"贫困陷阱"而陷入低收入和贫困的累积性恶性循环之中，难以凭借自身力量在现有世界政治经济体系下得到应有的发展，从而造成"贫国恒贫，富国恒富"的局面，导致失衡发展的世界体系结构固化。

从新中国成立到中国改革开放之前的几十年里，中国被迫孤立于世界经济体系。随着中国改革开放的不断推进，中国恢复在联合

[①] Richard R. Nelson. 欠发达经济中的低水平均衡陷阱理论. 李德娟, 译. 中国劳动经济学, 2006（3）: 97-109.

国的合法席位，加入世界贸易组织、世界银行、国际货币基金组织等众多国际组织，成为世界贸易中的重要组成部分和国际社会的内在部分。但西方国家在全球贸易、金融、气候治理、安全等诸多领域的规则制定和管理上，掌握着极大的优势和主导权，中国在西方主导的世界秩序中仍处于"边缘"地区。①

全球化发展至今，虽然取得了巨大的进展，但是全球化并没有导致民族国家的消亡和终结，也并未产生世界国家或者全球政府等。纵观现今世界格局，民族国家仍然是国际舞台上最主要的行为体，保留着对国家权力和主权的强烈诉求。国际法、各类国际规则和各类国际组织都是由西方主导的、建立在主权和国家边界的基础之上的、旨在维护各自国家主权和利益的具有"排他性"的产物。由此，现存世界体系中各国对排他利益的追求，不可避免地带来了国家间发展的巨大失衡，滋生了霸权主义乃至帝国主义，导致国家间竞争、冲突乃至战争。

中国的发展及以此为基础在联合国、G20、WTO、全球气候谈判等国际舞台上积极参与全球治理，推动全球秩序的变革，为全球化带来了新的历史内涵。但这并非西方国家所指的中国要重回世界体系的中心，重新掌握支配权和控制权。相反，中国致力于做世界和平的建设者、全球发展的贡献者、国际秩序的维护者。努力打破"中心-边缘"的不平等发展格局，构建共有、共享的世界体系与"天下秩序"，是中国方案的"世界智慧"和"天下情怀"。中国正通过"一带一路"和"人类命运共同体"等众多发展倡议，沟通中国智慧与世界智慧，连接中国梦与世界各国人民的梦，与世界人民共同开启全球合作新旅程。

---

① 于蕾，沈桂龙."世界工厂"与经济全球化下中国国际分工地位.世界经济研究，2003(4)：35-38.

三、"人类命运共同体"的形成与发展

"共同体"理念由来已久。伴随着全球化,"共同体"理念逐渐深入世界秩序与国际合作的各个细节,弥补着以民族国家为中心的世界秩序的局限。

1."共同体"的含义及特征

德国社会学家斐迪南·滕尼斯在 1887 年出版的《共同体与社会》一书中,运用两分法对"共同体"与"社会"进行了明确区分,使得前者成为一个独立的社会学概念。[①] 在滕尼斯的笔下,共同体代表着一种成员之间共享观念、认同、价值观的融洽生活方式,其基本形式包括血缘共同体(亲戚)、地缘共同体(邻里)和精神共同体(友谊)。在"共同体"中,人与人之间的关系是包容、多元且有机结合的,各个个体绝非简单地相加而是整合成一个整体。与之相应,"社会"是"一种机械的聚合和人工制品",人们在其中和平但又彼此分离地生活在一起。[②] 有学者指出,在滕尼斯的理论体系中,"共同体"和"社会"具有清晰的二元界别:"共同体"是自然形成、小范围且整体本位的,代表着古老的传统性;"社会"是非自然形成、大范围且个体本位的,代表着新兴的现代性。[③]

在中国学术界,直到 1932 年人们都将"community"与"society"共同视作"社会"。美国社会学家帕克访华之后,学界创立了一个新

[①] Graham Day, *Community and Everyday Life*, New York: Routledge Publishing Press, 2005, p. 5.

[②] Tönnies, F., *Community and Society*, Michigan: Michigan State University, 1963, p. 54.

[③] 秦晖. 共同体·社会·大共同体——评滕尼斯《共同体与社会》. 书屋, 2000 (2): 57 - 59.

词"社区"来对应"community"。①"社区"一词带有很强的地域属性,这也从一个侧面反映出,在早期社会学领域,"共同体"与一定范围的共同生活区域密不可分。事实上,"共同体"一开始便与"文明"相联系,"文明"首先是人以类的存在聚集为"社会",共同体才可能产生。②

从历史实践上看,工业文明以来的科技进步大大加深了行为体之间的互动关系,交往关系也逐渐突破了农耕文明的血缘、地缘等桎梏。传统意义上的共同体概念随着社会历史的深刻变化而逐渐消解,各式各样的新型共同体如雨后春笋般层出不穷,数量至1981年已达140多种。③ 由于"共同体"自身概念的模糊性以及其在社会发展中呈现出的"脱域"情状,因而很难给予"共同体"一个准确的定义。仅以当代而论,一个共同体的产生须以人们持有的共同目标为根本前提,需要人们在实践运动中持续建构身份认同与集体归属感,为共同体提供免遭分崩离析的向心力,因而共同体的实践面临许多困难。现代共同体构建肩负着一项重大使命:实现对于传统的"共同体"和"社会"概念的批判超越,即通过非自然手段建立包容性联系,实现大范围的个体的有机整合。只有通过这种超越,一个取代旧有联系网络、融合整个人类社会的人类命运共同体的出现才成为可能。

从理论认识上看,马克思的"交往理论"以及对人类历史上不同种类共同体特征的阐释对于我们认识"共同体"具有重要意义。交往理论是马克思对人类历史进行社会形态种类划分的重要工具。

---

① 杨超.西方社区建设的理论与实践.求实,2000(12):25-26.
② 钱乘旦.西方那一块土.北京:北京大学出版社,2015.
③ 李慧凤,蔡旭昶."共同体"概念的演变、应用与公民社会.学术月刊,2010(6):19-25.

马克思在《1844年经济学哲学手稿》中指出："人是类存在物"[①]。即是说，人是相互联系的"社会"，进而才有"文明"。在马克思的论述框架中，人类交往、生产方式、社会分期三者构成一条有机结合的循环链。随着交通工具、通信手段、生产方式等物质资料的迅速革新，"交往"不断外延，进而扩展成为民族交往和国际交往，"全球化"与"世界历史"也就随之产生并发展起来。

在《德意志意识形态》中，马克思和恩格斯使用德文词汇"verkehr"和英文词汇"commerce"来表述"交往关系"，二者均包含贸易、交换、流通等意思。[②] 基于此，马克思将"交往"定义为最广泛的意义而言，"唯一适合于既得的生产力和产生这些制度的先前存在的社会状况的社会关系"[③]。这是一个包罗万象的概念，涉及经济、政治、文化、社会、生态等五大方面：从方式上看，它包含贸易、战争、文化交流等多种形式；从范围上看，它包括内部交往、民族交往乃至国际交往等众多种类；从对象上看，它包括人与人本身、社会以及自然的相互作用。[④]

马克思交往理论中的国际交往是其交往理论所阐释的较高级别的交往表现形式，具有经济、政治、文化、社会、生态五位一体的特征。根据马克思的观点，资产阶级社会在人类历史上第一次将整个人类带入一个单一社会秩序的范围之内[⑤]，具体表现为，国际经济交往在资本主义全球市场、世界体系和国际分工的形成过程中不断强化，国际政治经济交往随着威斯特伐利亚体系和西方殖民体系的

[①] 马克思.1844年经济学哲学手稿.北京：人民出版社，2018：51.
[②] 万光侠.马克思的交往理论及其当代价值.江西社会科学，2000（4）：5-8.
[③] 马克思，恩格斯.马克思恩格斯选集：第4卷.北京：人民出版社，1972：322.
[④] 张峰.马克思恩格斯的国际交往理论与"一带一路"建设.马克思主义研究，2016（5）：68-75.
[⑤] Anthony, *Capitalism and Modern Social Theory*, Beijing: Peking University Press, 2006, p.54.

扩展而逐步深入，进而不断消解各地的文化特殊性，使得文化与社会的交流联系日益普遍化。同时，工业化过程中产生的人与自然的对抗性日渐凸显，生态危机初现端倪。因而，运用马克思主义国际交往理论指导新时代中国特色社会主义事业，同样需要从上述五个方面整体入手。

"交往"自然会形成"共同体"，马克思全面而深刻地剖析了人类历史上存在过的不同种类共同体，系统地阐发了共同体的性质特征、产生原因及演变过程，并对其未来发展趋势作出了预测。马克思界定了三种不同的共同体：自然共同体、政治共同体、真正共同体。

自然共同体，也可称为"原始共同体"，是人类社会早期一种以血缘关系为纽带的社会形态。马克思将其定义为"家庭和扩大成为部落的家庭，或通过家庭之间互相通婚〔而组成的部落〕，或部落的联合。"[①] 在自然共同体中，全体社会成员通过集体行动弥补了生产力低下状况下个体能力的不足，个体对于共同体存在完全依赖关系。随着生产力的发展和生产关系的变革，原始的"人的依赖关系"被"以物的依赖性为基础的人的独立性"所取代，自然共同体也相应进化为政治共同体。在这一过程中，赤裸裸的利益关系取代了温情脉脉的血缘、地域关系，个人利益与集体利益分道扬镳，统治阶级以"共同利益"为借口攫取全社会所有人的利益。所以，马克思指出，政治共同体的本质是一种"完全虚幻的共同体"和"新的桎梏"[②]。

基于对自然共同体中个人对共同体的完全依赖性与政治共同体中共同利益的虚幻性的批判，马克思进一步提出了"真正共同体"思想。这种新型共同体的出现将以私有制的废除和阶级社会的消亡

---

① 马克思，恩格斯.马克思恩格斯文集：第8卷.北京：人民出版社，2009：123.
② 马克思，恩格斯.马克思恩格斯选集：第1卷.2版.北京：人民出版社，1995：119.

为标志,每个人都能进而掌握自我的命运。① 根据这一逻辑,"真正共同体"即是"自由人联合体",劳动者通过支配自身劳动产品实现了个体利益与社会利益的统一。② 正因为如此,"真正共同体"实现了对既有共同体依赖属性和虚幻属性的超越,更为人类社会未来的发展指明了方向。

伴随着马克思主义共同体理论的中国化,习近平总书记创造性地提出了构建"人类命运共同体",为当今世界纷繁复杂的治理难题提供了新的解决思路。阶级与私有制尚未消亡,世界尚未达到构筑"真正共同体"的历史条件,但人类同样能够不断能动地破除现有交往关系中的历史局限和内在矛盾,历史地推动实现"自由人联合体"的漫长而又伟大的进程。

2."共同体"的发展与"全球化"进程

19世纪中期以后,工业革命的浪潮席卷整个世界。西欧以自己为中心,将越来越多的东方国家纳入它的边缘地带。新型交通工具的出现大大缩短了世界各地之间的时空距离,各生产要素愈发便利地结合到一起。资源与技术的结合刺激了生产力的进一步膨胀,世界市场不可逆转地建立起来。在这一过程中,马克思所论述的"政治共同体"获得了极大的发展。作为资本主义时代政治共同体的主要形式,主权民族国家的出现使统治阶级得以有效地运用国家能力,民族身份认同感的建构又令该种共同体具备强大的聚合力。③

伴随着全球化的进一步发展,主权国家的单一行为体地位受到了各种非传统行为体的猛烈挑战。导致这一变化的原因是复杂的:

---

① 石云霞.马克思社会共同体思想及其发展.中国特色社会主义研究,2016(1):23-28.
② 康渝生,陈奕诺."人类命运共同体":马克思"真正的共同体"思想在当代中国的实践.学术交流,2016(1).
③ 根据20世纪中期国际关系学界的主流观点,主权国家是国际舞台上的单一行为体,国际交往实践中不存在其他可独立发挥作用的行为体。

既有国际交往联系扩展深化的因素，也有政治共同体自身狭隘性的原因，或许还应考虑到全球治理新问题层出不穷的客观现实。以欧盟为例，其前身欧洲共同体便是新型政治经济共同体的典型代表。两次世界大战的悲剧使得西欧各国认识到民族国家在身份界定和利益建构上的狭隘本质，各种现实需求与威胁迫使西欧各国在经济、政治、外交、军事等诸多领域展开深度合作，这使得欧盟事实上成为一个超越传统政治共同体的新型政治共同体。在欧盟中，各国有限的主权让渡使个体获得了更大程度的自由，这是一个巨大的历史进步。然而，欧盟等新型政治共同体依然是建立在传统民族国家的基础之上，随着全球化的进一步发展，新型政治共同体同样会遭遇"治理失灵"的窘境。希腊债务危机引发的欧盟危机、英国"脱欧"等都是这种窘境的表现。

自20世纪70年代起，全球范围内的产业转移和以互联网为代表的新科技革命的兴起，为共同体的进一步发展注入了新的动力。产业转移和国际分工为世界各国创造出广泛的经济联系，但国际政治经济的发展却并未像人们预想的那样，在相互依赖的贸易往来中迎来持久和平。面对冷战结束后国际冲突不减反增的异常情势，美国政治学家亨廷顿提出"文明冲突论"，预测未来世界动荡的根源将是全球化持续推进下引发的文明之间的对立与冲突。步入21世纪第二个10年后，保护主义、孤立主义、民粹主义势力出现复苏倾向，层出不穷的"黑天鹅"事件表明全球化进程存在倒退之虞，亨廷顿的预言似乎得到了部分印证。① 时至今日，即使是西方国家右翼学者也不得不承认，以"西欧-美国模式"为蓝本的西式近代化道路存在严重的漏洞。这一道路促生了资本主义世界体系，但同时也直接或

---

① 萨缪尔·亨廷顿.文明的冲突与世界秩序的重建.北京：新华出版社，2002.

间接地造就了一个严重分化、撕裂的二元对立世界。审视当前全球经济发展状况，生产要素的转移使得广大发展中国家大量承接传统产业并成为全球经济新的增长点，资源消耗与环境污染问题逐渐显现，发达国家的增长则越来越依赖于虚拟经济，核心制造业呈现出空心化趋势，广大普通劳动者的利益严重受损，等等，进而使当前全球治理结构面临着难以根治的复合型危机：一方面，世界体系内部积存了大量的消极情绪，包括落后地区和民族对经济剥削的愤恨、新兴市场国家对国际话语权不足的不满、各国底层民众对于贫富严重分化的怨气、全人类对于无节制发展模式的担忧；另一方面，高度的经济全球化使得各行为体之间产生了前所未有且不断增强的密切联系，任何群体消极情绪的释放都可能给整个体系带来难以修复的损害。

由此，随着全球化的持续深入，以民族国家（政治共同体）为治理单元的世界秩序难以维系高效能的治理。以全球气候治理为例，各国围绕减排承诺问题展开了多轮漫长的谈判，最终达成了《巴黎协定》。特朗普上台后，美国退出《巴黎协定》，为该协议的实施前景蒙上了一层阴影。当前人类交往联系的程度和政治共同体的容纳限度出现了明显脱节，世界各国亟须形成一种新型治理体系来携手应对各类全球性危机，中国此时提出构建"人类命运共同体"可谓正当其时。

3. 人类命运共同体中的中国

进入 21 世纪以来，伴随着综合国力的显著提升，中国在继续实施"引进来"战略的同时稳步推行"走出去"战略，积极树立负责任大国的形象。党的十八大召开以来，中国更加积极参与全球治理，不仅在联合国、G20 峰会等多边组织平台上扮演越来越重要的角色，还积极为国际社会提供亚洲基础设施投资银行、金砖国家新开发银行等带有公共产品色彩的组织机制。中国与世界各国互相接近、互联互通，开始形成新时代的命运共同体。在第七十届联合国大会一般性辩论时的讲话中，习近平主席提出构建"人类命运共同体"的构想倡议，强调构建"人类命运共同体"有赖于各国"建立平等相待、互商互谅的伙伴关系"；"营造公道正义、共建共享的安全格局"；"谋求开放创新、包容互惠的发展前景"；"促进和而不同、兼收并蓄的文明交流"。[1]

首先，"人类命运共同体"蕴藏着中国特色社会主义大国外交和新时代中国特色社会主义新开放格局的深邃智慧。作为人类社会的必然产物，人类命运共同体能够适应当今世界高度发达的交往联系状态，有助于构建"共商、共建、共享"的治理新秩序。习近平指出，各国"理应平等参与决策、享受权利、履行义务"[2]。这充分体现出人类命运共同体不同于以往共同体的历史不平等属性，将带给世界各国真实的国际事务参与权，进而缔造互信、共赢的共同体认同感。

其次，"人类命运共同体"理念对不同文明的和谐共存作出了新时代的全新阐释。在党的十九大上，习近平总书记在报告的第十二部分专题论述"坚持和平发展道路，推动构建人类命运共同体"，其中明确指出要"以文明交流超越文明隔阂、文明互鉴超越文明冲突、文明共存超越文明优越"。这是对文明冲突论的有力回应，反映了广大发展中国家对于新时代各国文明和谐共处、交流促进的美好憧憬。

最后，"人类命运共同体"实现了对于西方"普世价值"的批判与革新。构建"人类命运共同体"需要建立在充分尊重各国主体意

---

[1] 习近平.携手构建合作共赢新伙伴 同心打造人类命运共同体——在第七十届联合国大会一般性辩论时的讲话.人民日报，2015-09-29.

[2] 习近平.共担时代责任 共促全球发展——在世界经济论坛2017年年会开幕式上的主旨演讲.人民日报，2017-01-18.

愿、重视全人类共同利益基础之上的全人类的认同价值。"人类命运共同体"确立了当代人类共同的价值，包含和平、发展、公平、正义、民主、自由等，但特别强调人类的共同价值是人类社会在不断发展演进中历经种种实践所形成的，绝不应为某个强权所建构。维护这一共同价值，需要有关大国自觉担负起更大的责任，践行正确的义利观，秉持亲诚惠容理念和真实亲诚理念开展多边外交活动。[①]在现代社会世界上不同制度、不同发展水平、不同文明共存共处的条件下，历史发展不是也不可能是生产力水平在全球范围内的各个国家单一直线的递进成长，进而社会制度形态的演进也不会呈现机械直线的推进，多元多层次文明的并存是人类历史的客观事实。适应这种多元性，在不同时代我们提出了不同的开放宗旨，早在20世纪50年代冷战时期我们就曾提出和平共处五项原则，产生了极为积极和深远的影响，展现了中国在多元文明冲突中的共处智慧，"人类命运共同体"则是在新时代对"和平共处"精神和智慧的继承和发展。习近平主席提出构建"人类命运共同体"的全球治理新主张，向世界宣告了中国作为全球化参与者、受益者的责任与担当。"人类命运共同体"理念是马克思"真正共同体"思想中国化的最新成果。

四、金融危机后的世界政治经济体系转型

随着国际交往的扩展深化，资本主义固有的弊端逐渐暴露出来，全球性金融危机，以及世界各国家之间、各国家内部贫富差距拉大等问题层出不穷。随之而来的是国际政治经济出现了逆全球化趋势。全球经贸格局的重大转变、全球经济增长的动力转换、世界政治经

[①] 习近平.决胜全面建成小康社会 夺取新时代中国特色社会主义伟大胜利——在中国共产党第十九次全国代表大会上的报告.北京：人民出版社，2017.

济体系的整体性危机,使构建"人类命运共同体"有了更多的现实可能。

1. 全球经贸格局的重大转变

全球经济贸易格局依附于特定的世界体系,世界上各种经济势力的相互关系和力量对比在总体上规定和制约着各国在国际贸易活动中所处的地位和所发挥的作用,同样也直接规定和制约着微观经济主体开展贸易活动的范围和程度。①

首先,传统的货币体系发生了转变。布雷顿森林体系瓦解之后,美元开始与石油挂钩,继续保持了唯一国际结算货币的地位。但是近年来"石油美元"受到了多方面的挑战,一枝独秀的格局逐渐被打破。中东的产油国开始考虑降低对美元的依赖,其中俄罗斯、沙特与阿拉伯联合酋长国在与中国的原油贸易中已经可以用人民币结算。② 当前"天然气人民币"受到广泛关注,在世界能源结构中,天然气的地位不断上升,而统一的天然气市场尚未形成,掌握天然气定价权可能将是中国扩大人民币国际使用范围的机遇,有利于进一步提升人民币的国际地位。在未来的货币体系中,"次全球货币"如人民币、欧元、日元、英镑将迎来"群雄逐鹿"的新局面,从而实现多元国际货币体系的竞争与合作。③

其次,传统的经济协调体系朝着多元层级架构方向发展。第一,世界经济协调机制中的新兴力量正在迅速崛起,如金砖国家领导人峰会、中非合作论坛、中阿合作论坛和二十国集团领导人峰会等,

---

① 周琴. 当今世界经贸格局的基本特点分析. 宁波大学学报(人文科学版),2000(1):83-86.
② 中国人民大学重阳金融研究院:人大重阳研究报告第20期. 大相变:世界变局与中国应策,2016.
③ 王文,刘英. 从全球次货币体系到多元国际货币体系的路径选择——通过次全球货币体系来看人民币国际化. 国际货币评论,2014年合辑:344-358.

促进了全球治理体系变革。第二，国际经济组织自身也在进行结构变革，如国际货币基金组织于2010年进行份额改革，将超过6%的份额转移给具有活力的新兴经济体和发展中国家，并于2016年10月宣布，人民币作为第五种货币加入特别提款权篮子。[①]

最后，推动全球化发展的核心力量由发达国家主导向由发达国家与发展中国家共同推动的方向转变。技术和资本是推动全球化的两大引擎，但是，如今单靠资本和技术已经难以实现全球化新的飞跃。英国脱欧、特朗普当选、意大利修宪公投被否等事件的出现，标志着推动经济全球化的传统核心力量正在收缩。与此同时，以中国为代表的新兴经济体正在对新一轮全球化进行积极探索，注入新的动力，如实施共建"一带一路"倡议、深化金砖合作机制等，成为推动全球化进一步发展的重要力量。二十国集团取代八国集团成为全球经济治理的首要对话平台，标志着全球经济治理由西方国家主导向发达国家与新兴经济体共同协商转变。

2. 全球经济增长的动力转换

自2008年国际金融危机以来，发达国家经济复苏缓慢，新兴经济体增速进一步回落，世界经济整体复苏疲弱乏力，增长速度呈现放缓态势。发达国家的发展动力不足，而发展中国家缺乏发展基础，使世界经济整体复苏长期疲弱乏力。随着新兴经济体的崛起，这一态势得到扭转，同时导致全球经济增长的动力出现了变化。当前，以中国为代表的新兴经济体的经济增长和发展（2018年中国GDP为14万亿美元左右，在全球经济存量中占15%左右，增量中则占30%以上）正推动着世界经济的增长引擎从大西洋两岸向欧亚大陆转移。

[①] 参见国际货币基金组织发布的2016年年报。

(1) 发达国家经济增长乏力。

在2008年国际金融危机之前,发达经济体的生产率已经在下降,其中结构性原因和根本性原因并存。结构性原因包括两个层面:一是人口老龄化严重,导致人力资本积累减少。2015年,除个别国家外,欧洲所有国家的老龄化水平均超过20%,整体步入老龄化社会。[①] 2017年,全世界60岁及以上人口占比为13%,并以每年约3%的速度增长。其中,欧洲60岁及以上人口占比最高,为25%;北美地区为22%。[②] 当今,发达国家的人口老龄化问题比较严峻,严重制约了经济的发展,给经济发展带来了严重的挑战。二是创新力不足。创新是打开经济增长的钥匙,创新动力不足直接影响经济的活力。纵观二战后的新技术革命以及互联网产业的发展脉络,科技的每次重要革新都会带来新的发展红利。[③] 但是,近年来,发达国家的创新能力相对乏力。2000—2015年大部分发达国家在R&D上的经费投入比重下降,其中美国和日本的R&D经费投入比重下降最快。[④] 全球经济发展放缓以及联邦政府预算搁置等因素共同导致了美国R&D经费投入趋向收缩,同时欧洲国家面临实体经济萎缩、债务危机高筑、政府财政赤字严峻等问题,都在一定程度上抑制了社会的科技创新活力。

资本主义发达经济体增长出现了下降并长期放缓的趋势,最根本的原因在于资本主义制度的内在矛盾运动,这种矛盾运动即资本的积累与贫困的积累形成鲜明反差,导致资本主义生产在不断扩张的同时,市场有效需求不足成为常态,并且周期性加剧,供给与需

[①] 原新.发达国家领跑世界人口老龄化进程.中国老年报,2017-03-22.
[②] 参见联合国发布的《世界人口展望(2017年修订版)》。
[③] 贾晋京.让创新之路推动共同发展.解放军报,2017-05-20.
[④] 参见中国科学技术发展战略研究院发布的《国家创新指数报告2016—2017》。

求之间矛盾周期性的恶化形成了周期性的生产过剩危机,资本主义经济推动的全球化使这种以相对过剩为特征的经济危机成为全球性危机,进而导致全球经济增长速度下降。[①]

这一矛盾运动在影响资本主义经济增长率的同时,进一步影响了劳动生产率,从而影响经济发展和增长的效率。经济增长速度的长期显著下降,必然大幅度降低生产能力利用率,需求不足下的供求矛盾必然导致产能过剩超出正常竞争要求的程度,产能严重过剩一方面会提高资本构成(至少在名义上),从而降低资本的要素生产率,而且会降低劳动的要素生产率(劳动生产率),如果考虑到在经济衰退时政府对就业的保护政策,宏观就业目标的实现在更大程度上需要依靠微观企业牺牲劳动生产率。[②]而要素效率(包括资本效率和劳动效率)的降低反过来又会进一步推动经济增长率的下降,两者之间形成恶性的交叉循环(两者间并不是单向的因果关系)。[③]此外,在经济发展过程中,产业结构的演进若出现"虚高度",即结构演变并非建立在产业劳动生产率、资本生产率及全要素生产率提升的基础上,并非根据要素效率及结构配置性效率提升的逻辑,通过有效的市场竞争机制实现产业结构的高度提升,而是背离效率和竞争形成的"虚高度",导致结构高度提升的过程同时降低了生产效率,即负向的"结构效应"。这种情况在发展中国家存在,在发达资本主义国家同样存在。[④]

(2)发展中国家经济强劲崛起。

资本主义对外拓展的过程中,通过海外殖民地和市场开拓,形成了以"中心-边缘"结构为特征的世界体系,进入世界体系的国家

[①②] 高峰.资本积累理论与现代资本主义.2版.北京:中国社会科学文献出版社,2014.

[③] 有学者如罗伯特·布伦纳认为,生产率增长的放慢是长期经济增长率下降的结果,而不是原因。参见繁荣与泡沫(中译本).北京:经济科学出版社,2003.

[④] A.麦迪森.世界经济200年回顾(中译本).北京:改革出版社,1997.

被分为中心国与边缘国。① 在这种"中心-边缘"结构中，国家的影响力从内到外依次递减，世界经济形成了以发达国家为中心的"支配-依附"体系。伴随着全球化的演进，世界经济发展的版图中心在改变，越来越多的国家深度参与全球价值链中，新兴经济体在世界经济格局中的地位在不断提升，推动了传统的"中心-边缘"模式向互联互通相互嵌套的发展模式转型。

在全球经济复苏放缓的背景下，由发展中国家主导的新型南南合作平台——金砖国家领导人峰会显示出了强大的优越性。金砖五国人口占全球的43%，黄金储备和外汇储备占全球的40%，GDP占全球总量的21%。金砖国家内部具有高度工业化的经济、强大的科技研发中心、正在壮大的中产阶级和城市人口、不断提高的消费水平和基础设施等发展优势。通过发挥金砖合作机制，使各异的条件禀赋得到整合，能够建立起健全的市场体系，金砖国家从而获得了实现自我发展的可能和蓬勃动力，在世界经济体中的地位逐步提高。新兴经济体中，中国的经济增速最高。据IMF和世界银行测算，2013—2016年，中国对世界经济的贡献率平均为31.6%，超过美国、欧元区和日本贡献率的总和，居世界第一位。IMF估计，2017年中国对世界经济增长的贡献率达到34.6%。② 同时，以中国为代表的新兴经济体在全球治理中的话语权得到进一步提升。中国实施共建"一带一路"倡议，发起创办亚洲基础设施投资银行，设立丝路基金等，拓展了发展中国家走向现代化的途径，为解决人类问题贡献了中国智慧和中国方案，并与其他新兴经济体合作，推动制定

---

① 张康之，张桐. 世界中心-边缘结构与线性思维的关系. 学习与探索，2016（1）：40.
② 国际货币基金组织2016年的统计数据显示，金砖国家对全球经济增长的贡献率已超过50%。《博鳌亚洲论坛新兴经济体发展2017年度报告》指出，2016年新兴经济体对世界经济增长的贡献率为60%，经济总量占全球的份额持续增加。这表明，当前新兴经济体仍是推动世界经济增长的重要力量。

了《G20 全球贸易增长战略》和《G20 全球投资指导原则》，为新形势下应对保护主义、推动国际贸易投资合作提出了新的制度框架。

发达经济体的日渐式微，以及新兴经济体的崛起，尤其是中国经济的迅速崛起，标志着世界经济增长的推动力正在发生转换。①

3.世界政治经济体系的整体性危机

（1）资本主义发展的矛盾和旧有全球化路径的困境。

资本和技术是经济全球化的两大引擎。科学技术是经济全球化的物质基础。运输和通信技术的发展，直接催生了世界经济体系由国际贸易网络向全球生产网络转变，全球价值链体系形成。② 20 世纪 80 年代以来卫星通信、传真技术、微电子技术的广泛运用和国际互联网络的开通，为全球范围的商品交换开辟了新的路径，国际分工进一步细化。近年来，伴随着互联网、人工智能和大数据时代的到来，电商平台、社交媒体网络、移动支付、虚拟现实技术等如雨后春笋般出现，拓展了全球市场的边界。

资本的逐利性是全球化的内在动力。马克思和恩格斯认为，"一方面要求摧毁交往即交换的一切地方限制，征服整个地球作为它的市场，另一方面，它又力求用时间去消灭空间，就是说，把商品从一个地方转移到另一个地方所花费的时间缩减到最低限度。"③ 发达国家通过跨国公司在全球范围内投资，把部分低附加值的产业转移到发展中国家，促进了资本在全球范围内流动。

在全球化过程中，金融资本显示出更强的逐利性，能够通过流向企业的再生产，将剩余价值最大化，从而获取超额的金融资本利润，比产业资本更有动力去开辟全球市场。④ 从 20 世纪 80 年代起，

---

① 臧旭恒，李扬，贺洋.中国崛起与世界经济版图的改变.经济学家，2014（1）：92.
② 陈宗胜，康健.反全球化的逆流与经济全球化的深化.全球化，2017（6）：27.
③ 马克思，恩格斯.马克思恩格斯文集：第 8 卷.北京：人民出版社，2009：169.
④ 徐明棋.论经济全球化的动力、效应与趋势.社会科学，2017（7）：35.

美国的制造业开始大规模流向海外,以金融为核心的服务业也齐头并进,这使得美国的产业结构和利润来源发生了根本性的改变。2014年美国80%以上的财富来自金融行业,制造业占GDP的12%,从事实业的人口不到20%[1],美国实际上进入了虚拟资本主义的发展阶段[2]。在世界经济中,资本投入金融的收益远远高于投入实体产业的收益,因此越来越多的资本流入金融市场,全球市场的金融投机愈演愈烈,引发了一次次金融动荡和金融风暴。

同时,目前全球的经济体系还存在着严重的结构性问题。在现有的"中心-边缘"结构中,美国、欧洲等主要发达国家在重要的领域都拥有绝对优势,处于世界体系的中心。中心国家控制着资源和产品的定价权,以牺牲发展中国家的发展利益为代价,推行过度消费的债务经济,抑制了世界经济的发展。和平赤字、发展赤字、治理赤字成为摆在全人类面前的严峻挑战,全球治理需要进一步深化、完善治理机制,为各国长期发展提供良好的国际政治经济环境。

(2)以中国为代表的发展中国家积极参与全球治理。

全球化进程中,各国之间的联系日益加强。面对当前诸多不合理的国际规则和由发达国家的利益与意志主导的国际秩序,广大发展中国家选择抱团取暖的方式,积极参与国际事务及全球经济治理与治理体系的建设,为全球治理注入了新的活力。原有的二十国集团财长和央行行长会议升级为领导人峰会,相对于七国集团而言,二十国集团更具代表性。二十国集团议题涵盖了当前全球经济治理中最为迫切和重大的议题;治理模式更加灵活高效,避免了僵化体制的约束;反映了新兴经济体的话语权不断在扩大。

---

[1] 王湘穗. 美式全球化的终结与世界体系的未来. 政治经济学评论, 2014 (5): 22.
[2] 戈拉德·A. 爱泼斯坦. 金融化与世界经济. 国外理论动态, 2007 (7): 14.

金砖国家需要在联合国与其他多边机构中深入合作，包括通过金砖五国常驻纽约、日内瓦和维也纳代表定期会晤等方式。近年来金砖国家在国际货币基金组织和世界银行中的投票权份额提升、话语权增加，进一步增强了金砖国家在国际舞台上的影响力。当前，金砖国家已经逐渐成为新兴经济体和发展中国家互利合作的典范，在推动实现更快经济增长的同时，通过安全事务高级代表会议、外长会晤等机制，加强了在国际和地区问题上的沟通协调，为维护全球和平与安全发挥了建设性作用。金砖国家是正在形成的多极世界的关键因素之一，已经成为国际上一支不可忽视的政治经济力量，为完善全球治理作出了积极贡献。

中国作为新兴经济体的重要力量，在新形势下积极参与全球治理体系建设。全面推进中国特色大国外交，实施共建"一带一路"倡议，发起创办亚洲基础设施投资银行，设立丝路基金，举办首届"一带一路"国际合作高峰论坛、亚太经合组织领导人非正式会议、二十国集团领导人杭州峰会、金砖国家领导人厦门会晤、亚信峰会。提出构建"人类命运共同体"的新全球治理哲学理念和实践倡议，旨在促进全球治理体系变革。

五、"一带一路"与全球治理范式重构

在世界政治经济发展新形势下，旧有全球治理体系的效用递减，中国作为世界第二大经济体积极承担推动全球治理范式重构的责任。"一带一路"倡议自2013年秋季提出以来，贯穿欧亚大陆，东连亚太经济圈，西接欧洲经济圈，南通非洲经济圈，与美洲大陆紧密相联，很快成为当今世界规模最大的合作平台，也是最受欢迎的公共

产品。① 其内含的共商共建共享等"中国智慧"以及包容发展的新理念能够有效发挥辐射作用，通过共建国家和地区在各领域的深度融合，带动世界各国的深度交融，弥补既有全球治理体系的不足，为重新构建全球治理范式提供新思路。②

1. 国际政治经济发展与交往模式的变革

（1）先定规则再发展——先发展再分配。

事实上，"规则至上、理性主义"的原则始终体现在西方主导的国际政治经济交往中。在西方学者看来，"全球治理机制之所以有价值，是因为它们创造了使成员国及其他行为体以互利的方式协调彼此行为的准则和信息。它们能减少交易成本，创造成员国及其他行为体展示可信度的机会，克服背叛承诺问题，同时提供包括原则性的和平解决冲突方法在内的公共产品。"③ "全球治理被理所当然地定义为以规则为基础的管控（rule-based rule），无论是在地区层面还是在全球层面，有效规则成为有效治理的充要条件。这不仅是西方主流国际关系理论研究界对全球治理的基本理解，也是西方政策和战略界的重要共识。"④ 但统一规则统治下的世界并非一个统一整体，因而上述理论在当今世界的发展变化中陷入解释力不足的困境。现实中自上而下的规则运转存在效率低、可行性弱等问题：世界贸易组织架构下多哈谈判多轮进行但却未取得实质性结果，大大小小的双边和多边自由贸易协定与治理机制的碎片化问题凸显，《京都议定书》中的目标与现实差距太大，减少碳排放的雄心壮志最终止步于

---

① 王毅.十三届全国人大二次会议就"中国外交政策和对外关系"答记者问.新华网，2019-03-08.
② 习近平.在推进"一带一路"建设工作座谈会上的讲话//中共中央文献研究室.习近平关于社会主义经济建设论述摘编.北京：中央文献出版社，2017：276.
③ 艾伦·布坎南，罗伯特·基欧汉，赵晶晶，等.全球治理机制的合法性.南京大学学报（哲学·人文科学·社会科学），2011，48（2）：29-42.
④ 秦亚青.全球治理失灵与秩序理念的重建.世界经济与政治，2013（4）：4-18.

纸面……凡此种种无不说明"目标—契约—谈判—接受"的这一协定方式在现实中难以实行。

更为严重的是,现行的规则落后于时代,没有反映现有的全球高度相互依存的状态和变化后的世界政治经济格局。第一,因为它缺乏对于发达国家与新兴经济体互动关系的考量,因而无法调整全球化中兴起的各种多元力量。资本与技术的积累使得越来越多的国家参与到全球的价值链运行当中,与之相悖的是,反映力量对比的世界治理秩序迟迟没有更新。在2008年国际金融危机中,上述问题暴露无遗:发达国家面临危机难以"独善其身",其主导的国际治理机制失效;广大发展中国家因自身经济体系不独立、过度依赖西方,沦为世界体系应对经济危机的牺牲品,遭遇严重经济困难。"支配-依附"的经济格局丧失了其运转的机制重心,旧有的合作秩序难以满足各新兴经济体对革新发展机制的要求。第二,现行规则奉行"单边逻辑""规则治理"思路,在治理绩效的评估上坚持"西方标准"。对发展中国家和新兴经济体实行高标准的俱乐部准入门槛,往往演变成为富人约束挑战者、迫使其妥协的利器。正如美国学者佩特里(Petri)所指出的,与所得的市场准入相比,《跨太平洋伙伴关系协定》(Trans-Pacific Partnership Agreement,TPP)的真正竞争力源于其高标准的贸易规则模板,即所谓的"21世纪条款"[①]。美国在政府采购、知识产权、技术标准、农产品、贸易与环境等议题上不断对新兴经济体施加压力,提高贸易标准,增加他国成本以削弱其竞争力,进而便利本国相关企业的市场开拓。一言以蔽之,当今跨国公司主导的"全球化"是精英主导、受惠少数群体的全球治理

---

① Peter A. Petri, 2012, "Economics of the TPP and RCEP Negotiations," Paper Presented at the CNCPEC Seminar on "TPP 2012: Progress and Challenge", Beijing, China, December, p.16.

体系。他们利用这样的机制团结既得利益者的力量,来制衡、应对新态势下新兴经济力量的崛起。对于规则的批判并非主张不要"规则",规则与创新不是相互排斥的对立,而是相互融合的互补。以往西方盛行发达经济体与新兴经济体之间"先谈判,后合作"的程序,在实际操作中往往制定了较高的门槛,无形增加了国际合作的成本与难度。现在发展中国家已成为全球经济增长的重要引擎,新兴经济体的发展不该为发达国家主导的事先设定的条条框框所囿。新形势的发展要求发展中国家更多地参与到全球治理中来,寻求更具活力、更有普惠性的全球治理体系成为时代命题。

中国提出的"一带一路"倡议正是当今时代背景下对于国际合作"先发展,后分享"的模式创新:先促发展,再定标准;共商共建,成果共享。新兴经济体应拥有更平等的人的发展权、生存权,以发展为第一要务,秉持规则应更好地服务发展的逻辑,发展先行,基于自身的经验和道路实现理念创新、制度创新。"一带一路"是一种发展观,是为共同发展而构建的合作平台和市场网络。不先设单边主导的预案,重行动力,在平等合作的实践中发展并规范规则。"一带一路"是真正以促进发展中国家和世界经济的繁荣为目的的倡议,更加符合广大发展中国家的国情与愿景,能够为人类命运共同体开辟出更加光明的未来。

"一带一路"倡议在经济地理上包括但不限于古丝绸之路地区。它向所有国家及国际与区域组织开放,方便惠及更广泛的领域。不同于西方"中心-边缘"排他性的制度设计,面对各国发展不一的状况,具有极大包容性的"一带一路"倡议视各国为平等的合作伙伴。各方利益诉求都体现在倡议的落实中,各参与者都成为"一带一路"的成果分享者。不同于狭隘的民族国家视野,以命运共同的世界文明观逐渐取代"中心-外围"的国家文明观,这是促进人类社会发展的重大创举。

（2）从"支配依附"到"共商共建"。

追溯"中心-外围"体系下"支配依附"格局的哲学起源，或许可在西方哲学的"二元对立"和"冲突辩证"阐述下找到支持："二元对立"认为两个事物之间存在斗争关系，只有一方占据主导地位，消解另一方后，才能化解矛盾，推动新事物的发展创新；"冲突辩证"强调矛盾的对立性和排他性，事物的交往与进化是"零和博弈"。[1] "霸权秩序论""均势秩序论""世界体系论""文明冲突论""民主和平论"等西方主流的世界秩序理论都有着很强的冲突倾向。[2]

"一带一路"则根本不同，"共商"便于构建战略伙伴关系，而"共建"可以激发治理积极性。这里包含两层逻辑：一是身份认同，构建伙伴关系，并在这一身份认同的基础上实现"关系治理"[3]；二是行为态度，从"消极主权"演进到"积极主权"。反映在国家与全球公共事务互动的态度中，积极参与是"国家主动地参与全球共同体事务，并以全球公共问题解决为核心展开积极行动的一种态度"；消极参与则是"国家被动地卷入全球事务中，并在多数同意的背景下被迫接受全球规范的一种态度"。[4] 如果更多的国际社会成员参与全球治理、制度设计和实施，其身份重塑和行为态度将发生由"被动接受"到"积极实践"的转变。

回顾过去数年的大事记不难发现，"一带一路"倡议源于一系列合作倡议的整合，充分展现了与共建国家共商共议、共同设计的思路。"一带"和"一路"倡议分别在哈萨克斯坦和印度尼西亚提出，

---

[1] 冯志峰，洪源.黑格尔国家观文献述评.学术论坛，2007（4）：63-66.
[2] 高奇琦.全球共治：中西方世界秩序观的差异及其调和.世界经济与政治，2015（4）：67-87.
[3] "关系治理将全球治理视为一种对相互之间关系的塑造、协调和管理过程"，参见秦亚青.全球治理失灵与秩序理念的重建.世界经济与政治，2013（4）：4-18.
[4] 高奇琦.国家参与全球治理的理论与指数化.社会科学，2015（1）：3-12.

体现了中国与东道国的共商原则。而《推动共建丝绸之路经济带和21世纪海上丝绸之路的愿景与行动》中提出的"兼顾各方利益和关切，寻求利益契合点和合作最大公约数，体现各方智慧和创意，各施所长，各尽所能，把各方优势和潜力充分发挥出来"，则进一步阐释了共建共享的美好愿景。

2."一带一路"的路径与愿景

（1）以推进基础设施互联互通为抓手。

物质交往是精神交往的前提。在《德意志意识形态（节选本）》中，马克思把交往的类型分为物质交往和精神交往两大类，并阐明两者的关系："思想、观念、意识的生产最初是直接与人们的物质生活，与人们的物质交往，与现实生活的语言交织在一起的。人们的想象、思维、精神交往在这里还是人们物质行动的直接产物。"[1]

作为"一带一路"建设的"血脉经络"，基础设施投资计划将建设亚欧地区以海陆空交通线、油气管道、输电线路和通信网络等为构成要素的综合性立体交互网络，为共建国家的民间文化"思想交流"奠定"物质交往"基础。在"逆全球化"思潮下，从基础设施建设出发也是"探索一种全新的开放性经济发展方式的尝试，为密切国家间经贸的往来和抵御全球化风险提供更强大的战略依托。"[2]

（2）促使共建国家形成政治、经济、人文等多层次深入合作。

当前"一带一路"的建设具有时代超越性，极大地超越了传统丝绸之路以经贸为主的合作方式。"一带一路"在"贸易通"的基础上实现了政策、基础设施建设、科技文化乃至民心的全方位互联互

---

[1] 马克思.德意志意识形态（节选本）.北京：人民出版社，2018：16.
[2] 刘伟.读懂"一带一路"蓝图.北京：商务印书馆，2017.

通，推动政治、经济、人文全方位多层次合作格局，营造发展上互尊互信、经济上互利共赢、文化上求同存异的共演关系，以打造价值相融、利益相通、命运共同的和谐统一体。正如习近平主席所说："'一带一路'建设将为中国和沿线国家共同发展带来巨大机遇。'一带一路'是开放的，是穿越非洲、环连亚欧的广阔'朋友圈'，所有感兴趣的国家都可以添加进入'朋友圈'。'一带一路'是多元的，涵盖各个合作领域，合作形式也可以多种多样。'一带一路'是共赢的，各国共同参与，遵循共商共建共享原则，实现共同发展繁荣。这条路不是某一方的私家小路，而是大家携手前进的阳光大道。"①

（3）打造双环流全球新价值体系。②

当前世界经济模型从传统的"中心-外围"式的单一循环，逐渐演变为以中国为枢纽点的"双环流"体系：其中一个环流位于中国与发达国家之间，以贸易和直接投资为主要载体；另一个环流存在于中国与亚非拉等发展中国家和地区之间，以贸易、直接投资为载体。中国成为连接发达经济体与亚非拉欠发达经济体之间的主要中间节点或枢纽点。"双环流"体系下的新型价值链循环模式，使得"一带一路"成为中国在这一新型全球体系中构建的大区域治理平台。

一方面，中国具有目前世界上完整的制造业体系，正从深加工阶段向技术集约化阶段过渡，几乎能以全球最低成本向共建国家提供其工业化所需的产品，这使中国成为共建"一带一路"国家在现代化过程中可以倚重的大国。③ 根据世界银行的估计，目前发展中国家每年在基础设施方面的开支约为1万亿美元，相比出现"产业空

---

① 习近平出席中英工商峰会并致辞.人民日报，2015-10-22.
② 刘伟，郭濂.一带一路：全球价值双环流下的区域互惠共赢.北京：北京大学出版社，2015.
③ 杜德斌，马亚华.一带一路——开启全球治理新模式.中国社会科学报，2017-06-01.

心化"的西方国家,中国在重大项目上的资金、技术、装备以及人力资源的能力方面具有比较优势。另一方面,2008年国际金融危机后,"一带一路"倡议的提出、亚洲基础设施投资银行的兴建以及丝路基金的建设正好缓解了国际合作中发达国家提供公共产品能力与意愿降低的问题,这就开启了一个崭新的时代。

3. 中国发展智慧与全球治理范式重构

"一带一路"、全球化以及命运共同体三者之间形成了有机整体,这一有机整体的构建体现了中华文明与世界文明之间命运与责任的联结。

(1)"一带一路"与全球化:"一带一路"创造了新型全球化关系。

首先,"一带一路"本身是一种全球化的形式。政策的沟通、设施的连通、贸易的畅通、资金的融通和民心的相通,不仅多领域全方位地覆盖了传统语义下全球化的三种表现形式——"市场全球化""生产全球化""资本全球化",而且具有多维度的全新内涵。

从运行规制来看,西方自由主义下盛行"适者生存"的丛林法则:大型跨国公司主导全球化使得成千上万的中小企业没有对等的参与机遇;全球治理中西方国家垄断了国际舞台上的行为参与,形成了"强者愈强,弱者愈弱"的恶性循环。为消除缺乏公正合理规制下的掠夺性发展,减少发展失衡,"一带一路"倡议重新定义了资本和各个国家在全球化中的角色和地位,从而推动对现有全球权力系统和全球市场系统的"再平衡":新兴经济体能够更充分地发出声音,积极的社会政策追求所有人都有更体面的生活,金融治理缓解了财富向极少数人的集中程度,等等。

从价值塑造的角度看,"一带一路"倡议从根本上改变了人们对全球化的认识。针对传统全球化进程中产生的包括结构性失业、贫富差距扩大在内的一系列问题及其引发的"逆全球化浪潮","一带一路"倡议通过切实有效的行动塑造认同,为"再全球化"扩大民意基础,为后金融危机时代的世界提供"全球公共平台"下的对话合作新模式,培养"同舟共济,命运相连"的共识,通过倡导"和平合作、开放包容、互学互鉴、互利共赢"的丝路精神强调对人类命运的终极关怀。作为马克思人道主义价值的传承和中国特色的价值目标,"一带一路"是当今中国向世界传递出的"新世界主义"倡议,其精髓是"丝路精神"与全球化的有机结合,其内涵是"包容性全球化"。①

现代生产方式、全球生产网络和现代通信技术已经把世界各国紧密联系在一起,新一轮科技革命和产业革命进一步拉近了各国之间的距离。一方面,新贸易模式革命性地诞生,在全球化进程中具有划时代的意义;另一方面,经济全球化面临着严重的威胁。世界需要根本性的体制机制创新,这正是"一带一路"倡议和构建"人类命运共同体"的重要目的所在。

(2)"一带一路"与命运共同体:中国方案重构全球治理格局。

"一带一路"通过重塑全球治理理念和治理机制,真正形成了全人类命运紧密结合的有机体。

第一,推动全球治理模式转型。

"一带一路"倡议是对世界框架的"破旧—立新"。现代全球治理模式有从"国家中心主义治理"向"多元多层协同治理"转变的趋势②,强调全球化的深化导致了权威的分散化:西方发达国家与新

---

① 刘卫东."一带一路":引领包容性全球化.中国科学院院刊,2017(4):331-339.
② 石晨霞.试析全球治理模式的转型——从国家中心主义治理到多元多层协同治理.东北亚论坛,2016(4):108-118.

兴经济体之间的扩散、国家行为体与非国家行为体之间的扩散①、国家层次与国际组织层次以及次国家层次之间的扩散。这与"一带一路"从"西方治理"到"东西方治理"、从"顶层设计"到多层次合作机制的丰富内涵相互呼应："一带一路"既团结了沿线新兴经济体的力量，又促进了发达国家与发展中国家的对话交流，凝聚并平衡了全球发展的"新旧力量"；"一带一路"联通了发达经济体和发展中经济体，强调了除政策之外的"设施、贸易、资金、民心"四通，从而丰富和创新了国际合作交流机制。

第二，从"国内治理"走向"全球治理"。

在自身经济发展奇迹和国内治理优化的基础上，中国特色社会主义制度不断完善和发展，国家治理体系和治理能力不断现代化，中国的道路拓展了发展中国家走向现代化的途径，已经得到了国际上较为普遍的认可。② 同时，中国的伙伴型全球治理模式也为许多不结盟国家参与全球治理提供了一个范例，"增强了各国走伙伴治理而不是走结盟治理和霸权治理老路的道路自信"。③ 中国智慧还把"硬领域"和"软领域"相结合，使治理领域包括政治、安全、军事、网络、文化等多个方面，在"软合作"中建立民心相通的人文交流机制，真正消除不公平不合理的交往秩序。"一带一路"合作的整体式的顶层设计，将设施、人文、体制、贸易、金融整合在一起，克服了以往治理部门化、片面化、碎片化的矛盾；而其提倡的绿色"一带一路"、健康"一带一路"、智力"一带一路"、和平"一带一路"更是为现有治理机制注入了新的内涵。

第三，"一带一路"作为系列节点，重组全球治理网络。

---

① Water, J., M. Kickert, Erik-Hans Klijin, 1997, *Managing Complex Networks: Strategy for the Public Sector*, London: Sage Publications, p. 10.
②③ 陈志敏. 国家治理、全球治理与世界秩序建构. 中国社会科学, 2016 (6): 14-21.

"一带一路"在实践中能够做到"利益和合""价值链融合""机制耦合",从而成为系列结点。在利益和合上,"一带一路"要寻找更多利益交汇点,把中国和世界融通起来,正如习近平总书记所说:"丝绸之路是历史留给我们的伟大财富。'一带一路'倡议是中国根据古丝绸之路留下的宝贵启示,着眼于各国人民追求和平与发展的共同梦想,为世界提供的一项充满东方智慧的共同繁荣发展的方案。"[1] 事实上,"一带一路"已经对接多个共建国家顶层的战略规划,比如俄罗斯的欧亚经济联盟、欧盟的"容克计划"、哈萨克斯坦的"光明之路"计划、越南的"两廊一圈"规划、印度尼西亚的"全球海洋支点"计划等。"一带一路"得到多国的积极回应说明了其互惠共赢的魅力,展现了自身的极大活力。而利益对接和利益相融也为当前低迷的经济发展带来了新希望、开辟了新前景、注入了新动力。

　　在价值链融合上,由于中国处于全球价值链的核心地带与中间地位,也起到了"结点"作用。正如习近平总书记所提出的:"'一带一路'建设重点在国外,但根基在国内。"[2]《推动共建丝绸之路经济带和21世纪海上丝绸之路的愿景与行动》指出:"共建'一带一路'旨在促进经济要素有序自由流动、资源高效配置和市场深度融合,推动沿线各国实现经济政策协调,开展更大范围、更高水平、更深层次的区域合作,共同打造开放、包容、均衡、普惠的区域经济合作架构。""一带一路"充分发挥国际市场大平台的作用,坚持市场运作的原则,更好促进生产要素的流动和资源的配置,打造新型价值链,促进大合作、大发展、大繁荣。

　　在机制耦合上,能够与现有合作方式机制相耦合。二十国集团

---

[1] 习近平.携手共创丝绸之路新辉煌.人民日报,2016-06-23.
[2] 习近平.在推进"一带一路"建设工作座谈会上的讲话//中共中央文献研究室.习近平关于社会主义经济建设论述摘编.北京:中央文献出版社,2017:279.

杭州峰会共同建立了与创新、活力、联动、包容等世界经济主题相对应的四大核心成果：创新经济增长方式、完善经济治理机制、促进贸易投资增长、推动包容联动发展，与"一带一路"协同发展、共同富裕的目标是一致的，二者共同为解决世界发展问题贡献"中国智慧"。而在金砖机制中，中国不但为其注入经济活力，也加入了中国的发展经验。目前金砖机制日益壮大，"金砖＋"机制拓展了伙伴网络的外延，进一步向世界表明金砖国家与其他发展中国家开展更加密切深入的全球性协作的态度。这与"一带一路"大发展平台下的开放包容同出一辙，同为推动世界经济融合协调发展助力。"一带一路"和其他国家的战略规划相对接，与世界产业链、价值链布局的变动相适应，并与现有的国际机制相呼应。

第五讲
以新一轮结构性改革稳增长促转型

刘世锦[*]

一、中国经济中长期发展的三个台阶和面临的两个经验或挑战

1. 中国经济中长期发展的三个台阶

党的二十大提出了中国式现代化的重要目标，中国式现代化具有五个方面的特征，这是中国式现代化质的规定性。中国式现代化量的目标也很重要，这个指标是 2035 年人均国内生产总值（GDP）要达到中等发达国家水平。从国际比较的视野来看，我们要实现中国式现代化量的目标，需要上三个台阶：第一个台阶，人均收入达到 13 200 美元，成为高收入国家；第二个台阶，人均收入达到 2 万美元左右，进入发达国家行列，这是目前发达国家的入门标准；第

---

[*] 刘世锦，第十三届全国政协经济委员会副主任，中国环境与发展国际合作委员会中方首席顾问，国务院发展研究中心原副主任、研究员，博士生导师。

三个台阶，人均收入3万~4万美元，平均3.5万美元，达到中等发达国家的收入水平。

世界银行高收入国家标准即人均收入标准是动态指标，每年都在调整，每年增长4%。我国2021年非常接近高收入国家标准，人均GDP达到12 500美元，但2022年情况发生了变化。一方面，高收入国家门槛在抬高；另一方面，我国实际增速在放缓，2022年GDP增速只有3%，同时汇率在下调，我们与高收入国家的门槛距离继续在拉大。到2035年，我国达到人均3万~4万美元的水平，也就意味着我们在1.2万美元的水平上，人均收入需要翻1.5~2番。现在按现价美元来计算，实现收入翻番取决于三个变量：一是实际增速；二是名义增速与实际增速之差，即国内通胀水平或GDP平减指数；三是汇率的变动。从实际增速来讲，到2035年GDP实际增速平均达到4.7%或更高，才能实现翻一番。如果从过去三四十年的经历来看，4.7%以上的这个速度不太高，但从最近几年的情况来看，特别是今后十几年我国潜在GDP增速要达到4.7%，难度还是比较大的。从通胀水平来看，通常比较稳定，一般为2%左右。但这并不意味着我国不能跻身于中等发达国家行列，重要的因素是汇率。我们研究团队测算了一下，现阶段中国按照购买力平价计算的人均GDP，大概相当于日本1975年、德国（1945—1990年间为联邦德国）1971年的水平。日本在1971年、德国在1975年以后的16年间都经历了经济的中速增长和汇率快速增值的过程，因此按现价美元计算的收入水平是大幅上升的。到20世纪90年代中期，日本人均GDP一度超过美国。因此，在驱动收入增长的三个因素中，汇率的贡献均明显超过实际增速的贡献，如德国汇率的贡献达到三分之二，实际增速的贡献是三分之一。

中国目前已经进入与日本和德国大体相同的增长阶段，因为这两个国家的一些经验值得我们研究和借鉴。汇率的变动是一个复杂的问题，其影响因素很多，从长期来看，最重要的是劳动生产率和全要素生产率，这两者恰恰是高质量发展的核心指标。当然，需要注意的是，日本和德国当年汇率大幅升值有特殊条件，现在国际环境已经发生了很大变化。此外，在日本和德国汇率大幅升值的同时，也出现了一些相反的情况：有些国家增速高、汇率贬，有些国家增速和汇率双低，人均收入水平反而下降。

为了实现2035年的增长目标，以下两个条件都是不可或缺的：第一，能够争取到的实际增速必须争取，例如4.7%以上的实际增速能争取还是要争取。第二，仅靠实际增速"硬增长"还不够，立足点必须放到提高劳动生产率和全要素生产率上，由此带动汇率合理升值。提高劳动生产率和全要素生产率，需要推动高质量发展，这正是强调高质量发展对于实现2035年增长目标的意义。因此，假设今后年均实际增速为4%~5%，经济的名义增长和实际增长的差额加上汇率升值之和年均能够到5%左右，那么年均名义增长才能达到10%左右，在这种情况下，到2035年我国达到中等发达国家人均收入水平的目标是有可能实现的。

2. 中国经济中长期发展面临的两个经验或挑战

有两个方面的国际经验是值得我们重视的，这也是我国需要面临的两个挑战。

第一个经验或挑战是，由中等收入阶段上升到高收入阶段，也就是在人均收入1万美元左右是一个特殊的不稳定阶段。二战以后，上百个经济体实行工业化，但在25年以上保持7%增速的经济体只有13个，大型经济体中，只有日本和韩国成功地由中等收入阶段进入了高收入阶段。换言之，有大量经济体在工业化后都进入了中等收入阶段，但由中等收入阶段进入高收入阶段的国家却很少，更多的国家落入中等收入陷阱，典型的有拉丁美洲的阿根廷、巴西、墨西哥，亚洲的菲律宾、马来西亚，以及近年来的俄罗斯。例如阿根廷在20世纪初人均收入水平一度比德国高，但现在两者的差距比较大。俄罗斯在十几年前人均GDP过了1万美元，但现在人均GDP水平又到了1万美元以下。

落入中等收入陷阱的原因很复杂，比较重要的有：创新能力不足、收入分配差距拉大、人力资本发展滞后、资源环境压力加大、外部冲击等等。上述这些问题或挑战，中国这些年在不同程度上都遇到了。所以，摆脱低收入贫困的陷阱，从低收入陷阱进入现代经济进程不容易，但摆脱中等收入陷阱进入高收入社会更难。过去十多年的时间里，中国总体上表现还是很不错的，具体表现是：我国较为稳定地从高速增长转入中速增长，经济没有出现过大的波动，这从全球来看很不容易。相比之下，日本、韩国还有其他一些新兴经济体，它们在经历了二三十年高速增长后，由高速增长转入中速增长时都出现了危机，韩国还不止经历了一次危机。不过我国经济仍然没有跨过高收入国家门槛，这是第一个经验或挑战。

第二个经验或挑战是，人口负增长对中长期经济增长的冲击。2022年我国人口已经出现负增长，早于以往人口研究的估计。十年前，我国15~59岁的劳动年龄人口总量开始减少。随着人口负增长，劳动年龄人口的下降幅度将进一步加大。劳动年龄人口减少直接冲击了供给侧，而人口总量减少则直接冲击了需求侧。所以现在对于需求不足的讨论，很多和人口负增长是联系在一起的，这个问题现在不能回避。

从国际经验上看，一些国家包括日本、意大利、希腊、西班牙等都曾经出现了人口负增长。人口出现负增长后，潜在增长率都出现了明显下降，中国将来也会出现人口下降，潜在增长率表现更差。这些国际经验我们需要重视。

二、经济增长阶段转换面临复杂迷茫局面,宏观政策还能做什么

1. 经济增长进入高速到中速转型期最为复杂和迷茫的阶段

中国经济现在到底是一个什么样的状况？2023年疫情政策调整以后，整个经济开始恢复，进入回升轨道。2023年初时大家期待比较高，认为疫情过去了我们增长的潜能应该有释放期。从结果来看，第一季度经济增长还算可以，但是到了第二季度之后，特别是六七月份以后，经济增长明显低于预期。此外，目前CPI较低，最近两个月出现了负增长，这反映整个需求不足。因此，总体来说我国经济进入恢复回升轨道，但增速低于预期，需求不振，如何走出困局，既关系到短期稳增长，又关系到中长期发展动能。

从基本背景上看，中国经济处在由高速到中速转变或高速增长到高质量发展的转型期，这段时期应该是最为复杂和迷茫的阶段。目前经济增速下降与以往不同。过去十几年高速增长期有三大增长动力：基建、房地产和出口，在经济下行时抓一下还管用，甚至还有所反弹。然而这一次情况不同，房地产呈现负增长，基建投资难以持续，出口也已经出现下降态势。也就是说，传统老的增长动能已经全面触底，老的调控办法不行了。新的增长点在什么地方？看不清楚，似乎处在迷茫状态。中国经济正处于由高速到中速的转型期过程，这一过程从2010年第一季度开始，经济增长率由10%左右降到7%左右，在疫情以前甚至降到6%左右。在疫情以前学界还在讨论要不要保"6"，我们做过测算，中国潜在增长水平大概在5%。疫情期间增长率发生了比较大的波动。目前阶段平均潜在增长率是5%左右，疫情三年实际增长速度并没有达到5%。从2023年的情况

来看，即使GDP增长5%左右，但2022年平均增长率只有4%，所以与潜在增长水平相比还存在一定的差距。

2.需求侧基本面及其结构矛盾

从需求侧基本面来看，一是重要耐用消费品、家电、房地产、基建等相继出现了历史需求峰值，进入减速期。历史需求峰值是指，从整个工业化和城市化的发展阶段和大的周期来看，一些产品的需求高点。二是生存型消费趋于稳定，发展型消费带动消费结构升级，需求结构已经发生了重要变动。从结构性矛盾来看，一是基本公共服务均等化进展迟缓，特别是近3亿进城农民人口保障性住房、医疗、教育、社保等不到位。二是有4亿中等收入人群和9亿中低收入人群存在着巨大的结构性需求缺口，他们之间的收入差距还比较大，如果低收入人群的收入能够达到中等收入水平，整体经济总收入会有一个很大的提升。

从需求结构来看，最近几年需求已经发生了重要的结构性变动。最近我们讲需求不足，需要扩大需求，但需要非常关注一个问题，即需求已经发生了重要的结构性变动。以吃穿和其他日常基本消费为主的生存型消费趋于稳定，消费增长更多地由社保、医疗卫生、教育、文化体育娱乐、金融服务、交通通信等发展型消费拉动。现在扩大消费的基础是扩大生产、增加收入，这是前提。在这个前提之下，对于大多数人，包括脱贫的中低收入阶层来说，生存性的需求基本上满足了，消费增长越来越多与消费结构升级特别是与发展型消费相关，疫情冲击并未改变这一变动态势。从居民消费增量中可以发现，增长较快的是教育、保险、金融、医疗等方面的支出。政府消费支出中增长较快的是社会保障与就业、医疗、卫生、教育、科技等。

发展型消费相对于生存型消费而言，具有自身的特点。一是生存型消费以个体消费方式为主，发展型消费较多采取集体消费或者公共服务方式，如医保、社保采取互助共济方式，必须先由政府出面把体系建立起来，然后很多人一起参与才可以做起来。再如学校教育是一种集体学习的方式，一般是一个班的学生一起上课，当然也可以搞一对一授课，那是特例。二是发展型消费与基本公共服务的均等化直接相关。三是发展型消费有利于劳动者的安全性、稳定性、流动性和体力智力水平提升，进而提升人力资本。发展型消费既是消费，也可以看成投资，是一种人力资本投资。从2007年以来居民消费结构的变化中可以发现，公共医疗、教育文化娱乐、保险服务、交通通信、银行和中介服务总体呈现上升态势。从2022年政府消费结构可以发现，排名靠前的，第一是社会保障与就业；第二是医疗、卫生与计划生育；第三是教育；第四是一般公共服务如国防、科技、公共安全、城乡社区收入等。由此可见，前三位是基本公共服务或者是发展型消费的内容。

投资格局同样出现了重要变化，应关注服务业投资。过去一段时期，投资的三驾马车分别是基建、房地产、制造业投资。但是最近一段时间，投资的三驾马车格局已经发生了变化，近期服务业投资比重已经超过了房地产投资，上升到第三位，因此所谓三驾马车的"第三匹马"已经变成了服务业投资。房地产投资下降是符合规律的，房地产全局性的历史需求峰值已经出现了。峰值期以后有一个平台期，但是在过去至少五六年的时间里房地产看起来还不错。仔细分析之后可以发现，房地产发展较好是一种结构性需求过热，即在一线大城市和内地省会城市、几个大的都市圈城市群需求过热。造成这些地区房地产需求过热的原因是人口向这些地方流动，是由小城市到大城市、由经济发展水平相对低或者说不太景气的城市向快速发展的都市圈城市群这些地方流动。这些结构性需求带动了房价上升，但从 2021 年下半年以后结构性房地产需求的峰值也已经出现。因此，全局历史需求峰值和都市圈城市圈的结构性需求峰值都已经出现，两者导致房地产投资下降，这是符合规律的。但问题是，房地产投资在很短的时间下降幅度过大。比如从全口径数据库中房地产投资不变价的同比增长率来看，2021 年 7 月出现了负增长，最低负增长 20%，目前房地产销售、投资仍然是负增长。房地产是一个很大的行业，是具有全局影响力的行业，因此，房地产在某种意义上是带病运行，对房地产的政策需要非常小心谨慎。一个通俗的说法是让房地产平稳地落地，即所谓的软着陆，如果搞不好会出大问题。从基建投资来讲，基建投资是稳增长的重要工具。特别需要关注的是去除基建后的服务业投资，近些年其增长稳中趋升，即使在疫情期间也呈现出较强的稳定增长韧性。采矿业投资比重也在逐步下降，农业投资比重上升引人注目。总的来说，从投资结构的数据来看，第一位是制造业投资，第二位是基建投资，第三位是服务业投资（不包括服务业基建投资部分），第四位是房地产投资，投资结构发生了重大的变化。

3. 供给侧基本面及其结构矛盾

从供给侧基本面来看，受需求减速影响，传统产业进入下行通道，需要一批高技术含量、高附加值的新先导产业，带动产业更替和升级。供给侧在这一时间段的结构性矛盾表现在：房地产等主导产业下降过快过深引发了全局性冲击，企业家预期不稳、信心不足制约了创新活动和新先导产业增长。从数据上看，房地产投资已经呈现负增长；计算机、通信和其他电子设备制造业增长值增速也在下降，有时也出现了负增长，例如手机需求这两年在下降，增速明显放缓。

4.资产负债端基本面及其结构矛盾

从资产负债端的基本面来看，在需求和供给双重冲击下，政府、企业和个人资产负债表都经历了数量扩张型向效率导向型的转换，但这种转换往往是被动和危机倒逼型的。资产负债端的结构性矛盾主要表现在：通过增加负债延续原有资产负债模式而导致信用崩溃的风险。我认为资产负债表衰退，很大程度上是陷入困境或者危机出现以后的阶段性现象，资产缩水但负债没有变，这就导致负债率明显上升。负债率上升后企业就不能再扩张，企业获得收入后就会还款，所以整个经济处在一种收缩状况中。资产负债表是日本经济学家辜朝明在分析日本处于泡沫经济中所出现的现象时提出的。中国现在确实出现了资产负债表衰退的现象，但这种现象是不是和日本一样？为什么会出现这种状况？如何来应对？这是问题的核心。

由于高速增长不可持续，尤其是部分行业需求过度透支后的高速增长很可能出现断崖式下跌，典型的例如房地产等行业。房地产等行业原来具有高负债、高周转、高风险的运营模式，这种运营模式都以行业需求高速增长作为前提，但现在这样的前提不复存在，原有的高负债、高周转、高风险的模式难以为继，需要转换。

同时，现在不少领域仍在提升杠杆，这实际上是"借新还旧"，但这些资产缺少现金流，新借的钱是还过去的钱，或是还过去债的利息。从某种意义上来讲，出现了"庞氏结构"，到某个时点将无法维持运转，甚至会出现信用崩溃。所以总的来说，现在面临的是经济增长由高速到中速后资产负债模式的转型问题，即从高速增长所对应的资产负债结构转向一个中速更加注重质量和效益的资产负债结构。从数据上看，中国杠杆率趋势和结构一直在上升；从利息负担与 GDP 增速的变化可以发现，除 2021 年 GDP 增速比要还的利息的增速高之外，其他几年要还的利息的增速都比 GDP 增速要高，这个情况比较复杂。负债和经济增长到底是什么关系？资本负债结构和经济增长是什么关系？这些都需要深入观察和研究。

经济下行需要区分三类影响：第一，增长趋势转换，这是大的趋势且符合规律，要顺应而不是抗拒。前瞻性和导向性很重要。第二，结构性矛盾，在增长性转换过程中，增长减速使得结构性矛盾水落石出，如果不解决，则会加剧转型的困难，甚至出现危机。第三，短期政策，不当或适应性差的政策同样会增加转型难度或引致新的风险。

5. 宏观政策还能做什么？

面对目前的情况怎么办？宏观政策能做什么？特别是不能做什么？宏观政策的定位是有边界的，它的能力也是有限的。疫情三年中国的宏观政策已经尽力了。最近一段时间 M2 保持 12％左右的增速，GDP 增速低于 5％，利率水平也处于近年的低点，人民币与美元汇率倒挂幅度扩大，继续放宽的空间已经很小。财政减税让利度相当大，各级财政现在已经绷得很紧。财政仅有一点发债空间，但如果导向不对，最后很可能会加剧而非缓解经济转型困难。

宏观政策的作用是什么？宏观政策主要是起短期稳定和平衡的作用，增长动力更多来自结构性潜能。从数据上看，中国经济过去增长 10％，在过去 13 年的时间里，速度逐步降低为 7％、6％、5％，比发达经济体还高出不少，至少比美国高出一两倍。中国经济高速增长的动力不是由宏观政策决定的，不是由货币政策和财政政策决定的，而是来自结构性潜能。如果把稳增长的注意力继续放在宏观政策上，副作用会加大，更重要的是将会再次错失结构性改革的时机。需要澄清的一种观点是，不仅宏观政策可以短期见效，具有扩张性效应的结构性改革同样可以有立竿见影的效果。

三、新一轮结构性改革的重点和政策措施

1. 新一轮结构性改革的重点与中国两大增长引擎

启动短期稳增长、中长期增强发展动能，需要启动新一轮结构性改革。新一轮结构性改革的重点应放在三个方面：第一，以进城农村人口基本公共服务均等化为重点的需求侧结构性改革；第二，以稳定房地产等既有支柱产业、激发企业家精神助推新先导产业发展为重点的供给侧结构性改革；第三，以扩大有效需求、转换资产负债模式、化解防控风险为重点的资产负债端改革。

中国下一步的增长潜能到底怎么样？怎样使人均 GDP 从 1.2 万美元增长到 3 万～4 万美元？需求怎么释放出来？中国至少有两大增长引擎：一是横向需求空间，二是纵向升级动能。

横向需求空间是通过基本公共服务均等化，加快发展型消费、扩大中等收入群体，实质性地扩大对既有支柱产业的需求。具体来说，现在大城市的居民基本都拥有了房地产、汽车、日用消费品。但中国人口众多，很多人对于这些商品的需求还没有被满足，如果中低收入阶层能够达到中等收入水平，就会形成对现有产业非常大的需求。尤其是提高对低收入阶层，特别是进城务工人群的基本公共服务水平，可以在很大程度上激发需求潜力。我国有 2 亿多进城农村人口，包括进城务工人群和他们的家属，如何提高他们的收入，需要政府做好基本公共服务，当然有一些政策需要做配套。有一个观点认为，农民由农村到城市可以带动消费增长 30%，如果进城务工人群进城以后基本公共服务到位，进城务工人群生活水平与城镇居民基本差不多，那么需求又可以增长 30%。因此，近 9 亿中低收入阶层如果达到中等收入群体的收入水平，对现在已有产业将会形成一个很大

的拉动，这样就为经济增长提供了持续的动能。

纵向升级动能是指通过稳定预期和信心，改善营商和发展环境，激励企业家精神，推动创新、先导产业发展和经济社会的转型升级。简而言之，通过扩张横向需求空间，稳定既有产业，至少防止大幅回落；通过纵向升级动能，打开产业转型升级通道。

前面提到的三个方面的改革，需要以需求端的改革为牵引，以供给端改革为重点，以资产负债端改革守底线，助推两大增长引擎。

2. 若干发展战略和重要政策措施

新发展战略主要包括以下方面：基本公共服务均等化战略；中等收入人群倍增战略；包容性城市化和城乡融合发展战略；先导产业发展战略；支柱产业稳定增长战略；数字化绿色化转型战略。

重要政策措施主要包括以下几个方面：

第一，需要扩大有效需求。扩大有效需求可以从以下方面入手：

其一，实施进城务工人群基本保障住房建设工程。这一点是比较重要的。上面提到房地产到底有没有需求，房地产虽然达到历史需求峰值，但这是从全国总量来讲的。房地产的需求结构却是不平衡的。大城市中的保姆、外卖员等很多是外地人，但这些人群在大城市中的住房条件可能很差。如果解决这一类所谓"新市民"的进城务工人群的保障房供给问题，房地产就会形成很大一部分需求。也可以通过收购滞销的存量住房，转为进城务工人群保障房。

其二，实施为期三年的以近3亿进城务工人群为重点的基本公共服务均等化攻坚计划。我国的三年脱贫攻坚战取得了很大的成绩，农民要真正实现长期脱贫，根本的出路是城乡融合发展。传统农民的生产生活方式要现代化，这是城乡融合发展真正的含义。有人可能认为目前财政紧张，实施基本公共服务均等化，钱到底从哪里来？实际上进城务工人群在城里工作一直在为城市创造社会财富且缴纳税收。因此进城务工人群缴税后需要相应为他们提供基本公共服务。在三年脱贫攻坚战以后，实施这一计划也可以看成是脱贫攻坚战的升级版。

其三，放开除个别例外、包括一线城市在内的房地产限购、限价。需要与时俱进地调整思维方式，放开后房价暴涨的可能性已经很小，应该更多地由市场来起作用。过去在很多地方，由于特定的环境，制定了房地产限价等政策。但现在应该回归到正常状态，让市场起到决定性作用。如果房价再暴涨的话，可以开征房地产税。2023年7月浙江出台了一项政策，由浙江省人民政府办公厅发布了《浙江省推动落实常住地提供基本公共服务制度有序推进农业转移人口市民化实施方案（2023—2027年）》。浙江这次抓得很准，这项政策可以扩大需求，从当地稳定经济的角度来讲，效果应该也会更好。

其四，在城市群都市圈城乡接合部，允许集体建设用地进入市场，与国有土地同权同价，允许农民宅基地向集体组织之外转让、抵押、担保等交易行为。党的十八届三中全会提出，农村集体经营性建设用地实行与国有土地同等入市、同权同价。现在城市居民在国有土地上建的房屋是完全可以市场化转让、担保、抵押、买卖的，居民的权利是充分的。但是，农村居民在集体土地上盖的房屋却不允许转让、不允许交易，或者交易范围非常小。在市场经济条件下，可交易的资产和不可交易的资产、可流转的资产和不可流转的资产，估值差别是非常大的。现在城市居民和农村居民在土地不动产可交易上存在的巨大差别，是构成他们收入差别的重要因素。无论是农村集体土地还是宅基地，转让之后所获取的收入应优先为相关人员完善社保（包括住房保障）问题，形成比原有土地保障更为可靠、更有效率的现代化保障体系。把土地解放出来，农民可以增加收入，土地效率可以提升，同时构建了现代化的保障体系，三全其美。此外，允许城乡居民双向流动和置业，可以带动居住条件改善和消费结构升级，增加农民财产性收入。

第二，促进民营经济发展壮大，需正本清源、稳定预期。2023年7月中共中央、国务院发布了《中共中央 国务院关于促进民营经济发展壮大的意见》，在社会各界反响强烈，我们也期待其对民营经济发展起到重要指导和激励作用。民营企业也可以做大做强，民营经济发展壮大需要正本清源、稳定预期。从历史上看，改革开放始于拨乱反正。在几个大的时间节点，思想解放、理论突破都起到了关键性作用。例如20世纪70年代末，由"以阶级斗争为纲"转为以经济建设为中心；90年代初期，确立了社会主义市场经济改革方向；21世纪初，加入WTO、融入全球化经济体系，都是立足于解放思想、实事求是，抛开了不合时宜的理论束缚，极大地解放了社会生产力，推动中国经济屡上新台阶。

在理论上和政治上需要进一步理清民营企业的性质和地位。需要做三个区分：把工业革命初期的私有制企业与社会主义市场经济条件下依托企业家才能、优化配置资源的民营企业区分开来；把企业家与资本家区分开来；把企业家才能的特殊贡献和价值与剥削区分开来。

工业革命初期，往往是资本提供者和创业者合为一体，由于资本相对稀缺，存在着利用资本稀缺占据垄断地位，挤占劳动者权益的情况。在工业革命初期谁有钱谁办企业，也就是资本持有者和创业者是一体的。随着经济发展和市场经济的逐步成熟，出现了资本提供者、创业者、管理者职能分离的情况。资本提供者不再是少数人，而是人数众多、已经社会化的投资者，形成了规模庞大的资本市场。而创业者是拥有企业家才能的人，也就是通常所说的企业家，他们拥有好奇心强、富有远见、爱冒险与探险、坚韧不拔、组织协调能力强、执行力强等一系列特质，主要职能是组合利用各类资源，或者说是组合资源的资源，因此企业家是最为稀缺的一种资源。从中国现在的情况看，提供资本的人以亿为单位，资本提供已经社会化了。

企业家不同于资本家，这是两种不同类型的人，他们发挥两种不同类型的职能，不能混为一谈。改革开放以来中国民营企业发展，就是具有企业家才能的那些人，识别并抓住了中国发展的机遇，组织各类资源，创办发展了大量充满生机活力、具有创新进取精神的企业。他们通常是白手起家，并没有多少资本，而投资者正是看中了他们的企业家才能，才把资本给了他们，以便其资本得到更有效的配置和利用。

在一个竞争性的要素市场上，企业家是按照企业家才能的贡献获取报酬，并不是传统意义上的剥削。他们也不等同于一般管理人员，后者所缺少的正是企业家才能。例如一些厂长不是企业家，企业家才能体现在某些人身上，更多的是一种行为和一种素质，而有些人可能坐在某个位置上循规蹈矩，这些人就不是企业家。

推进中国式现代化，跨越中等收入陷阱，更多地依靠创新驱动，比以往任何时候都需要企业家精神。中国改革开放40多年，企业家精神很重要，但是现在比过去更重要。所以，如果不重视企业家精神、不重视企业家所创办的民营企业，那么要跨越中等收入陷阱、要上几个台阶、要实现长期发展目标，恐怕就很难。对企业家精神可以有很多描述，简而言之就是创新精神。创新精神不仅是民营企业需要，国有企业、外资企业也都需要。进一步说，各级政府官员特别是主要负责人也需要。各级政府都有一批具有企业家精神的人，他们把各种不可移动的资源进行了很好的整合并吸引了流动性资源。具有企业家精神是中国成为创新型国家的一个显著特征。因此，企业家才能是社会主义市场经济中非常稀缺和宝贵的资源，以企业家才能为依托的各类企业，都是中国式现代化建设事业的组成部分，是中国共产党长期执政、带领全国人民实现中华民族伟大复兴的经济社会基础。当务之急是要把《中共中央 国务院关于促进民营经济发展壮大的意见》切实落到实处，与此同时还可以探索一些新的举措。

我认为，在制定特定行业政策时，可以不再按照所有制划分企业类型，不再区分国企民企，改为按规模、行业、技术类型等特性划分企业、制定政策。当然这一点可以讨论。例如，一些中小微企业在世界各国都有扶持政策，对于劳动密集型企业、创新型企业应该制定不同的政策。如果按照所有制来制定和落实行业政策，有可能会出现一些偏颇。对于所有制，可以按照所有制来划分投资类型，例如可以区分中央国资投资者、地方国资投资者、机构投资者、个人投资者、境外投资者等等。

企业是以企业家为核心的组织形态，出资人所提供的资本只是企业的要素之一，其他要素还包括劳动力、土地、技术、数据等，仅从资本来界定企业性质有很大的片面性。企业家是组合所有要素的资源，它比资本更重要。随着市场经济的发展和完善，资本所有者的多元化和相互融合已经成为常态。现实中要找到一个纯粹国有或纯粹个人所有的企业越来越困难，国有企业往往有大量个人投资者，民营企业也可能有不少国有股东，按照所有制界定企业类型已经脱离了实际，也不符合科学划分标准。从国际经验上看，国外也很少专门区分国企民企，当然一些有特定职能的企业被称为国有企业，但大部分国家是从其他特征来划分企业类型的。在纠正所有制歧视方面应该取得实质性进展，应该改变行业标准、项目招标、资金获取、国家安全等方面国企民企不平等的潜规则，以此作为营商环境建设的重要内容，并形成相关行政检查、社会监督、法律诉讼等制度。允许和鼓励平台企业、大型科技骨干企业大胆投资、积极创新，参与国家重点项目建设，实行常态化、负面清单为主的监督。

第三，加快发展先导产业。先导产业具体来说包括新技术催生的新产业或"未来产业"，如生成式人工智能正在推动大量新应用场景的发展；较成熟产业中的高技术和附加值产业，如IT制造业和服务业、医疗、精密制造等行业；传统产业中的高技术含量和附加值部分，如研发、高端制造等；数字技术产业化带动的新产业；双碳绿色转型带动的新产业；因"卡脖子"而自主研发形成的新产业；具有国际竞争优势、出口导向的高技术产业等。

3.宏观政策为新一轮结构性改革提供支持

货币政策和财政政策宜总体保持稳定，并与新一轮结构性改革相互配合。在货币政策总量适度、精准有力的基调下，可以运用结构性的货币政策和工具为新一轮结构性改革提供支持，如为进城务工人群保障房提供融资。财政政策方面，可发行一定数量的长期国债，但不能用于补窟窿，特别是资产负债表窟窿，以及盲目扩张、不负责任、预算软约束造成的各种窟窿，应主要支持需求侧结构性改革以扩大有效需求，拉动经济进入扩张性运行轨道。

最后，改革到底怎么改？要正确处理顶层设计和基层创新的关系，还需要摸着石头过河，因为改革开放后，不同时期要解决不同的问题，也就是要过不同的河流。改革开放初期面临的是农村能不能搞家庭联产承包责任制、经济特区能不能办等问题。而现阶段面临的是如何建设高标准社会主义市场经济、实现高质量发展等问题，仍然会面临大量未知和不确定性因素，在办公室里是找不到答案的。

在国家顶层设计指方向、划底线的前提下，要重提简政放权，减少行政干预，把市场化法治化治理与鼓励地方基层积极性创造性有机结合，允许试错纠错，允许多一些自选动作，为具有创新精神的各级干部、各类人才营造宽松环境。

第六讲
立足新发展阶段 贯彻新发展理念 构建新发展格局

刘元春[*]

一、从发展的角度深刻认识新发展格局思想的形成和完善过程

习近平总书记提出的新发展格局是一个不断发展、不断完善的过程，因此不能简单地停留在某一个时点，或者仅从一两句经典语言来认识这个理论。

2020年5月14日，习近平总书记主持召开中央政治局常务委员会会议并发表重要讲话。会议指出，要深化供给侧结构性改革，充分发挥我国超大规模市场优势和内需潜力，构建国内国际双循环相互促进的新发展格局。

2020年5月23日，习近平看望参加全国政协十三届三次会议的

---

[*] 刘元春，上海财经大学校长。

经济界委员，并参加联组会，指出："要把满足国内需求作为发展的出发点和落脚点，加快构建完整的内需体系，大力推进科技创新及其他各方面创新，加快推进数字经济、智能制造、生命健康、新材料等战略性新兴产业，形成更多新的增长点、增长极，着力打通生产、分配、流通、消费各个环节"。①

2020年7月21日，习近平主持召开企业家座谈会强调："以前，在经济全球化深入发展的外部环境下，市场和资源'两头在外'对我国快速发展发挥了重要作用。在当前保护主义上升、世界经济低迷、全球市场萎缩的外部环境下，我们必须充分发挥国内超大规模市场优势，通过繁荣国内经济、畅通国内大循环为我国经济发展增添动力，带动世界经济复苏。要提升产业链供应链现代化水平，大力推动科技创新，加快关键核心技术攻关，打造未来发展新优势"。②

"我多次强调，中国开放的大门不会关闭，只会越开越大。以国内大循环为主体，绝不是关起门来封闭运行，而是通过发挥内需潜力，使国内市场和国际市场更好联通，更好利用国际国内两个市场、两种资源，实现更加强劲可持续的发展"。③

2020年7月30日，习近平总书记主持召开中共中央政治局会议，指出："必须从持久战的角度加以认识，加快形成以国内大循环为主体、国内国际双循环相互促进的新发展格局，建立疫情防控和经济社会发展工作中期协调机制，坚持结构调整的战略方向，更多依靠科技创新，完善宏观调控跨周期设计和调节，实现稳增长和防风险长期均衡"。④

---

① 坚持用全面辩证长远眼光分析经济形势 努力在危机中育新机于变局中开新局.人民日报，2020-05-24.
②③ 习近平在企业家座谈会上的讲话.人民网-人民日报，2020-07-22.
④ 中共中央政治局召开会议决定召开十九届五中全会中共中央总书记习近平主持会议，人民网-人民日报，2020-07-31.

2020年8月24日，习近平在经济社会领域专家座谈会上指出："今年以来，我多次讲，要推动形成以国内大循环为主体、国内国际双循环相互促进的新发展格局。这个新发展格局是根据我国发展阶段、环境、条件变化提出来的，是重塑我国国际合作和竞争新优势的战略抉择。近年来，随着外部环境和我国发展所具有的要素禀赋的变化，市场和资源两头在外的国际循环动能明显减弱，而我国内需潜力不断释放，国内大循环活力日益强劲，客观上有着此消彼长的态势。对这个客观现象，理论界进行了很多讨论，还可以继续深化研究，并提出真知灼见。"[①] 座谈会第二部分直接谈的就是政治经济学，习近平谈到了政治经济学特别是改革开放以来形成的具有相对独立的11个范畴，这些独立的范畴是进一步深化和发展中国特色社会主义政治经济学的一些新范畴，大家一定要配合国家战略，加大对外宣传。

会议还提到，"未来一个时期，国内市场主导国民经济循环特征会更加明显，经济增长的内需潜力会不断释放。我们要坚持供给侧结构性改革这个战略方向，扭住扩大内需这个战略基点，使生产、分配、流通、消费更多依托国内市场，提升供给体系对国内需求的适配性，形成需求牵引供给、供给创造需求的更高水平动态平衡。当然，新发展格局决不是封闭的国内循环，而是开放的国内国际双循环。""我们更要大力提升自主创新能力，尽快突破关键核心技术。这是关系我国发展全局的重大问题，也是形成以国内大循环为主体的关键。"[②]

结合经济社会背景，可以看到这一思想提出的实时性和及时性。疫情带来的疤痕效应、房地产拐点性的深度大调整以及大国博弈加

---

①② 习近平在经济社会领域专家座谈会上的讲话.人民网-人民日报，2020-08-25.

剧导致的外部环境的恶化等，让中国经济面临前所未有的压力。回过头看，习近平总书记2015年作出百年未有之大变局的论断，2020年提出"构建以国内大循环为主体，国际国内双循环相互促进的新发展格局"，习近平经济思想在不断地完善，并指导中国发展战略、布局和动力进行了前瞻性调整，若非如此，当前中国将面临更大的压力。

改革开放以来，我们及时总结新的生动实践，不断推进理论创新，在发展理念、所有制、分配体制、政府职能、市场机制、宏观调控、产业结构、企业治理结构、民生保障、社会治理等重大问题上提出了许多重要论断。比如，关于社会主义本质的理论，关于社会主义初级阶段基本经济制度的理论，关于创新、协调、绿色、开放、共享发展的理论，关于发展社会主义市场经济、使市场在资源配置中起决定性作用和更好发挥政府作用的理论，关于我国经济发展进入新常态、深化供给侧结构性改革、推动经济高质量发展的理论，关于推动新型工业化、信息化、城镇化、农业现代化同步发展和区域协调发展的理论，关于农民承包的土地具有所有权、承包权、经营权属性的理论，关于用好国际国内两个市场、两种资源的理论，关于加快形成以国内大循环为主体、国内国际双循环相互促进的新发展格局的理论，关于促进社会公平正义、逐步实现全体人民共同富裕的理论，关于统筹发展和安全的理论，等等。这些理论成果不仅有力指导了我国经济发展实践，而且开拓了马克思主义政治经济学新境界。

新发展格局理论被纳入了与社会主义本质理论、社会主义初级阶段经济制度理论相提并论的高度，因此一定要认识到习近平总书记对于新发展格局理论的高度重视。2022年我在《人民日报》上发表了一篇文章，总结新时代一系列的成就，这个成就一是习近平经济思想的不断完善、不断成型，二是以新发展格局为核心的新战略全面确立，然后才是一些具体在工业、在创新上面的成就。

2020年9月9日下午，习近平总书记主持召开中央财经委员会第八次会议，研究畅通国民经济循环和现代化流通体系建设问题。会议指出，"要贯彻新发展理念，推动高质量发展，深化供给侧结构性改革，充分发挥市场在资源配置中的决定性作用，更好发挥政府作用，统筹推进现代流通体系硬件和软件建设，发展流通新技术新业态新模式，完善流通领域制度规范和标准，培育壮大具有国际竞争力的现代物流企业，为构建以国内大循环为主体、国内国际双循环相互促进的新发展格局提供有力支撑。"①

党的十九届五中全会将"新发展格局"作为"十四五"规划的核心要义："形成强大国内市场，构建新发展格局。坚持扩大内需这个战略基点，加快培育完整内需体系，把实施扩大内需战略同深化供给侧结构性改革有机结合起来，以创新驱动、高质量供给引领和创造新需求。要畅通国内大循环，促进国内国际双循环，全面促进消费，拓展投资空间"。②

"十四五"时期很重要的是将新发展阶段、新发展理念、新发展格局这"三新"全面贯彻到发展纲领中。这个纲领不仅对发展阶段进行了全面的新定位，更重要的是对我们的战略路径进行了新的界定。因此，新发展格局这一理论实际上同时也是一个战略。

习近平总书记在党的十九届五中全会闭会时对新发展格局进行了专门的说明。同时刘鹤副总理专门解读了新发展格局。他专门谈到，"这是对'十四五'和未来更长时期我国经济社会发展战略、路

---

① 统筹推进现代流通体系建设 为构建新发展格局提供有力支撑. 人民网-人民日报，2020-09-10.

② 中共十九届五中全会在京举行. 人民网-人民日报，2020-10-30.

径作出的重大调整完善，是着眼于我国长期发展和长治久安作出的重大战略部署，对于我国实现更高质量、更有效率、更加公平、更可持续、更为安全的发展，对于促进世界经济繁荣，都会产生重要而深远的影响。构建新发展格局的思想在《建议》中具有重要地位，起到纲举目张的作用。"

作为全国"十四五"规划委员会的委员，大家在讨论"十四五"规划时就提出，"十四五"规划的魂是什么？最后大家认为是"三新"。"十四五"规划与以往规划不同的是专门加了一章，把"三新"这一整个"十四五"规划的核心要义提炼、凸显出来。"十三五"规划是按照新发展理念中创新、协调、绿色、开放、共享这五个主题词来进行布局的，而"十四五"规划是按照新发展阶段、新发展理念、新发展格局这"三新"来进行布局的。

党的十九届五中全会第二次会议的主题就是构建新发展格局，习近平总书记在第二次会议的发言专门谈到了新发展格局的三个要点：一是先手棋；二是双循环，不能单方面进行强调或者分离地进行强调；三是统一大市场，后来对统一大市场在整个新发展格局中的重要地位也进行了新的布局。三个要点之后，习近平总书记专门谈到了构建新发展格局有六大着力点：

一是内需体系完整。2023年中央经济工作会议上，习近平总书记的讲话就专门谈到，新发展格局从本质上讲就是在极端状况下国内经济循环还能够畅通，能够保证基本盘的完整。什么叫极端状况？一是疫情演绎了极端状况，二是俄乌冲突演绎了极端状况。当然对于民族而言，可能更为极端的极端状况就是美国目前正在鼓吹的台湾问题。如果我们面临战争的极端状况，内需体系是不是完整、是不是能够自我稳定高效地运转至关重要。

二是科技自立自强。要突破"卡脖子"问题，突破"断链"问题。"十四五"期间的102项重大工程，大部分集中在科技自立自强上，集中在产业链供应链的完整性上，强调补链。科技自立自强是突破"卡脖子"问题的一个基础性要件，但不是一个充要条件。

三是产业链供应链升级。目前产业链供应链的升级强调几个很重要的点：第一个是要求产业链供应链相对完整，也就是必须要在"断链"上面下大功夫。"卡脖子"问题出现就是因为欧美供应链产业链同盟对我们围追堵截，希望使我们的一些产业链崩塌进而出现整个经济体系的崩塌，所以"断链"问题是一个底板，必须要强调。第二个是我们很多供应链不强，因此很重要的还是要铸就长板。2021年1月11日，习近平总书记在省部级主要领导干部学习贯彻党的十九届五中全会精神专题研讨班开班式上关于如何实施新发展格局时谈到，很多人有一些错误的认识，认为我们要全面突破"卡脖子"问题，这是错误的。实际上任何一个国家都有"卡脖子"问题，只不过是多与少的问题。更为关键的是要通过铸就长板、提升国际谈判力来突破短板，而不是就短板谈短板，因此要在产业链供应链的一些关键技术、核心技术、关键的零部件等上进行布局，在这种布局的基础上再进行整体性的产业链供应链的数字化、智能化、绿色化等提升，从而使整个竞争力和生产能力得到提升。

四是农业农村现代化。农业农村现代化是中国式现代化很重要的一个底板，也是检验我们现代化全面推进的标志性尺度。不管城市发展多好，如果农业农村一塌糊涂，就谈不上现代化。如果农业农村现代化了，那么其他一定能够现代化，这是很重要的一个点。习近平总书记对农业农村问题高度关注，不仅仅在党的十九大报告中提出全面推进乡村振兴战略，同时在这几年将农业安全问题上升到核心高度。因为饭碗要端在自己手里，也是因为在极端状况下，这种战略性物资要高度自给，但是我国整个农业贸易依存度目前已经接近20%，也有数据认为超过了20%，基本口粮贸易依存度没有超过20%。如果我们的农业供给有20%要来自海外市场，未来的发展变化可能面临很大压力：第一个是疫情期间，很多国家宣布对大米等农产品出口进行管制，2022年WTO进行过统计，农业、农村、农产品的出口壁垒上升了65%。第二个是俄乌冲突所带来的俄罗斯和乌克兰粮食运输问题，战争一旦爆发，粮食就无法进行全球化运输。后来在土耳其的涡旋下签署了《黑海粮食运输协议》，保证打仗时粮食运输的畅通，但是俄罗斯因为制裁问题提出《黑海粮食运输协议》失效，这一举动直接导致东欧的粮食市场价格上涨了20%。俄乌冲突爆发后全球粮价上涨超过10%，欧洲的粮食价格在短期内上涨了一倍多。因此，如果战争爆发，我们的粮食自给怎么处理？第三个是，2023年厄尔尼诺现象十分严重，国际粮农组织预测，2023年及未来，全球粮食主产区，一是南美的阿根廷和巴西这些区域，另一个是美国，可能会因为极端高温导致粮食产量下降。因此，国家把农产品安全、能源安全上升到高度关注的核心点。当然，农业也是构建新发展格局的很重要的一环。

五是人民生活品质提高。

六是要守住安全发展的底线。

2021年1月11日在省部级主要领导干部学习贯彻党的十九届五中全会精神专题研讨班上，习近平总书记对新发展格局思想和战略布局内涵进行了比较系统的阐述，并在5月1日出版的第9期《求是》杂志上发表了《把握新发展阶段，贯彻新发展理念，构建新发展格局》一文。

新发展阶段是政治经济学研究非常重要的题目。我们党和社会主义发展史上对发展阶段的确立是一个战略性、核心性的理论概念。社会主义发展史上围绕共产主义、过渡阶段、初级阶段、高级社会主义等名词进行了大量的争论，现实中这些名词也成为一些具体政策战略定位的前提。这里会感受到理论界的一些新动向，习近平总书记专门谈到，我们要乘势而上开启全面建设社会主义现代化国家新征程、向第二个百年奋斗目标进军，这标志着我们进入了一个新发展阶段，未来30年将是我们完成社会主义现代化的新发展阶段，也是一个承上启下的阶段。

我们正从初级阶段向更高阶段迈进，那么更高阶段是什么？是不是意味着在进入新发展阶段后，初级阶段就完成了历史使命？从马列文献中可以知道，当年列宁对于不发达的社会主义、初级的社会主义，或者非共产主义阶段的社会主义进行了一些界定，这个界定里最重要的就是孤岛论，即只要我们依然处于资本主义的汪洋大海之中，我们就没有迈向共产主义，也没有迈向理论中的高级阶段。我们讲2050年实现社会主义现代化强国的目标，是不是依然处于与美国体系、资本主义新的阵营并存的阶段？这里在理论上引起的争论以及在政策上引起的一些分歧实际上是政治经济学要重点研究的，理论色彩很浓。

对于新发展理念，习近平总书记谈到，"2015年10月，在党的十八届五中全会上，我提出了创新、协调、绿色、开放、共享的新发展理念，强调创新发展注重的是解决发展动力问题，协调发展注重的是解决发展不平衡的问题，绿色发展注重的是解决人与自然和谐问题，开放发展注重的是解决发展内外联动问题，共享发展注重的是解决社会公平正义问题，强调坚持新发展理念是关系我国发展全局的一场深刻变革"。[1]

后来习近平总书记也对新发展格局进行了一系列新的定位和阐

---

[1] 习近平.把握新发展阶段，贯彻新发展理念，构建新发展格局.求是.2021（9）：4-18.

述。他专门谈到："这是把握未来发展主动权的战略性布局和先手棋，是新发展阶段要着力推动完成的重大历史任务，也是贯彻新发展理念的重大举措。""构建新发展格局的关键在于经济循环的畅通无阻"。[①] 这个畅通无阻就决定了要以供给侧结构性改革为主线。在2023年的中央经济工作会议、两会以及后来的中央政治局集体学习上，基本以扩大内需与供给侧结构性改革有机协调作为抓手，就是把供给侧和需求侧配合起来。另外，习近平总书记也谈到："构建新发展格局最本质的特征是实现高水平的自立自强。"[②] 我们要结合目前逆全球化尤其是大国博弈所带来的地缘政治风险，产业链供应链的全面重构，以及已经初具雏形的平行体系的出现这一背景来进行充分理解。

2022年6月中共中央宣传部、国家发展和改革委员会组织编写了《习近平经济思想学习纲要》，将习近平经济思想的基本内容梳理归纳为十三个方面，基本上是吸纳了党的十九届三中全会、四中全会、五中全会、六中全会的精神。这十三个方面最核心的就是第三、四、五方面，也就是"三新"，"三新"是习近平经济思想最为关键的部分。

党的二十大报告中"加快构建新发展格局，着力推动高质量发展"部分对新发展格局理论提出了一些新的理解，其中很重要的是确立了高质量发展的首要任务，同时把构建新发展格局作为高质量发展的战略基点。也就是说，如果不能构建出新发展格局，高质量发展是无法形成的。

在2023年两会和中共中央政治局会议上，习近平总书记进行了一系列新的表述，对高质量发展的思想进行了进一步深化。习近平

[①②] 习近平.把握新发展阶段，贯彻新发展理念，构建新发展格局.求是.2021（9）：4-18.

总书记专门谈到要深刻认识加快构建新发展格局是推动高质量发展的战略基点，把实施扩大内需战略同深化供给侧结构性改革有机结合起来，加快建设现代化产业体系，坚持把发展经济的着力点放在实体经济上，深入推进新型工业化，从而进一步明确了新发展格局与高质量发展之间的关系。

同时，二十届中共中央政治局在2023年1月31日下午就加快构建新发展格局进行第二次集体学习，习近平总书记谈到："加快构建新发展格局，是立足实现第二个百年奋斗目标、统筹发展和安全作出的战略决策，是把握未来发展主动权的战略部署。只有加快构建新发展格局，才能夯实我国经济发展的根基、增强发展的安全性稳定性，才能在各种可以预见和难以预见的狂风暴雨、惊涛骇浪中增强我国的生存力、竞争力、发展力、持续力，确保中华民族伟大复兴进程不被迟滞甚至中断，胜利实现全面建成社会主义现代化强国目标"。①

因此，在研究新发展格局时，很重要的一个落脚点就是这种布局如何从生存力的角度、竞争力的角度、发展力的角度、持续力的角度来进行理解。大家可以看到，新发展格局已经被上升到很高的高度。因为党的十九届六中全会谈到，中华民族伟大复兴已经进入一个历史不可逆转的进程。最近对不可逆转的进程进行了大量的论证，但是我们也要考虑很多极端状况对整个复兴进程带来的系统性冲击。2023年的经济压力如果驾驭不好，的确就会出现这种状况，而要驾驭好目前的经济，很重要的是要回归到习近平总书记的新发展格局上来，国内大循环要顺畅、要高效、要保住基本盘，否则在外部这些冲击下，在一些支柱产业的拐点性调整中，我们经济的弹

---

① 加快构建新发展格局 增强发展的安全性主动权. 人民日报，2023-02-02.

性和韧性可能就不像原来想象的那么大,这个问题的确需要我们进行更深的战略思考。

同时习近平总书记也谈到,搞好新发展格局要怎么做:"要搞好统筹扩大内需和深化供给侧结构性改革,形成需求牵引供给、供给创造需求的更高水平动态平衡,实现国民经济良性循环。""继续深化供给侧结构性改革,持续推动科技创新、制度创新,突破供给约束堵点、卡点、脆弱点,增强产业链供应链的竞争力和安全性,以自主可控、高质量的供给适应满足现有需求,创造引领新的需求"。[①]最近国产替代成为最新的一个亮词,也有大量的高新技术在国产替代的战略过程中拿到了很多订单,而这些订单使它们在量产化之后可以进一步发挥干中学效应,从而在科创上有了一系列突破。2023年暑期我去调研了很多这方面的企业,看到的一些情况的确大大超出我在书斋中的想象。比如,华为刚刚公布的第二季度报表基本上宣告华为已经摆脱了前期美国打压的困局,利润实现了正增长,并且重新进行了5G商业化手机生产,针对此,华为制订了很强大的战略计划,最后,华为最近围绕芯片和半导体取得了突破性的进展。我们要看到,过去几年我国实施新发展格局战略理念已经取得了一系列成果。

我们还要加快科技自立自强的步伐,解决"卡脖子"问题;要以现代化产业体系为基础,经济循环畅通需要各产业有序连接、高效畅通;要全面推进城乡、区域协调发展,扩大国内大循环的覆盖面;要进一步深化改革,增强国内大循环的动力和活力等。

新发展格局这个战略、这个理论,从2020年第一季度提出来之后到目前为止,习近平总书记在不同的场合进行了宣讲,同时根据

---

① 加快构建新发展格局 增强发展的安全性主动权.人民日报,2023-02-02.

这三年来整个实践的不断创新进行了理论的深化，形成了较为完整系统的理论体系。

二、用战略思维、底线思维和辩证思维来深入把握新发展格局理论提出的必要性和重要性

新发展格局是根据我国发展阶段、环境、条件提出来的，是重塑我国国际合作和竞争新优势的战略抉择。我们需胸怀民族复兴的战略全局和百年未有之大变局，用战略思维、底线思维和辩证思维来把握这一理论提出的必要性和重要性。未来五年中国将面临四个关键点：一是跨越中等收入陷阱，二是破解李约瑟难题，三是百年未有之大变局全面步入加速演变期，四是未来五年或者十年是中美博弈关键期。

一是跨越中等收入陷阱。有学者将中国目前的状况与1990年的日本进行了比较，认为中国的房地产问题可能比日本还严重，可能会陷入资产负债表衰退的困局，错失跨越中等收入陷阱的机会。但我认为这个论断是错的，因为它自身存在很大的漏洞。第一，日本房地产最大的问题是商业地产的崩溃，但是中国商业地产所占的比重很低。更为重要的是，十多年前互联网经济、平台经济的崛起直接导致以实体店为主体的商业地产价格大幅度下降，商业地产泡沫已经被上一轮技术冲击挤掉。因此，中国商业地产目前的泡沫并不大、比重也不大，与日本当年存在明显差异。而中国的房地产问题主要在于居民住房，这其中的债务较大，存在一定的杠杆率，开发企业资产负债率较高。第二，对一个民族而言，能否跨越中等收入陷阱，不是简单地以短期波动和危机为界限，最为重要的是这个民族是否具备创新力。日本"失去的三十年"最为主要的原因是与美

国签署了《日美半导体协议》，从而错失了互联网和数字技术发展浪潮，使日本企业技术创新和产业升级出现了相对停滞。我们研究美国崛起史会发现，美国历史上出现过很多危机，美国政府也面临着大量债务，但这并不妨碍美国成为一个超级大国，原因就是美国有强大的基础研发、产业升级的创新能力。而中国目前实际上处于创新能力最强大、产业转型升级的关键节点上。因此，我们要正确认知现状，对跨越中等收入陷阱、2025年左右人均GDP超过1.3万美元的判断，应持有相对乐观的态度。

二是破解李约瑟难题。一系列测算表明，我们正处于中国制造向中国智能制造、智能创新迈进的阶段，中国的研发从规模上开始逼近美国，但在结构上还存在很多问题。非常重要的是，若按目前测算的潜在增长速度，要在2035年基本实现社会主义现代化，让人均GDP和综合实力再上一个大台阶，而再上一个大台阶以翻番作为标准，我们在2020—2035年这15年里平均增长速度要达到4.83%。但事实上，即使在乐观情形下，即按疫情前的状况来延续，增速也很难达到4.83%。习近平总书记专门讲道，实际上我们面临非常艰难的斗争和巨大的挑战，中国的现代化建设绝对不是敲锣打鼓、吹吹弹弹、一帆风顺地就实现了。这些挑战中最重要的就是改革，若不进行改革，不提升全要素生产率（TFP），简单延续过去的趋势是无法实现社会主义现代化的。

因此，中国必须利用双循环新发展格局战略来调整、重构、深化过去的各种战略，以解决以下几个关键问题：第一是推进技术创新，实现创新驱动；第二是推动改革，实现二轮制度红利；第三是建成教育强国，推进人口红利转化为人力资源红利；第四是构建百年未有之大变局新的合作平台和新的竞争力，突破价值链和分工链重构的瓶颈约束，构建新一轮全球化的红利。这包含很多内容，核心要求第一是提升战略，第二是进行改革。我们对改革所产生的动能进行了测算，比如进行要素市场化改革，全国统一大市场的形成可以使整个物流体系更加现代化、更加顺畅，可能直接推动 GDP 增速提升 5% 左右。中国现在物流成本占 GDP 的比重在 15% 左右，美国物流成本占 GDP 的比重只有 8%，我们高 7 个百分点，OECD 成员目前的物流成本占 GDP 的比重在 11% 左右。因此，我们能否够通过改革形成大市场，使物流成本降低到 OECD 成员的平均水平？此外，中国目前的单位劳动生产率依然是美国制造业生产率的 1/10 左右，我们能否进一步提升生产效率？实际上，我们只要进行一些技术和制度上的相应优化，潜在改善的空间依然很大，要想达到现代化的指标，特别是实现科技实力、经济实力、综合实力的提升，急需战略的提升和改革。

三是百年未有之大变局全面步入加速演变期。整个亚太经济占世界的比重未来会全面崛起，同时在亚太区域，中国的占比会全面提升。因此，在全球乱象丛生的状况下，可以看到各项经济指标发生了很多变化。第一是人口指标发生了变化。第二是在技术革命再次爆发的前夜，技术对增长的作用也发生了新变化。索洛在 20 世纪 80 年代提出了索洛悖论，罗伯特·戈登提出了戈登新现象，指出专利、新技术革命、数字技术革命、AI 革命、元宇宙革命等对生产效率的提升作用并没有那么大。比如，戈登的测算认为，手机的发明在人类历史上对生产效率的提升还不如抽水马桶。这可能超越了我们的感官，但实际上我们会看到，5G 对生产效率的提升不像人们所展望的那样，ChatGPT 的出现也没有在短期内让生产效率得到很大的提升，使全世界全要素生产率值得到大幅提高。我们依然处于一个超级全要素生产率值下降的通道，根据目前的测算，未来十年，世界的潜在增长速度可能下降 1.2 个百分点。过去二十年平均增长幅度在 3.7% 左右，那么未来十年预计增速可能是在 2.5% 或 2.7% 的水平，也就是下了一个台阶。在这种状况下，世界旧有格局将被打破，原来你好我好的分配模式不复存在，正向博弈变成了负向博弈，从而导致冲突加剧，在国际层面是民族主义，在国内层面是民粹主义。

四是未来五年或者十年是中美博弈关键期。针对这一关键期有很多理论，有人提出了 60% 分界线，这是守成大国与新兴大国全面博弈的分界线。还有一个理论是 80% 理论，即新兴大国超过守成大国 GDP 的 80% 时，新兴大国与守成大国的博弈将从不对称走向对称，守成大国由于新兴大国的体量，不得不改变过去霸凌式的博弈模式。目前的测算表明，到 2026 年左右中国可能会达到美国 GDP 的 80%。2021 年中国 GDP 占美国 GDP 的 76%，现在由于人民币贬值、美国通胀等问题，这一比例从 76% 又降到 2023 年的 67% 左右。这是一个波浪式前进、曲折性发展的过程。当然中国要咬得住，否则下一步问题会很麻烦。未来十五年中国超过美国 GDP 可能的路径是什么呢？我们作了很多假定，美国也在作这样的测算。比如 2022 年 10 月，美国国防部专门出台了《2022 年国家防务战略报告》，与我们的测算基本是相似的，他们也得出了一个结论：未来十年很可能会出现中国超越美国的状况，因此在这十年里，尤其是未来五年美国必须全面发力。目前中国的短板还比较多，突破这些约束还需要考虑很多问题。比如：如何才能突破"卡脖子"约束？如何改变不对称的博弈？如何在博弈激化中稳住基本盘？如何在世界百年未有之大变局中构建中国新的合作平台和新的竞争力？如何在现代化进程中突破瓶颈约束？

应对这些问题，关键是要集成新的战略，也就是我们所强调的新发展格局战略。因此，新发展格局本质上是一个战略，而不是应对某一具体问题的被动之举，是适应百年未有之大变局加速调整，国内高质量发展上新台阶，国内发展主要矛盾出现新现象、新规律的必然战略调整和战略再定位，而不是在偶然事件冲击下的应急举措，是新阶段中国发展的内外部因素综合作用的内生产物，而不是单纯外部条件变异的产物，是党中央顺应时代要求所作出的新的纲领，是我国发展战略的再定位，是解决我国新时期出现的各种长期问题的战略举措。

因此，我们要用战略思维、底线思维和辩证思维来深入把握新发展格局理论提出的必要性和重要性，既要看到当下，也要看到未来。美国2022年出台《芯片与科学法案》《通胀削减法案》，2023年出台《关于贸易限制法案》《投资审查法案》，这几大法案标志着美国"小院高墙"从行政举措转化成制度和法律。这些制度和法律不会在短时期撤销，因此标志着新时期的到来，同时也表明美国集合了所有力量来打压中国。从2022年年底到2023年，中国已从美国的第一大贸易国变成第四大贸易国，美国替代中国成为日本和欧盟的第一大贸易国。同时，中国对韩国、日本大量的贸易逆差，在2023年开始消失。这里所呈现的格局性变化的确顺应了新发展格局作出的预测。前段时期，美国兰德公司发布报告，认为近期台海可能发生剧烈的摩擦，同时美军参谋长联席会议主席在美国国会也专门提到台湾局势已经发生了质的变化。最近日本、美国等大大提升了其国防支出，美国目前的国防支出已达7 800多亿美元，同比增加了14%，日本国防支出同比增加了1.6倍。因此，我们必须认识到新发展格局背后百年未有之大变局的加速演变，而这个加速演变的主体就是中国与欧美之间格局的转换，以及在转换过程中出现的极度冲击。这些冲击要求我们在战略上要有底线思维，要有发展与安全相统筹的辩证思维。

三、从历史实践的角度把握双循环新发展格局的历史基础、政策基础、实践基础和理论基础

我们在宣讲、阐释习近平新时代中国特色社会主义思想时，通常要求往前走一步、往后走一步。往前走一步就是把历史基础挖掘好、理论基础挖掘好，往后走一步就是把握好理论的未来应用场景，这也是我们用学理讲政治很重要的一种方法。

1.历史上的大国经济，特别是经济强国都是以内循环为主体，贸易依存度都不是很高

从大国到强国有一个转变过程，很多国家都是以外向型经济作为先导来扩大国内分工体系，从而提升国内生产效率，这是一个历史规律。但另一个历史规律是，当它们成为强国时，自身的内循环基本盘非常稳定。美国在过去几十年里贸易依存度一直不高，在冷战前美国的贸易依存度只有10%左右，即使到现在，美国的贸易依存度也仅19%左右。而中国的贸易依存度最高时达到2006年的64%，虽然经过多年努力，但现在依然在33%左右。很多学者谈到，如果我们能把贸易依存度稳定在OECD成员的平均水平25%左右，这将是一个比较好的状况。所以未来五年，贸易依存度回落5个百分点是否可以作为一个目标，这一问题需要更深入的研究。新发展格局遵循现代经济崛起的一般规律。包括美国、英国、德国、日本在内的经济史都表明，在市场经济条件下，任何大国的成长都必须经过由弱到强，由"以外促内"转向"以内促外"的调整，因为大国崛起最为关键的标志就是构建起安全、可控、富有弹性和韧性，以内为主、控制世界经济关键环节的经济体系。也就是要拥有定价权，保障关键环节安全可控。若弹性、韧性不强，对关键环节把握

不住，没有定价权，就会处于全球价值链中微笑曲线的底端，即世界制造的最末端。而微笑曲线的两端，一端是品牌和服务，另一端是技术和专利，基本上被欧美所控制，因此我们就会看到中国在整个半导体的生产中是以代工、组装作为核心，我们要往两端前行，就会直接给日本、韩国和美国带来冲击。近来由于中国新能源汽车弯道超车，直接导致全球汽车市场发生了革命性变化，这个变化直接影响到原来汽车大国的发展战略和对华政治考量，这些都跟我们在微笑曲线上下一步的运动密切相关。

2. 党和政府早已认识到传统外向型发展战略存在的系统性问题，并对这些战略进行了持续修正

2008年国际金融危机以来，传统外向型发展战略受到了五大冲击：一是全球红利的递减和分配模式的巨变导致全球化发展的动能大幅度减弱，中国经济外需出现了严重萎缩，要求中国必须将经济发展的动能从"出口-投资驱动模式"转向"内需-创新驱动模式"。二是大国冲突带来的技术"卡脖子"问题要求中国的技术发展必须从"引进—移植—模仿—消化"向自主创新模式转变。三是"两头在外"的贸易模式使中国难以摆脱全球价值链的约束，存在陷入"比较优势低水平陷阱"之中的危险，构建新的国家合作模式和国际竞争力，要求中国必须全面推动国内分工体系升级，形成"以内促外"的新格局。四是内部经济循环不畅通、分割化、碎片化难以支撑国际竞争力的全面快速提升，进一步开放需要内循环的全力支持，特别是内循环持续创新。五是简单开放战略不仅难以肩负中国高质量发展的动力，反而成为中国经济循环的动荡源。因此，"以外为主、以外促内"的外向型发展战略已经完成了其历史使命，新时期中国大国崛起、民族复兴必然要求对这种战略进行调整。

从2006年"十一五"规划、2011年"十二五"规划到2016年

"十三五"规划都在进行大量的调整。这些调整的效果很好，2006年中国贸易依存度为64%，现在降到了约32%。这在很大程度上是由于中国自身战略的优化：外资占GDP的比重大幅度下降，外汇储备占GDP的比重出现了变化，外需在整个经济动能里的作用也发生了一些变化，实际上中国已经进行了很多调整。然而，这些调整都不够体系化，对内循环的提升、创新的提升、统一大市场形成的推动力度还不够。

因此，党中央在2020年提出新发展格局战略，这是在过去十多年持续探索的基础上，对过去各种政策构想和战略思维进行全面提升和进一步综合的产物。其理论基础根植于习近平新时代中国特色社会主义思想和中国特色社会主义政治经济学，与新常态理论、新发展理论、供给侧结构性改革以及高质量发展理论是一脉相承的，是习近平新时代中国特色社会主义思想和中国特色社会主义政治经济学在新时期的新发展。

3.新发展格局理论不仅有坚实的历史基础、政策理论基础，更为重要的是具有可实施的现实基础

首先，在供给层面，中国已经建立了全世界最为齐全、规模最大的工业体系，是全世界唯一拥有联合国产业分类中全部工业门类的国家，我国产业相互配套，规模效应、范围效应以及学习效应开始在中国的产业体系中全面展现。同时，"中国制造"开始向"中国智造"和"中国创新"转变，中国的专利技术、研发强度、全球创新指数等在全面提升，尤其是近几年出现了加快提升。

其次，在需求层面，中国拥有超大规模市场，不仅具有14亿多的人口规模，更为重要的是具有4亿世界最大的中等收入群体，其消费品零售总额和进出口总额都位居世界前两位，并具有快速增长的潜力。大市场为内循环提供了很好的基础，但是内需不足尤其是

消费需求不足的问题需得到高度重视。虽然中国的消费支出与同一发展阶段的对照国家相比并没有想象的那么低,但如果同当下的发达国家横向比较还是很低的。

最后,在制度和机制层面,中国特色社会主义市场经济改革基本完成,市场在资源配置中起到了决定性作用,统一公平的全国大市场也在各类基础性改革、供给侧结构性改革和营商环境的改善等举措的作用下开始出现,国民经济在生产、分配、流通和消费等环节基本实现了畅通,营商环境得到很大的改善。但是,目前又出现了一些新问题,内部扭曲、思想冲突等问题开始凸显,如何在短期和中期有一个很好的协调和配置,怎么摆脱目前复苏乏力的现状,需要我们进行更深入的分析。

战略转换发生在重要的历史节点,现阶段中国参与国际循环的比较优势已经从低成本要素转变为超大规模化经济,俄乌冲突、全球滞胀、欧美金融动荡为新发展格局的全面布局提供了新契机,当然这也是我们面临的挑战。我们需要从战略大转变和大重构、世界结构大变异、中国结构大提升的现实状况来理解新发展格局战略。

4. 要从政治经济学方法体系来把握新发展格局理论的核心命题和内涵体系

习近平总书记反复强调,我们要运用马克思主义政治经济学的方法论,深化对经济发展规律的认识,提高领导我国经济发展的能力和水平。习近平总书记也反复强调,他的思想特别是经济思想的理论基础就是马克思主义政治经济学。因此,对新发展格局理论,我们也要进行理论上的溯源。

首先,必须从马克思主义社会总生产循环理论角度来把握确定国内经济大循环与国际经济循环的内涵和边界。国内经济大循环是以满足国内需求为出发点和落脚点，国内分工体系和市场体系为载体，以国际分工和国际市场为补充和支持，以国民经济循环顺畅、国内分工不断深化、国家技术水平不断进步为内生动力的资源配置体系。国际经济循环则是以国际分工和国际市场为基础，以国际产业链价值链为依托，以国际贸易、国际投资和国际金融为表现形式，基于比较优势的各民族经济体相互竞争和相互依存的经济循环体系。很多人对国内经济大循环这个概念是否成立有疑虑，因为他们把全球化的思想绝对化了。

我们看到，人类历史上特别是市场经济史这400年，全球化分为几个阶段，都是螺旋式上升的。同时，以国际主义为主导还是以民族主义为主导，一直是政治经济学中争论的一个焦点。马克思主义经济学非常主张国际主义，但从现实角度看，民族主义的理论是现实社会主义建立的一个基本出发点。马克思主义提出的革命理论，即革命是在一国资本主义薄弱环节进行突破，一国率先建成社会主义，然后是全球资本主义总危机爆发，资本主义的丧钟全面敲响，从而全人类同步实现共产主义。目前，到底是以民族主义作为基点，还是以世界主义作为基点？很明显，民族复兴的本质就是一种民族主义，但是我们同时也兼顾了全人类命运共同体，在新发展格局理论提出之前也兼顾了"一带一路"倡议和制度型高水平开放这类大战略。因此，以国内大循环为主体，国内国际双循环相互促进的新发展格局理论，在本质上是以民族主义为基础，以开放型的民族主义作为特色。我们要从马克思主义经济学术史、现实社会主义运动史的角度来把握这些问题：双循环体系在本质上是一个开放的体系，两个循环是有机融合的而不是相互对立的。与传统的"两头在外"的外向型战略相比，在开放方式、路径、落脚点、目标以及内外之间的关系上都进行了重大的调整；国民经济大循环的四环节虽然彼此联结、相互贯通，对循环畅通起到几乎同等的作用，但是生产环节依然具有先导性和决定性的作用，因此，供给侧结构性改革依然是大循环畅通改革的核心；要明确再生产矛盾运动不仅体现在价值总量的匹配上，还要体现在产品的结构性匹配性上，不仅体现在静态总量与结构的匹配性上，还体现在动态扩展的匹配上。因此，国内大循环的畅通需要多维调整和改革。

其次，必须充分运用生产力与生产关系理论等基本政治经济学原理来梳理双循环新发展格局战略的基本命题和核心内容。一是判断战略调整的核心标准应当是坚持生产力标准。技术创新是衡量生产力的重要标准，我们目前对创新体系的重构是十分重要的，一个是以科技自立自强为目标的国家创新体系，另外一个是以大市场孕育大创新，以企业为主体的市场型的创新体系，这两个体系的核心都是促进技术进步和产业提升。中国发展战略到底是"以国内经济大循环为依托，以外促内"，还是"以国内经济大循环为主，以内促外"，必须根据中国分工体系和技术发展的阶段和需要来进行判断，必须以是否有利于发展社会主义社会的生产力、是否有利于增强社会主义国家的综合国力、是否有利于提高人民的生活水平为标准。当前提出双循环新发展格局战略很重要的原因就在于"两头在外"的外向型战略在国际循环动能减弱、贸易摩擦加剧、技术战全面爆发、民族主义和孤立主义全面兴起的大变革时代不仅难以快速提升中国的生产力、综合国力和人民生活水平，反而成为中国快速发展的新制约因素。二是必须理解资本在世界经济循环中的逐利本质，洞悉帝国主义在世界经济体系中的竞争本质，从根本上认识到目前外部环境的变化具有趋势性和必然性，中国无法利用国际经济循环实现生产力和技术的快速进步，依赖国际经济参与度的深化不仅难以从根本上突破比较优势带来的低水平技术锁定效应，同时也难以解决在大国博弈中遭遇的"卡脖子"问题。中国竞争力的提升必须根源于内部循环的畅通和技术进步。三是生产力的提高不仅体现为技术不断进步，同时还体现为分工体系的不断拓展和深化，因此适应生产力发展的生产关系调整不仅体现在新型创新体系的构建上，同时还体现在分工体系在循环畅通下各种生产组织体系的创新和发展上，新型科技体系与企业家创新活力都是以国内大循环为主的双循环新发展格局形成的核心要素。四是生产关系的调整不仅体现在生产、分配、流通和消费等环节的改革和梳理上，更为重要的是根源于基本经济制度和治理能力的完善，双循环新发展格局必须通过深化改革激发新发展活力。

对新发展格局的几大核心内容有一些新的表述，在不同的时点上有一些侧重，比如新发展格局的战略重点是科技自立自强，关键在于经济循环的畅通无阻，基点是扩大内需，方向是供给侧结构性改革，动力是进一步深化改革，战略基础是现代化产业体系等等。

四、要根据当前主要矛盾和矛盾的主要方面的发展变化来布局新发展格局战略的实施路径和重点战略举措

要根据当前的主要矛盾和矛盾的主要方面的发展变化来布局新发展格局战略的实施路径和重点战略举措，这里有几个关键点：

1. 应当针对各种理论上的噪音和杂音进行准确的理论批判

目前对于新发展格局理论，很多人的理解还是似是而非的，体现为习近平总书记专门提炼出的八个错误认识。这些认识都是片面甚至错误的，必须加以防范和纠正。

一是只讲前半句，片面强调"以国内大循环为主"，主张在对外开放上进行大幅度收缩。目前欧美在很大程度上迫使中国进行"脱

钩",虽然最近把"脱钩"换成"去风险",但可以看到,欧美本质上还是希望通过"脱钩"使中国经济体系崩溃。因此,我们必须进行战略上的对抗,以多边主义体系等来破解欧美的单边主义举措,在艰难时期依然要坚定扩大开放。

二是只讲后半句,片面强调"国际国内双循环",不顾国际格局和形势的变化,固守"两头在外,大进大出"的旧思路。

三是各自为政,画地为牢,不关心建设全国统一大市场,畅通国内大循环,只考虑建设本地区本区域小市场,搞自己的小循环。很多人在这个问题上立意不高,特别是有些区域没有把自身摆在新发展格局和全国统一大市场的角度来进行发展战略布局。中国进行补链、国产替代等很大程度上会带来成本提升和效率损失,但这对于我们实现自立自强、提高产业链供应链韧性和安全水平是必要的。

四是认为畅通经济循环就是畅通物流,搞低层次物流循环。经济循环包括生产、分配、流通、消费等多个环节,因此涉及的问题不仅仅是流通,而更多的是生产问题。比如为什么经济循环不畅?因为我们除了港澳台外有 31 个省份,每个省份就是一个利益主体和经济主体,分权体系带来了区域竞争,进而导致了产能过剩。产能过剩不仅存在于传统产业中,也会出现在新兴产业中。产能一旦过剩,相对需求就不足,循环就慢。如果地方企业发展困难,就可能导致地方政府各自为政,保护主义就会出现。因此,经济循环的畅通是一个系统问题、一个深层次问题。

五是一讲解决"卡脖子"技术难题,就什么都自己干、搞重复建设,专盯"高大上"项目,不顾客观实际和产业基础,结果不少项目成了烂尾项目。最典型的就是芯片,出现了上万个项目,甚至一些县级城市都要搞高新技术园区,都要搞芯片,而不顾是否有技术实力。

六是讲扩大内需，形成国内大市场，各地就又开始搞盲目借贷扩大投资、过度刺激消费，甚至又去大搞高耗能、高排放的项目。

七是不重视供给侧结构性改革，只注重需求侧管理，无法形成供给创造需求的更高水平动态平衡。这一年来中国经济政策出现了一些变化，从供给侧结构性改革为主线，转移到供给侧结构性改革与需求侧管理特别是扩大内需战略有机协调的战略手段上来。同时，短期需求管理与中期结构调整需要达到均衡。

八是认为这只是科技部门的事，同自己部门关系不大，等等。

2.通过理论上的梳理和构思尽快达成思想上的共识；加强顶层设计，将新发展格局贯穿于"十四五"规划之中，形成统筹各种社会战略的总纲

党的十九大的定位是"贯彻新发展理念，建设现代化经济体系"，一共六大方面：深化供给侧结构性改革；加快建设创新型国家；实施乡村振兴战略；实施区域协调发展战略；加快完善社会主义市场经济体制；推动形成全面开放新格局。

党的十九届五中全会提到深化新发展观，要求统筹发展与安全，努力实现更高质量、更有效率、更加公平、更可持续、更为安全的发展。

党的二十大的定位是：高质量发展是全面建设社会主义现代化国家的首要任务。发展是党执政兴国的第一要务。没有坚实的物质技术基础，就不可能全面建成社会主义现代化强国。必须完整、准确、全面贯彻新发展理念，坚持社会主义市场经济改革方向，坚持高水平对外开放，加快构建以国内大循环为主体、国内国际双循环相互促进的新发展格局。"加快构建新发展格局，着力推动高质量发展"的五大重大战略举措：一是构建高水平社会主义市场经济体制；二是建设现代化产业体系；三是全面推进乡村振兴；四是促进区域协调发展；五是推进高水平对外开放。

党的二十大在党的十九届五中全会、"十四五"规划的基础上对新发展格局战略进行了深化。二十届中共中央政治局第二次集体学习进一步强调：一要搞好统筹扩大内需和深化供给侧结构性改革，形成需求牵引供给、供给创造需求的更高水平动态平衡，实现国民经济良性循环。二要加快科技自立自强步伐，解决外国"卡脖子"问题。三是新发展格局以现代化产业体系为基础，经济循环畅通需要各产业有序链接、高效畅通。四要全面推进城乡、区域协调发展，提高国内大循环的覆盖面。五要进一步深化改革开放，增强国内外循环的动力和活力。

3. 必须要根据国内外环境的变化，把握后疫情时期中国经济复苏国内经济常态化循环所面临的痛点、断点和堵点，判断出各类风险及其传递的方式

2023年4月28日，中共中央政治局召开会议，分析研究了当前经济形势和经济工作：

一是2023年以来，在以习近平同志为核心的党中央坚强领导下，各地区各部门更好统筹国内国际两个大局，更好统筹疫情防控和经济社会发展，更好统筹发展和安全，我国疫情防控取得重大决定性胜利，经济社会全面恢复常态化运行，宏观政策靠前协同发力，需求收缩、供给冲击、预期转弱三重压力得到缓解。

二是当前我国经济运行好转主要是恢复性的，内生动力还不强，需求仍然不足，经济转型升级面临新的阻力，推动高质量发展仍需克服不少困难和挑战。

三是要深入开展学习贯彻习近平新时代中国特色社会主义思想主题教育，认真落实中央经济工作会议精神，坚持稳中求进工作总基调，完整、准确、全面贯彻新发展理念，加快构建新发展格局，全面深化改革开放，把发挥政策效力和激发经营主体活力结合起来，

形成推动高质量发展的强大动力，统筹推动经济运行持续好转、内生动力持续增强、社会预期持续改善、风险隐患持续化解，乘势而上，推动经济实现质的有效提升和量的合理增长。

四是恢复和扩大需求是当前经济持续回升向好的关键所在。积极的财政政策要加力提效，稳健的货币政策要精准有力，形成扩大需求的合力。要多渠道增加城乡居民收入，改善消费环境，促进文化旅游等服务消费。要发挥好政府投资和政策激励的引导作用，有效带动、激发民间投资。

中国经济在 2023 年 5 月、6 月尤其是 7 月，各类数据均出现了同步回落。7 月 24 日中共中央政治局召开会议分析研究当前经济形势，部署下半年经济工作，对经济作出新的研判。其中很重要的是认为我们的经济出现了波折，出现了螺旋式的发展，出现了房地产风险的激化，出现了外部环境的恶化等问题，从而使我们在后疫情时期的经济复苏出现了一些阻力，因此需要提出一揽子协调性、针对性很强的稳增长政策。第一，我们在房地产政策上进行了全面的政策调整，大力扶持房地产，在 7 月 24 日中共中央政治局会议中首次没有提及"房住不炒"。第二个很重要的是对当下扩内需和调结构之间的平衡还将持续。李强总理在 7 月 31 日召开的国务院常务会议上对一揽子政策进行了进一步的研究，针对财政、货币、房地产、消费以及外资外贸出台了系列政策。

我们目前依旧面临信心不足、"躺平"现象、民间投资负增长、年轻人就业压力大、外贸出现两位数负增长等困难，我们将稳增长、控风险上升到了更高的层级，实际上调结构的中期定位在短期可能要有适度的调整。8 月是一个很关键的点，9 月更为关键，这个关键就在于我们能否让内循环的速度、效率止跌，以及在国际循环全面恶化的状况下，我们能否利用经济创新、新的增长点、新的合作平台，突破目前的困局。我们的新能源汽车、锂电池、光伏设备、新能源设备等发展势头良好，为出口和需求的稳定打下了很好的基础，这是以往没有看到的。同时我们对共建"一带一路"国家出口增长状况良好，更重要的是对美国进行"友岸外包"所形成的一些新增长点的出口也不错。比如中国对墨西哥、东南亚出口势头良好。这样一些新增长点能不能弥补欧美传统市场的缺口？我们对俄罗斯的贸易也出现了大幅增长，这种增长从战略上能否摆脱我们在传统市场中面临的束缚？通过外资外贸政策的进一步调整、放松，能否使我们目前外资收缩的局面得到逆转？这些都与加快构建新发展格局密切相关，是我们需要认真考虑的。要把握短期的主要矛盾以及中期的主要矛盾，做好短期问题和中期问题之间的协调。因此，我们对于新发展格局的理解，不仅要从理论层面上给予深化，更重要的是在实践中不断地提炼，不断地根据国内国际环境的变化来进行调整、深化和布局。这就要求理论工作者熟悉国家目前围绕新发展格局的战略理念和政策举措，进而能够围绕这些问题很好地进行课堂教学、专题研究和专题讲座。

新发展格局是一个很大的范畴，要进行深入的解剖，我们有很多工作要做。如何从中国的实践来把握一些新战略、新思想、新理论，如何从经典理论中进一步深化对于新思想的学理化认识，这是一个不断推进的过程，需要我们一起来努力。

第七讲
构建和完善高水平社会主义市场经济体制

逄锦聚[*]

党的二十大强调坚持社会主义市场经济改革方向，坚持高水平对外开放，旨在构建高水平社会主义市场经济体制。早在党的二十大召开之前，中共中央、国务院于 2020 年 5 月发布了《关于新时代加快完善社会主义市场经济体制的意见》（以下简称《意见》），以应对新时代的需求，加速完善社会主义市场经济体制。该《意见》提出，应在更高起点、更高层次、更高目标上推进经济体制改革及其他各方面体制改革，构建更加系统完备、更加成熟定型的高水平社会主义市场经济体制。值得注意的是，2020 年中共中央、国务院发布的《意见》中，对"高水平"概念进一步明确了两个属性，即"更加系统完备"和"更加成熟定型"，为高水平社会主义市场经济体制的构想提供了更为清晰的方向。

自 1978 年改革开放伟大历程启动以来，每当历史的关键节点与

---

[*] 逄锦聚，南开大学原副校长，南开大学政治经济学研究中心、中国特色社会主义经济建设协同创新中心主任。

新的形势挑战交织之际,中央始终把握时代脉搏,推出新的改革开放举措,作出新的决策。1978年,改革开放的序幕首先从农村拉开,随着改革的深入,至1984年,改革的重心从农村逐步转移至城市,中共中央在这一关键时刻作出了关于经济体制改革的重大决定。1992年,邓小平在南方视察并发表重要谈话,系统阐述了新形势下中国改革的方向与路径。根据这一系列重要谈话,1993年11月中共中央发布了《关于建立社会主义市场经济体制若干问题的决定》,这标志着中国改革正式确立了以市场经济特别是社会主义市场经济为方向和目标。进入21世纪,改革继续深化。2003年10月,在党的十六届三中全会上,中共中央作出了《中共中央关于完善社会主义市场经济体制若干问题的决定》,进一步推动了经济体制的完善与发展。2013年11月,党的十八届三中全会发布了《中共中央关于全面深化改革若干重大问题的决定》,全面推动改革进入新的阶段。随后,在2018年2月,中共中央发布了《中共中央关于深化党和国家机构改革的决定》,进一步优化了国家治理结构。2019年10月,党的十九届四中全会审议通过了《中共中央关于坚持和完善中国特色社会主义制度、推进国家治理体系和治理能力现代化若干重大问题的决定》,为新时代国家治理指明了方向。到了2020年2月,中共中央、国务院联合发布了《关于新时代加快完善社会主义市场经济体制的意见》,以进一步适应新时代经济发展的需要。可见,自改革开放以来,每当关键的历史节点和新的形势出现时,中央都及时作出关于经济体制改革的决定,这充分展示了我们进行改革开放的坚定性,同时也体现了改革是实现国家富强、民族振兴、人民幸福的不竭动力。

围绕构建高水平社会主义市场经济体制这个主题,我们讨论三个问题:第一,构建高水平社会主义市场经济体制是全面建成社会主义现代化强国的要求。这回答了为什么要构建高水平社会主义市场经济体制的问题。第二，高水平社会主义市场经济体制的一般特征和中国特色。这实际上是想回答什么样的体制是高水平社会主义市场经济体制。第三，在更高目标上推进经济体制改革，构建更加系统完备、更加成熟定型的高水平社会主义市场经济体制。这是回答怎么构建的问题。

一、构建高水平社会主义市场经济体制是全面建成社会主义现代化强国的必然要求

党的二十大报告明确提出，中国共产党当前及未来的中心任务是团结带领全国各族人民全面建成社会主义现代化强国、实现第二个百年奋斗目标，以中国式现代化全面推进中华民族伟大复兴。这一目标从2020年开始，将延续至21世纪中叶，成为全党全国各族人民的共同奋斗方向和战略使命。为达成此目标，深化改革、构建和完善社会主义市场经济体制是关键路径。

1.*全面深化改革是经济社会发展的根本动力，构建和完善社会主义市场经济体制是全面建成社会主义现代化强国的重要保证*

自党的十八大以来，我国以坚定的政治决心和勇气全面深化改革，坚决破除体制机制的弊端，各个领域的基础性框架已基本建立。在此期间，我们实现了诸多领域的历史性变革、系统性重塑和整体性重构，并全面完成了新一轮的党和国家机构改革。这一系列的改革举措使得中国特色社会主义制度更加成熟、更加定型，国家治理体系和治理能力现代化水平显著提升。这些举世瞩目的成就不仅彰显了改革的巨大成功，更为接下来的深化改革奠定了新的起点。

当前，我们所面临的改革任务是在新时代背景下，基于党的十八大以来取得的重大进展和成就，进一步深化改革，构建高水平的

社会主义市场经济体制。这一新的起点不同于1978年的改革开放之初，也不同于1992年确立市场经济方向之时，更不同于21世纪初的完善阶段，而是站在了一个全新的历史高度。

党的十八大以来，通过深化改革，我国经济社会发展取得了显著的成就，这不仅是经济总量的增长，更是我们国家整体实力的体现。至2020年，我国GDP总量突破100万亿元，2021年达到114万亿元，2022年更是达到121万亿元，稳居世界第二，占世界经济总量的比重约为18%。人均收入在2022年突破1.3万美元。此外，我们历史性地消除了绝对贫困，全面建成了小康社会。这些成就的取得，归因于我们坚定的改革决心和不断完善的社会主义市场经济体制，这一体制已成为我们取得成功的重要体制保障，并被确立为我国的基本经济制度，标志着我们在基本经济制度改革完善方面取得了历史性成就。因此，在新的条件下，我们有必要继续深化改革，构建更加完善的社会主义市场经济体制，以推动我国经济社会的持续健康发展。

2. 构建和完善社会主义市场经济体制是全面建成社会主义现代化强国和实现中华民族伟大复兴的迫切要求

党的二十大报告提出的目标是旨在全面建成社会主义现代化强国、实现第二个百年奋斗目标。这里有两个关键阶段：首先是在中国共产党成立一百周年时全面建成小康社会；其次是在新中国成立一百年时建成富强民主文明和谐美丽的社会主义现代化强国。尽管我国当前GDP总量位居世界第二，但这并不等同于我们已经成为现代化强国。我国居民人均收入仅超过1万美元，与发达经济体相比，仅为它们的五分之一至六分之一。鉴于我国拥有超过14亿人口，我们仍面临诸多挑战和工作任务。因此，要实现全面建成社会主义现代化强国的目标，任务十分艰巨。尽管我们拥有坚实的基础和显著的成就，但前进道路上仍有许多问题和困难需要解决。关键在于深化改革，确保体制机制的健全，构建高水平的社会主义市场经济体制。

3. 构建和完善社会主义市场经济体制是不断彰显中国特色社会主义制度的优势，不断增强中国式现代化建设的动力和活力的迫切要求

构建高水平的社会主义市场经济体制，旨在持续彰显中国特色社会主义制度的优势，并不断增强中国式现代化建设的动力与活力。这一举措旨在确保改革持续进行，推动经济社会发展取得更为显著的成就。正如习近平总书记多次强调的，改革只有进行时，没有完成时。随着我们面临的任务日益艰巨，需要解决的问题逐渐增多，我们更应全面深化改革，坚定不移地构建高水平的社会主义市场经济体制。这将确保我们的体制始终保持活力，始终适应生产力发展的需要，以及高质量发展的需求。

4. 构建和完善社会主义市场经济体制是适应国内外经济形势的变化和挑战的要求，把我国的制度优势更好地转化为国家治理效能的要求

从国内角度看，我国当前总体形势良好，取得了历史性的成就，创造了经济快速发展和社会长期稳定两大奇迹。国内经济已转向高质量发展阶段，制度优势显著，治理效能提升，具备多方面的发展优势和条件。然而，我们必须实事求是地认识到，我们仍面临诸多调整上的困难。在国内，发展不平衡不充分的问题尤为突出，重点领域和关键环节的改革任务依然艰巨，创新能力尚不适应高质量发展的要求，农业基础尚不稳固，城乡区域发展和收入分配差距较大，生态环境保护任重道远，民生保障存在短板，社会治理仍有弱项。这些问题并非短期内能够解决，对我国的改革和体制都提出了新的挑战。为了应对这些挑战，我们需要采取多种措施，但从根本上讲，关键在于进一步构建高水平的社会主义市场经济体制。

从国际角度看，世界正经历百年未有之大变局，新一轮科技革命深入发展，国际力量对比发生了深刻调整，和平与发展仍是时代主题。然而，国际环境日趋复杂，不确定性显著增加。尽管新冠疫情已结束，但其对经济社会的影响深远且难以迅速消除。加之美国等超级大国的霸权行为，如贸易摩擦、科技战、人才战和金融战等，对中国的遏制意图明显，构成了一股经济全球化的逆流。这些外部因素加剧了世界的动荡，尽管和平与发展仍是时代主题，但局部战争、单边主义、保护主义和霸权主义对世界和平构成的威胁不容忽视。因此，我们必须坚定信心，深化改革，构建高水平的社会主义市场经济体制，以应对国内外各种挑战，推动经济社会持续健康发展。

二、高水平社会主义市场经济体制的一般特征和中国特色

高水平社会主义市场经济体制既需具备中国特色，又应体现世界上其他国家发展市场经济所共有的基本特征。谈及市场经济的共性，我们首先要明确市场经济作为资源配置的基础性经济体制，具有悠久的历史渊源。从商品经济的产生开始，市场经济便逐步发展并趋向成熟。人们普遍认为，市场经济是商品经济的高级阶段和表现形式。因此，市场经济与商品经济在本质上并无显著区别，主要差异在于其发展的程度和阶段。

在《资本论》中，马克思更多地使用了货币经济的概念。这里的货币经济实质上就是商品经济，即我们今天所说的市场经济。从本质上看，它们并无根本差异，只是发展程度不同。发展市场经济、实行市场经济体制并非中国的特殊现象，而是包括发达国家和发展中国家在内的全球共同趋势。

市场经济具备普遍性和一般性的特征，这些特征可以归纳为五个方面。

第一，资源配置市场化。无论国家背景如何，市场经济的核心在于以市场为基础进行资源配置。市场通过供求关系、价格机制等自动调节资源分配，确保资源得到最优化配置。

第二，经营主体自主化。市场经济中，经营主体，特别是企业，拥有自主经营、自负盈亏的独立法人地位。这些经营主体能够根据自身发展情况和市场需求，自主决定经营策略，保持市场活力。

第三，经济运行竞争化。竞争是市场经济的核心机制之一。通过供求机制、价格机制和竞争机制，市场实现了资源的有效配置和效率提升。竞争激励企业不断创新、提升服务质量，从而保持市场活力。

第四，市场规则法治化。市场经济的有序运行离不开健全的法律法规。市场秩序、市场规则需要建立在法治基础上，确保各类市场主体在公平、公正、透明的环境中竞争。

第五，经济关系国际化。随着全球化的深入发展，各国经济相互依存、相互影响。市场经济体制下的经济关系具有国际化特征，国家之间的经济交流与合作日益频繁，共同推动全球经济的繁荣与发展。

这五个特征共同构成了市场经济的基础框架。市场经济的优点在于其自动调节机制和效率激励作用。在构建高水平社会主义市场经济体制的过程中，我们需要充分借鉴市场经济的一般要求，确保体制建设的科学性和有效性。同时，我们也需要根据中国的实际情况，不断探索和创新，形成具有中国特色的社会主义市场经济体制。

关于高水平社会主义市场经济体制的中国特色，我们所追求的高水平社会主义市场经济体制，其核心在于能够适应全面建成社会主义现代化强国，推动中华民族以中国式现代化实现伟大复兴的宏伟目标。这一体制不仅反映了我们国家的总体发展方向，更是对中国特色社会主义现代化道路的深刻体现。从历史和人类发展的角度看，我们之前所经历的市场经济本质上并未脱离市场经济的范畴。然而，在社会主义这一特定制度背景下，市场经济的发展必然带有其独特的属性。社会主义市场经济就是在社会主义制度下发展的市场经济，它与社会主义的基本经济制度紧密相关，同时也与我们的根本政治制度紧密相连。在社会主义这一根本制度的基础上发展市场经济，就形成了我们所说的社会主义市场经济。而与这一经济形态相适应的经济体制，即为我们所追求的高水平社会主义市场经济体制。高水平社会主义市场经济体制的标准可概括为"10个有利于"，这"10个有利于"不仅反映了市场经济的内在要求，也体现了中国特色社会主义的发展特色。

一是有利于巩固和发展公有制经济，鼓励、支持、引导非公有制经济发展。公有制作为基本经济制度的重要组成部分，支持多主体、多种所有制经济共同发展，对整体经济制度具有决定性作用。在构建高水平社会主义市场经济体制时，应确保其与此所有制基础相适应，并有利于其巩固与发展。当前理论界对于公有制主体地位的讨论虽存在不同声音，但民营经济的发展并不否定公有制为主体。我们追求的高水平社会主义市场经济体制，应既有利于民营经济发展，又有利于公有制经济的繁荣。

二是有利于完善按劳分配为主体、多种分配方式并存的分配制度。这也是基本经济制度的重要组成部分。

三是有利于发挥市场在资源配置中的决定性作用，更好发挥政府作用。在社会主义市场经济体制中，一个关键的规定在于有效发挥市场在资源配置中的决定性作用，同时更好地发挥政府的作用。

这两者相辅相成，不可偏废。我们不能仅强调市场的决定性作用而忽视政府的作用，也不能用政府的作用来替代或否定市场在资源配置中的决定性作用。在构建高水平社会主义市场经济体制时，必须妥善平衡市场与政府的关系，确保市场在资源配置中发挥决定性作用的同时，政府也能发挥其在经济调控、社会管理和公共服务等方面的积极作用。

四是有利于坚持以人民为中心，不断满足人民日益增长的美好生活需要，坚持全体人民共同富裕，促进人的全面发展。促进人的全面发展，作为共产主义的崇高目标，虽非一蹴而就，但应作为我们构建高水平社会主义市场经济体制的根本出发点和落脚点。我们需坚持逐步实现全体人民共同富裕，以人民为中心，不断满足人民日益增长的美好生活需要。若所构建的体制未能体现这些原则，即不利于人的全面发展与全体人民共同富裕，则不能称之为高水平社会主义市场经济体制。这不仅是检验的标准，更是我们构建高水平社会主义市场经济体制时不容偏离的初衷和方向。

五是有利于坚持新发展理念引领，加快构建新发展格局，着力推动高质量发展，大力发展生产力。社会主义的根本任务在于解放生产力和发展生产力，这一任务需要通过有效的途径来实现，包括新发展理念的引领、新发展格局的构建以及高质量发展的推动。因此，在构建高水平社会主义市场经济体制时，我们必须确保其有利于保护、解放和发展生产力。保护、解放和发展生产力是衡量社会主义市场经济体制成功的重要标准，同时也是我们构建这一体制的核心目标。

六是有利于建立现代产业体系，全面推进乡村振兴，促进区域协调发展。现代产业体系作为现代化经济体系的核心组成部分，其构建是当前发展的重要任务之一。全面推进乡村振兴战略的实施，旨在协调城乡关系，特别是解决"三农"问题，这一战略在我国的发展进程中具有持久的战略基础地位。因此，在构建高水平的社会主义市场经济体制时，我们需确保该体制不仅关注城市发展，更需有利于乡村振兴、城乡协调发展以及区域协调发展，以实现经济的全面、均衡和可持续发展。

七是有利于实施科教兴国战略，发挥教育、科技、人才的基础性、战略性支撑作用，强化现代化建设人才支撑。在构建社会主义市场经济体制时，我们应确保各领域之间协调发展。

八是有利于推动绿色发展，促进人与自然和谐共生。绿色发展是现代化进程中的关键要素，它体现了人与自然的和谐共存，是中国式现代化的重要特色之一。因此，在构建高水平社会主义市场经济体制时，必须充分考虑并有利于绿色发展。只有在经济发展中充分考虑环境治理和生态保护，才能真正实现绿色发展。

九是有利于推进国家安全体系和能力现代化，坚决维护国家安全和社会稳定。社会主义市场经济体制作为基本经济制度的组成部分，对上层建筑具有决定性和基础性的作用。因此，国家安全体系和能力现代化与社会主义市场经济体制密切相关。在构建和完善社会主义市场经济体制的过程中，应充分考虑其对于推进国家安全体系和能力现代化的积极作用，坚决维护国家安全与稳定。

十是有利于坚持党的领导，有利于发挥举国体制的优势，有利于集中力量办大事。党的领导是社会主义最本质的特征，是实现中华民族伟大复兴和全面建成社会主义现代化强国的根本保证。这一地位是基于我国历史和现实的条件，经过历史发展形成的。因此，党的领导被视为中国特色社会主义的根本特征，具有切中要害的重要性。在构建高水平社会主义市场经济体制的过程中，我们必须确保该体制有利于坚持党的领导，并充分发挥我们举国体制和集中力量办大事的特殊优势。

三、在更高目标上推进经济体制改革，构建更加系统完备、更加成熟定型的高水平社会主义市场经济体制

社会主义市场经济体制是我国社会主义经济体制的重要组成部分。在中国的话语体系中，体制和制度虽常被视作两个概念，但在西方，二者常作为同一词汇使用。当前，我们有时将体制和制度的概念混用，可理解为制度和体制构成体系，体系也即是制度和体制的集合。从更高层次看，体制本质上是一种制度。中国特色社会主义制度是一个宏大的体系，依据《中华人民共和国宪法》规定，我国的根本制度是社会主义制度。2018年新修改的《中华人民共和国宪法》明确指出，我国的根本制度是社会主义制度，它涵盖了政治制度、经济制度、文化制度等多个方面。从经济角度看，社会主义制度包含三个基本经济制度：以公有制为主体、多种所有制经济共同发展；按劳分配为主体、多种分配方式并存；以及社会主义市场经济体制。此外，除了基本经济制度，还有若干重要的经济制度，如微观领域的中国特色社会主义现代企业制度，宏观领域的政府治理和宏观调控制度等。这些制度和体制共同构成了我国社会主义经济体制的完整框架。

在市场运行领域，存在着一系列关键制度，如现代产权制度、市场准入制度以及公平竞争制度等。此外，中国社会的发展还依赖于法律保障制度、社会保障制度、生态文明制度以及上层建筑领域的若干制度。因此，当我们研究社会主义市场经济体制时，不应孤立地仅聚焦于市场经济本身，而应将其置于中国特色社会主义的制度体系中进行全面考量。构建高水平社会主义市场经济体制时，我

们需明确国家的根本制度是社会主义制度，且此体制不能脱离基本经济制度。同时，我们也应重视那些保障性的制度，如法律保障制度、社会保障制度以及生态文明制度等，它们虽不直接属于经济制度范畴，但为社会主义市场经济体制的有效运行提供了重要保障。我们在构建高水平社会主义市场经济体制时，必须将其置于一个完整的制度体系中进行研究，以确保研究的全面性和深度。

党的二十大报告对构建高水平社会主义市场经济体制进行了专门的论述。在提出这一目标时，党的二十大报告将其置于整个经济社会发展的宏观背景之下，明确指出高质量发展是全面建成社会主义现代化强国的首要任务。发展是党执政兴国的第一要务，没有坚实的物质技术基础，就不可能全面建成社会主义现代化强国。为实现此目标，必须完整、准确、全面贯彻新发展理念，坚定不移地坚持社会主义市场经济改革方向，持续推动高水平对外开放，以加快构建以国内大循环为主体、国内国际双循环相互促进的新发展格局。

为贯彻落实党的二十大关于构建高水平社会主义市场经济体制的重大任务，需要采取以下措施：

1. 坚持和完善社会主义基本经济制度

社会主义市场经济体制必须有利于所有制制度的持续发展和完善，因为所有制制度与企业发展紧密相连。

2. 深化企业改革，完善中国特色现代企业制度，增强微观主体活力，弘扬企业家精神，加快建设世界一流企业

在构建高水平社会主义市场经济体制的过程中，完善中国特色现代企业制度、增强微观主体活力、弘扬企业家精神、加快建设世界一流企业是总体方向，对国有企业和民营企业均适用。对于国有企业，需要深化国资国企改革，加快国有经济布局优化和结构调整，推动国有资本和国有企业做强做优做大，以提升企业核心竞争力。

改革并非意味着国有经济、国有资本或国有企业规模缩减，实际上在改革进程中，国有企业数量可能减少，但其作用和地位将更加突出。对于民营企业，优化其发展环境、依法保护产权和企业家权益是重要任务。民营企业作为非公有制经济的重要组成部分，在现代化国家建设和改革开放进程中发挥了重要作用。总体而言，国有企业和民营企业应得到同等的支持和鼓励。通过完善中国特色现代企业制度、增强微观主体活力、弘扬企业家精神，同时更新观念，打破传统壁垒，为国有企业和民营企业创造更加公平、开放、包容的发展环境。

3.深化市场经济基础制度改革

在构建高水平社会主义市场经济体制的过程中，我们必须深入研究和夯实市场经济基础制度。这包括完善产权保护、市场准入、公平竞争、社会信用等市场经济基础制度以及公平竞争审查制度，以优化营商环境。同时，我们需构建全国统一大市场，建设高标准市场体系，并构建更加完善的要素市场化配置体制机制。健全资本市场功能，提高直接融资比重，以充分发挥市场在资源配置中的决定性作用，并更好地发挥政府作用。

在构建全国统一大市场的过程中，我们必须正视国内各地区发展不平衡的问题。特别是在技术条件、交通设施和资源流通方面，需考虑如何避免资源过度向发达地区流动，导致后发地区资源流失等问题，深入研究如何在构建过程中实现平衡发展，减少负效应。此外，规范化引导资本健康发展亦是一个重要议题。我们既要认识到资本作为生产要素的不可替代性，又要研究如何确保资本在逐利的同时保持健康发展方向，防止资本垄断和过度逐利带来的负面影响。

4. 健全宏观经济治理体系

在探讨宏观调控、宏观管理与宏观治理之间的联系与区别时，我们需认识到治理在现代市场经济条件下可能蕴含的新含义。尽管调控、治理和管理在形式与功能上有所区别，但它们都需发挥国家发展规划的战略导向作用。我们虽然摒弃了计划经济体制，但并未摒弃计划与规划的重要性。新中国成立以来，五年规划、十年规划及"三步走"战略等规划一直发挥着重要作用。因此，在构建社会主义市场经济体制时，我们不应轻易摒弃已被证实行之有效的政府管理经济的做法。同时，我们需加强财政政策与货币政策的协调配合，以扩大内需、增强消费对经济发展的基础性作用以及投资对优化供给结构的关键性作用。为此，需改革政府体制，进一步转变政府职能，完善宏观经济治理体制。这包括健全现代预算制度、优化税制结构、完善财政转移支付体系，以及深化金融体制改革，建立现代中央银行制度，加强和完善现代金融体系，强化金融稳定保障体系，并依法将各类金融活动纳入监管体系，确保不发生系统性风险。这些经验，特别是我国在应对金融危机方面的成功实践，体现了社会主义市场经济体制的独特优势，值得我们认真总结与借鉴。

5. 深化分配制度改革，促进社会公平正义

中国式现代化致力于实现全体人民共同富裕，其中分配制度被视为促进共同富裕的基石。在党的十九大报告中，对分配制度改革进行了专门的阐述，主要聚焦于改善民生。总体原则在于坚持基本分配制度，即以按劳分配为主体，多种分配方式并存，并构建包括初次分配、再分配、第三次分配在内的协调配套制度体系。这一体系旨在提高居民收入在国民收入分配中的比重，以及劳动报酬在初次分配中的比重。同时，坚持多劳多得的原则，促进机会公平，增加低收入者的收入，并扩大中等收入群体。此外，还需完善按要素

分配政策制度，通过多渠道增加城乡居民的财产性收入。加大税收、社会保障、转移支付等调节力度，完善个人所得税制度，规范收入分配秩序和财富积累机制。保护合法收入，调节过高收入，取缔非法收入，并积极引导有意愿有能力的企业、社会组织和个人参与社会公益慈善事业。

6.完善社会主义市场经济法律制度，强化法治保障

社会主义市场经济体制强调法治经济的原则。法制建设和法律制度建设、法治保障不仅是法律学科的核心内容，也是经济学领域需要深入研究的课题。我们应完善以《中华人民共和国宪法》为核心的法律制度，认识到《中华人民共和国宪法》作为最高法的地位，并加强在重点领域、新兴领域、涉外领域的立法工作，统筹推进国内法治和涉外法治。同时，必须扎实推进依法行政，转变政府职能，优化政府职责和组织结构，以提升政府工作的效率和公信力。最为关键的是，必须严格公正司法，深化司法体制综合配套改革，全面准确落实司法责任制，加快建设公正高效权威的社会主义司法制度。这一制度的完善旨在确保人民群众在每一个司法案件中都能感受到公平正义，从而加快法治社会的建设进程。

7.建设更高水平开放型经济新体制

要坚定不移地构建新发展格局，通过优化国内大循环，吸引全球资源要素，进一步提升贸易投资合作的质量与水平。同时，应稳步扩大在规则、规制、管理、标准等领域的制度型开放。制度型开放作为一项重要策略，需要在上述各方面建立健全制度框架，以推动更高水平的对外开放。在服务贸易领域，应创新发展机制，积极发展数字贸易，加快贸易强国建设步伐。此外，应合理缩减外资准入负面清单，着力营造市场化、法治化、国际化的一流营商环境。为推动共建"一带一路"高质量发展，应优化区域开放布局，并实

施自由贸易试验区提升战略。同时，有序推进人民币国际化，深度参与全球产业分工与合作，以维护多元稳定的国际经济格局和经贸关系。

在当前时代，我们比以往任何历史时期都更加接近、更有信心和能力实现中华民族伟大复兴的目标。然而，同时我们也必须清醒地认识到，这一目标的实现需要我们付出更为艰巨、更为艰苦的努力。因此，我们必须坚定信心，锐意进取，积极适应并应对各种变革，主动防范和化解潜在风险。我们要坚定不移地深化改革，构建高水平社会主义市场经济体制，以确保我们能够不断取得全面建成社会主义现代化强国的新胜利。

第八讲
构建高水平社会主义市场经济体制与要素市场化改革

刘守英[*]

1978年,党的十一届三中全会拉开了改革开放的大幕,实行市场取向的改革,开启了改革开放和社会主义现代化建设历史新时期。党的十八届三中全会开启了新时代全面深化改革、系统整体设计推进改革新征程,开创了我国改革开放全新局面。党的二十届三中全会作出当前和今后一个时期以中国式现代化全面推进强国建设、民族复兴伟业的关键时期的战略判断,要求紧紧围绕推进中国式现代化进一步全面深化改革,全面建成高水平社会主义市场经济体制,为实现中国式现代化和建成社会主义现代化强国提供制度基础。"到二〇三五年,全面建成高水平社会主义市场经济体制,中国特色社会主义制度更加完善,基本实现国家治理体系和治理能力现代化,基本实现社会主义现代化,为到本世纪中叶全面建成社会主义现代化强国奠定坚实基础。"从允许和承认市场经济在一个社会主义制度

---

[*] 刘守英,中国人民大学经济学院原院长,教授、博士生导师。

下落地，到建立成体系的社会主义市场经济体制，到构建高水平社会主义市场经济体制，是中国共产党的伟大创造，是实现以中国式现代化建成社会主义现代化强国的关键一招。

一、社会主义市场经济体制是创造经济快速发展奇迹的重要法宝

1978年，党的十一届三中全会实行市场化取向的改革。1993年，党的十四大把建立社会主义市场经济体制确立为我国经济体制改革的目标，实现了马克思主义的理论创新，开创了马克思主义中国化时代化新纪元。党的十八大以来，我国继续将建设和完善社会主义市场经济体系摆在突出位置，党的十八届三中全会明确提出使市场在资源配置中起决定性作用，党的十九届四中全会将社会主义市场经济体制上升为基本经济制度，党的二十大报告明确指出要构建高水平社会主义市场经济体制。通过不断完善社会主义基本经济制度，加快完善社会主义市场经济体制，充分发挥市场在资源配置中的决定性作用，更好发挥政府作用，市场体系和宏观调控体系持续健全，各领域基础性制度框架基本确立，很多领域实现历史性变革、系统性重塑、整体性重构。

40余年的改革开放，我国经济增长率始终高于世界平均水平，对世界经济增长的贡献率不断提升，中国已成为世界第二大经济体、制造业第一大国、货物贸易第一大国、商品消费和外资流入第二大国，外汇储备连续多年位居世界第一，在富起来、强起来的征程上迈出了决定性步伐。实践充分证明，我国取得经济快速发展和社会长期稳定两大奇迹的关键是坚持市场化改革。社会主义市场经济体制的建立和完善极大地调动了亿万人民的积极性，极大地促进了生

产力发展，极大地增强了党和国家的生机活力，为推动中国的现代化进程注入了强劲动力，是中国特色社会主义的重大理论和实践创新，也是中国最大的制度优势。

同时也要看到，当前我国经济发展仍面临诸多问题和挑战。经济下行压力依然较大，经济复苏仍不充分，传统经济增长动能减弱，新动能培育增量不足。政府与市场的关系仍未理顺，市场体系的基础制度仍不健全，要素和资源市场自主有序流动仍存在不少障碍，全国统一大市场还有诸多障碍和堵点。市场竞争环境还不够完善，市场监管协同性不足，信用体系不健全，行业协会商会和公众监督作用发挥不够，防范市场异常波动和外部冲击能力有待增强。制度型开放水平有待提高，高水平科技创新国际开放合作格局亟待重构，市场内外开放广度和深度仍需继续拓展等。亟须以高标准市场体系建设为主攻方向进一步深化改革，提高资源配置效率，激发各类市场主体活力，培育和壮大经济发展新动能，为延续经济增长与追赶势头营造良好制度环境，为强国建设、民族复兴提供有力支撑。

二、从社会主义市场经济到高水平社会主义市场经济体制

市场经济在中国的生根落地和纵深推进经历了曲折的历程。第一阶段是推动计划经济向市场经济转型，建立社会主义市场经济。从提出按经济规律办事，重视价值规律的作用，到提出社会主义也可以搞市场经济，进一步提出公有制基础上有计划的商品经济，明确提出社会主义有计划商品经济体制是计划与市场内在统一的体制，直至加快建立和培育社会主义市场体系。1992年邓小平南方谈话一锤定音，明确计划经济不等于社会主义，社会主义也可以搞市场经

济，实现了社会主义与市场经济结合的伟大实践和理论创造。

第二阶段是建立社会主义市场经济体制。党的十四届三中全会形成成体系的社会主义市场经济体制基本框架，即以公有制为主体、多种经济成分共同发展的所有制，产权清晰、权责明确、政企分开、管理科学的现代企业制度，全国统一开放的市场体系和资源配置制度，以间接手段为主、不断完善的宏观调控体系，按劳分配为主体，效率优先、兼顾公平的收入分配制度，以及多层次的社会保障制度。这套体制在党的十六届三中全会上得到进一步完善，将完善公有制为主体、多种所有制经济共同发展上升为基本经济制度；建立了改变城乡二元经济结构的体制，形成了促进区域经济协调发展的机制；市场制度安排明晰为建设开放竞争有序的现代市场体系和市场秩序，加快建设全国统一大市场，以及建立健全社会信用体系；经济治理制度包括完善宏观调控体系、行政管理体制和经济法律制度；健全就业、收入分配和社会保障制度；建立促进经济社会可持续发展的机制。

第三阶段是构建高水平社会主义市场经济体制。在实现全面建成小康社会的第一个百年奋斗目标后，我们踏上了全面建设社会主义现代化国家新征程、向第二个百年奋斗目标进军，我们提出了构建高水平社会主义市场经济体制的更高要求。高水平社会主义市场经济体制是全面建成社会主义现代化强国的应有之义。从世界各国实现现代化的历史看，建立高水平市场经济体制是实现现代经济增长的必要条件，市场主导资源配置，强调竞争、产权保护，提倡创新创业和企业家精神，是现代市场经济体制的要件，凡是实现现代化的国家，都建立了现代市场经济体制。全面建成社会主义现代化强国，不仅要建立市场经济体制，而且我们党提出构建高水平社会主义市场经济体制，这意味着，我们的现代化在经济领域更加强调经济制度的完备性、更加强调公平竞争、更加强调有效市场和有为政府的结合。党的二十大明确要求必须构建市场机制有效、微观主体有活力、宏观调控有度的高水平社会主义市场经济体制，建立产权有效激励、要素自由流动、价格反应灵活、竞争公平有序、企业优胜劣汰的市场经济基础制度，为推动高质量发展、建设现代化经济体系提供重要制度保障。

社会主义市场经济体制的"高水平"体现在：第一，提出社会主义市场经济要坚持我们的制度优越性、有效防范资本主义市场经济弊端的高标准要求；第二，确立社会主义基本经济制度的"四梁八柱"，将社会主义市场经济体制与公有制为主体、多种所有制经济共同发展和按劳分配为主体、多种分配方式并存并列为社会主义基本经济制度；第三，充分发挥市场在资源配置中的决定性作用，更好发挥政府作用，通过更好发挥市场机制作用，创造更加公平、更有活力的市场环境，实现资源配置效率最优化和效益最大化，通过更好维护市场秩序、弥补市场失灵，畅通国民经济循环，激发全社会内生动力和创新活力；第四，更高标准的市场制度安排，包括构建全国统一大市场，建设高标准市场体系，完善产权保护、市场准入、公平竞争、社会信用等市场经济基础制度；第五，更健全的现代宏观经济治理体系；第六，对标高标准国际贸易和投资通行规则，稳步扩大规则、规制、管理、标准等制度型开放。党的二十届三中全会提出高水平社会主义市场经济体制是中国式现代化的重要保障，并围绕实现中国式现代化对进一步全面深化改革作出系统部署，形成全面完整的涵盖中国式现代化所有方面的构建高水平社会主义市场经济体制改革方案，包括健全推动经济高质量发展体制机制，构建支持全面创新体制机制，健全宏观经济治理体系，完善城乡融合发展体制机制，完善高水平对外开放体制机制，健全全过程人民民主制度体系，完善中国特色社会主义法治体系，深化文化体制机制改革，健全保障和改善民生制度体系，深化生态文明体制改革，推进国家安全体系和能力现代化，持续深化国防和军队改革，提高党对进一步全面深化改革、推进中国式现代化的领导水平。

"高水平"社会主义市场经济体制要实现体制对预期的长期稳定性、市场基础制度对经济社会秩序的"非人格化"规则性，以及促进企业成长和弘扬企业家精神。

一是坚持和落实"两个毫不动摇"。毫不动摇巩固和发展公有制经济，毫不动摇鼓励、支持、引导非公有制经济发展，保证各种所有制经济依法平等使用生产要素、公平参与市场竞争、同等受到法律保护，促进各种所有制经济优势互补、共同发展。

二是构建高水平市场经济制度。第一，构建全国统一大市场。建设统一的市场基础制度规则、公平的市场监管和高标准联通的市场设施，加强公平竞争审查，强化反垄断和反不正当竞争，建立健全统一规范、信息共享的公共资源交易平台，健全标准体系。第二，完善市场经济基础制度。完善产权制度，依法平等长久保护各种所有制经济产权，对侵犯各种所有制经济产权和合法利益的行为实行同责同罪同罚。加强产权执法司法保护，防止和纠正利用行政、刑事手段干预经济纠纷。完善市场准入制度，探索建立个人破产制度和企业退出制度，健全社会信用体系。

三是完善中国特色现代企业制度。第一，推动国有资本和国有企业做强做优做大，增强核心功能，提升核心竞争力。进一步明晰不同类型国有企业功能定位，推动国有资本向关系国家安全、国民经济命脉的重要行业和关键领域以及关系国计民生的公共服务、应急能力、公益性领域和前瞻性战略性新兴产业集中，形成推进国有企业原始创新的制度安排，深化国有资本投资、运营公司改革，建立国有企业履行战略使命的评价制度、分类考核评价体系。第二，为非公有制经济发展营造良好环境和提供更多机会。破除市场准入壁垒，向民营经营主体开放基础设施竞争性领域、国家重大项目建设、国家重大技术攻关和国家重大科研基础设施，完善民营企业融资制度、信用评价体系、增信制度，规范涉及民营企业的行政检查。

三、以构建高水平社会主义市场经济体制推进中国式现代化

5月23日，习近平总书记在山东主持召开企业和专家座谈会时发表重要讲话，明确指出，"要紧扣推进中国式现代化这个主题，突出改革重点，把牢价值取向，讲求方式方法，为完成中心任务、实现战略目标增添动力"[①]。中国能否实现从中等收入国家向高收入国家跨越，关键在于实现传统发展模式的根本转变和新经济发展动能的真正培育。必须以构建高水平社会主义市场经济体制为突破口进一步深化改革，破除制约经济社会发展的体制机制障碍，为实现中国式现代化提供充满生机活力的制度保证。

高水平市场经济体制是世界各国现代化的一般特征。现代化是传统社会向现代社会的转型。从世界各国实现现代化的历史来看，从传统体制转向现代体制是现代化的基本特征，体现在经济方面是从传统封闭的自然经济和小商品经济转向市场自由竞争、以市场调节资源配置和分配、强调产权保护、提倡创新创业和企业家精神、注重社会公正的现代市场体制。建立现代市场经济体制是实现现代经济增长的必要条件，也是现代体制的核心。凡是实现现代化的国家，都实现了现代市场经济体制的构建，相反，一些原殖民地国家

---

① 紧扣推进中国式现代化主题 进一步全面深化改革.人民日报，2024-05-24.

与某些发展中国家虽然也一度实现了经济快速增长，但由于没有建立起与其经济发展水平相适应的市场经济体制，不仅未能顺利跨越"中等收入陷阱"，甚至还出现了经济社会发展停滞或倒退。

高水平社会主义市场经济体制是实现高质量发展这一中国式现代化任务的体制保证。党的二十大报告提出以中国式现代化实现中华民族伟大复兴，高质量发展是中国式现代化的首要任务。高质量发展必须建成现代化经济体系，现代化经济体系是由社会经济活动各个环节、各个层面、各个领域的相互关系和内在联系构成的一个有机整体，现代市场体系是其重要组成部分。只有建设好充分发挥市场作用、更好发挥政府作用的高标准市场体系，实现市场机制有效、微观主体有活力、宏观调控有度，才能形成现代化经济体系，才能更好顺应现代化发展潮流和赢得国际竞争主动，也才能为其他领域的现代化提供有力支撑。高质量发展必须立足于以国内大循环为主体、国内国际双循环相互促进的新发展格局，必须靠高水平社会主义市场经济体制建设来保证内外双循环的畅通并以内外双循环的良性互动实现相互促进。国内循环的核心是保持贯通生产、分配、流通、消费各环节的国民经济循环的畅通，必须靠高水平社会主义市场经济体制建设来破除制约要素合理流动的堵点，有效破除地方保护、行政垄断和市场分割，形成国民经济的良性循环。国际循环畅通也取决于高水平社会主义市场经济体制，必须深化商品、服务、资本、人才等要素流动型对外开放，推动规则、规制、管理、标准等制度型对外开放。构建双循环新发展格局，既要强化国内大循环的主导作用，发挥我国超大规模市场优势，也要以国际循环提升国内大循环的效率和水平，持续增强我国经济对全球要素资源的吸引力和在世界市场的竞争力。

高水平社会主义市场经济体制是全面建成社会主义现代化强国的应有之义。任何一个国家现代化的建成都要求制度的现代化，要求国家治理体系和治理能力的现代化，这其中最重要的基础性制度就是市场经济体制。现代化国家所要求的不是一般的市场经济，必须是高标准的市场体系，也就是通过国家公共权力的制度化，以高标准的市场规则、高标准的市场秩序、高标准的市场环境，实现成体系的市场体制的升级。我们要全面建成社会主义现代化强国，就必须更加强调制度的完备性、更加强调公平竞争、更加强调有效市场和有为政府的结合，以构建高水平社会主义市场经济体制推动高质量发展，为建设现代化经济体系打下坚实的制度基础。

四、完善和发展要素市场才能建成高水平社会主义市场经济体制

人类自有交换即有市场经济，但从简单交换的市场向更复杂的要素市场发展是人类进步的惊险一跃。土地市场和劳动力市场发展促进了市场交换，带来了商品经济和资本市场发展，市场经济发展促进了现代市场经济制度建立，现代产权制度的清晰界定和实施、市场制度从人际交易扩展到非人际交易、社会秩序从权利限制性秩序朝向权利开放秩序，现代市场经济体制促进了现代经济增长和人均收入水平大幅提高。中国的经济体制改革从产品市场化改革起步，带来了社会的巨大活力和多主体如雨后春笋般成长。但是，没有要素市场只能是低水平的市场经济，难以实现现代经济增长和社会公平。改革和转型必须突破要素市场发展的体制性障碍。

1987年党的十三大就认识到单一的商品市场不可能很好发挥市场机制的作用，社会主义的市场体系必须是竞争的和开放的，垄断的或分割的市场不可能促进商品生产者提高效率，封闭的市场不利于发展国内的合理分工和促进国际贸易，提出社会主义的市场体系

不仅包括消费品和生产资料等商品市场，而且应当包括资金、劳动力、技术、信息和房地产等生产要素市场。1990年提出建立和健全全国统一的市场体系，进一步完善消费资料市场，扩大生产资料市场，发展资金市场、技术市场、信息市场、房地产市场和劳务市场。党的十六届三中全会提出大力发展资本和其他要素市场，积极推进资本市场的改革开放和稳定发展，加快发展土地、技术、劳动力等要素市场，规范发展产权交易。

要素市场化改革涉及复杂的政治经济社会关系和利益结构调整。土地要素市场涉及地方政府与农民、城市与乡村的利益，劳动力要素市场涉及农民与城市居民的就业、收入和基本权利，资本市场涉及更复杂的主体、群体利益，技术市场涉及科技与创新的作用释放以及劳动者利益分配机制，因此，要素市场化改革成为难啃的硬骨头，面临一系列必须攻克的难题，如要素价格未能完全市场化，要素市场规则不完善，要素市场信息不对称导致要素资源错配，市场分割导致要素配置效率较低，要素市场供给侧与需求侧结构不匹配，竞争政策的基础地位尚未真正确立。因此，要素市场化改革成功与否决定了转型与发展的成败。

党的十八大以来，以习近平同志为核心的党中央突破利益固化藩篱，坚决破除各方面体制机制弊端，深化推进要素市场深水区的改革。2019年党的十九届四中全会进一步推进要素市场制度建设，实现要素价格市场决定、流动自主有序、配置高效公平。2020年提出构建更加完善的要素市场化配置体制机制，以要素市场化配置改革为重点，加快建设统一开放、竞争有序的市场体系。"十四五"规划推进能源、铁路、电信、公用事业等行业竞争性环节市场化改革，深化土地管理制度改革，推进土地、劳动力、资本、技术、数据等要素市场化改革，健全要素市场运行机制，完善要素交易规则和服务体系。2021年1月中共中央办公厅、国务院办公厅印发的《建设高标准市场体系行动方案》要求全面完善产权保护制度、全面实施市场准入负面清单制度，全面完善公平竞争制度，推动经营性土地要素市场化配置，推动劳动力要素有序流动，促进资本市场健康发展，发展知识、技术和数据要素市场。党的二十大报告提出构建全国统一大市场，深化要素市场化改革，建设高标准市场体系，完善产权保护、市场准入、公平竞争、社会信用等市场经济基础制度。党的二十届三中全会进一步全面深化要素市场化改革，提出要完善要素市场制度和规则，推动生产要素畅通流动、各类资源高效配置、市场潜力充分释放。构建城乡统一的建设用地市场。完善促进资本市场规范发展基础制度。培育全国一体化技术和数据市场。完善主要由市场供求关系决定要素价格机制，防止政府对价格形成的不当干预。健全劳动、资本、土地、知识、技术、管理、数据等生产要素由市场评价贡献、按贡献决定报酬的机制，推进水、能源、交通等领域价格改革，深化能源管理体制改革，建设全国统一电力市场。

高质量发展是全面建成社会主义现代化强国的首要任务。必须以新发展理念引领改革，立足新发展阶段，深化供给侧结构性改革，完善推动高质量发展激励约束机制，塑造发展新动能新优势。新旧动能转换与经济发展新动能培育的关键是土地要素市场改革促进传统发展模式平稳转型，以及数据要素市场建设培育发展新动能。

1. 土地要素市场改革促进传统发展模式平稳转型

中国过去40多年的高速经济增长和快速结构转型得益于中国特色的土地要素市场发展，允许土地依法转让和有偿使用，使土地从资源变要素，地方政府征收土地和独家供应土地与经营性用地招拍挂出让的市场模式，以及赋予国有土地使用者更长的年期和更完整的产权，使土地变资产，允许平台公司以国有土地抵押成为信贷资金的主要来源，使土地成为资本。土地资本化推动中国高速经济增长、快速工业化和城市化，形成"以地谋发展"模式。

但是，随着中国经济发展阶段转换和结构升级，以地谋发展模式的动能衰减，依靠土地宽供应拉动经济增长的效力减弱，以地招商引资对工业化的作用减低，债务加大，以地城市化成本上升，土地净收入下降，土地与房地产互动减弱，土地债务和金融风险加大，靠土地驱动的投资增长效应已经削减。以地谋发展模式关联国民经济循环和主要环节、产业关联和利益群体关联度高，必须审慎稳妥推进其平稳转型，关键是改革支撑这一模式的土地制度安排，党的二十届三中全会就土地制度改革作出系统安排，包括构建优势互补的区域经济布局和国土空间体系，强化国土空间规划的基础作用，增强专项规划和区域规划实施的支撑作用，健全同宏观政策和区域发展高效衔接的土地管理制度，建立新增城镇建设用地指标配置同常住人口增加协调机制，优化城市工商业土地利用，加快发展建设用地二级市场，推动土地混合开发利用、用途合理转换，盘活存量土地和低效用地，制定工商业用地使用权延期和到期后续期政策。完善主要由市场供求关系决定土地要素价格机制，防止政府对价格形成的不当干预，健全土地由市场评价贡献、按贡献决定报酬的机制。促进城乡要素平等交换、双向流动，保障进城落户农民合法的土地权益，依法维护进城落户农民的土地承包权、宅基地使用权、集体收益分配权，探索建立自愿有偿退出的办法。允许农户合法拥有的住房通过出租、入股、合作等方式盘活利用。有序推进农村集体经营性建设用地入市改革，健全土地增值收益分配机制。要实现以地谋发展模式的平稳转型，根本的是要以统一的土地权利体系改变二元土地所有制对集体土地所有制的歧视，以城乡统一建设用地市场改变政府垄断土地一级市场带来的土地资源配置扭曲，以公平的土地增值收益分享改变政府和土地占有者不公平占有土地利益带来的收入和财富不公，以现代土地治理体系改革现行指标、规划和所有制管制带来的低效率，土地要素市场改革也能促进高质量的城市更新、产业升级、城乡融合发展和乡村振兴，重塑政府和市场关系，解决不平衡不充分的主要矛盾，消除源头腐败和实现社会公平，为经济发展动能接续和转换提供动力。

2.数据要素市场建设培育发展新动能

在以地谋发展模式提供的动能减退以后，新发展阶段面临的紧迫任务是培育和发展经济新动能。一种动能要成为经济发展的引擎，其前提条件是它成为一个经济形态的核心要素，能牵引国民经济运行与循环。数据有望成为新发展阶段经济发展的新动能。人类已进入数字文明时代。技术变革与生产力的转型正在从机器替代体力劳动的物质生产转向人工智能替代脑力劳动的知识创造，生产要素的创新与优化组合正从以资本和技术为核心生产要素转向以数据为核心生产要素，组织形式和生产方式的变革正从强控制力的标准化、规模化生产转向弱控制力的个性化、智能化生产，活动场所和经济形态的演变正从物理空间中的有限弱关联转向虚拟空间中的广泛强关联，生产力与生产关系矛盾的变化正从资本对劳动力的剥削与压迫转向人工智能崛起引发的信息与权力的重塑。数字经济发展有望成为经济发展的新引擎，数字基础设施支撑更加有力，数据要素活力更加迸发，数据资源开发为智慧城市建设运行、工业互联网利用等数智化应用提供了丰富的"原料"，产业数字化转型更加深入，数字服务规模剧增，公共服务更加普惠。

但是，数字经济成为发展新动能还面临前所未有的困境与挑战。一是技术层面，数字技术创新正处于突破转变为生产力的关键阶段，AI等数字技术本身已具备推动产业革命的基础，如以ChatGPT、

Sora 为代表的"数据＋算法＋算力"打造出的超级应用，以 AlphaFold3、DeePMD-kit 为代表的在基础创新中的应用。但是，数字技术的颠覆式创新与大规模应用仍然不足，"从 0 到 1"的原创性基础研究不足，"从 1 到 100"的应用接力放大了研究的不足，大量数字技术的创新与应用主要集中在消费端，未在生产端大规模应用并直接转化为生产力，对大量传统产业的赋能程度也明显不足，技术产业化面临体制机制上的障碍，直接影响新一轮产业革命的实现。

二是数据必须要进入生产函数形成新的生产要素组合，并与其他生产要素进行链接，对各类资源进行优化和重组，在生产、分配、流通和消费等社会生产全过程发挥倍增效应，进而产生提质降本增效和促进创新的经济效益。然而，作为核心生产要素的数据要素的经济价值显化但没有普遍化，数据要素已在部分产业和领域发挥作用，如数字政府、智慧交通、普惠金融、智慧农业等，不过，数据要素尚未全面赋能各产业转型升级，在现有经济指标测算中发挥的带动经济增长的作用也并不显著，数据要素的价值尚未充分发挥，数据的价值到底是什么，用什么单位度量，如何发挥价值，数据要素成为核心生产要素的条件是什么，数据如何实现从资源转换成要素、资本乃至资产，对于这些问题都还没有找到答案。

三是组织方式上，存在对平台的性质和认识不足，平台逐步成为最重要的组织形式，组织形态逐渐从工业时代的企业组织转变为数字时代的平台组织，使得社会分工、交易方式、劳动关系、经济合作形式等随之发生深刻变革，平台组织能够链接多方用户，形成具有虚实结合特性的社会关系网络，其范围更加广泛、互动更加高效、层次更加多样、经济系统更加复杂，但是，平台作为重要组织形式的价值发挥不足，产业互联网领域的数实融合进展缓慢，平台经济的作用发挥不充分，对于平台的本质认识不足，政策摇摆不定，例如对数字平台的界定、对大型数字平台的垄断及算法应用的争议较大，需要继续构建透明、公平、明确的政策环境。

四是活动场所上，各类经济主体的各项活动逐步转向虚拟空间，从个体层面看，虚拟空间中人与人之间的联系更加紧密，"社会人"将代替"独立人"，各个主体的经济决策也将更具社会性而非自利性，但是，虚拟空间的实现和治理面临挑战，元宇宙等数字技术目前较难实现，离达到完全与现实空间相映射的要求还有较大的技术差距，虚拟空间可能带来的风险包括资本操纵、舆论泡沫、伦理制约、垄断张力、产业内卷、算力压力、沉迷风险、隐私风险等，虚拟空间的规则制定仍然是一片空白，需前瞻性地规划虚拟空间的治理问题。

五是在制度层面，当前正处在向数字文明变革的改革阵痛期，市场与政府的关系发生了改变，监管及治理制度发生了变化，市场力量与垄断行为、数字包容性与接入差距、劳动力市场颠覆、知识产权与创新、信息茧房与观点极化等问题对监管体制和政策治理构成了挑战，社会公平及伦理问题愈加凸显，如何界定数据产权，数据要素市场如何发展，AI 技术带来了一系列经济问题和伦理问题有待研究，包括 AI 对人类价值观念的挑战，AI 价值对齐问题，AI 技术对收入分配、就业结构及社会公平的影响等等。

因此，数字经济要成为经济发展新动能，其核心是使数据成为新型生产要素，全面融入生产、分配、流通、消费和社会服务管理等各环节，深刻改变生产方式、生活方式和社会治理方式，带来新一轮的产业革命。一是使数据从资源变为生产要素。我国具有海量数据的规模优势，但数据只有与其他生产要素进行组合才能成为生产要素，数据要发挥要素潜能，就必须进入生产函数，改变工业文明时代的生产函数，产生创造性破坏，从而才能推动生产力的革命性发展。二是数据产权的界定、保护与实施。产权界定是价值实现的前提。必须根据数据的特点进行数据产权的有效界定。一方面进行非公共数据的持有权、使用权、经营权和转让权的权利分割与保障，激励数据开发和价值利用；另一方面促进公共数据的汇聚共享和开放开发，推进互联互通，打破"数据孤岛"。三是建立数据要素流通和交易制度。完善和规范数据流通规则，承认数据拥有者之间自发的基于合约的交易，建立便利交易的数据交易平台，建立高效便利安全的数据跨境流动机制，降低数据交易成本。四是建立兼具效率与公平的数据要素收益分配制度。完善数据要素市场化配置机制，健全数据要素由市场评价贡献、按贡献决定报酬机制，完善数据要素收益分享机制。

在建设数据制度性基础设施的基础上，完善促进数字产业化和产业数字化政策体系，加快新一代信息技术全方位全链条普及应用，发展工业互联网，打造具有国际竞争力的数字产业集群。促进平台经济创新发展，建设和运营国家数据基础设施，促进数据共享，促进以数据为主导的产业革命。

五、进一步全面深化农村改革，推进农业农村现代化

全面建设社会主义现代化国家，最艰巨最繁重的任务在农村。党的十一届三中全会以农村改革拉开改革开放大幕，书写了中国发展奇迹。党的十八大以来，我国以系统性农村改革取得了全面消除绝对贫困的伟大成就，为实施乡村振兴战略、推进农业农村现代化奠定了制度基础。党的十九大提出了实施乡村振兴战略，确立了从根本上解决"三农"问题的指导思想。党的二十大报告明确提出"加快建设农业强国"，强调"全面推进乡村振兴"，明确了中国式农

业农村现代化的主攻方向。党的二十届三中全会提出进一步全面深化改革、推进中国式现代化，专门对完善城乡融合发展体制机制作出系统部署，明确了农村改革的重点任务，为进一步全面深化农村改革提供了根本遵循。

深化改革是推进农业农村现代化的必然要求。习近平总书记强调，"解决农业农村发展面临的各种矛盾和问题，根本靠深化改革。"[①] 持续深化农村改革，不断调整完善农业农村生产关系，解放和发展生产力，既是我国农业农村发展的重要法宝，也是推进中国式农业农村现代化的必然要求。1978 年以来，以家庭联产承包责任制创新为核心的农村改革，极大调动了农民群众的积极性和创造性，实现了由温饱不足向全面小康迈进的历史性跨越，为深化农村改革积累了宝贵经验。党的十八大以来，以习近平同志为核心的党中央从农业农村发展深层次矛盾出发，以农民和土地关系为主线，完善承包地"三权分置"制度，巩固和完善农村基本经营制度，深入推进农村集体产权制度改革，健全农业支持保护政策体系，完善农业农村投入稳定增长机制等，推动农村产权重构、治理规则重塑和城乡关系转型，初步形成了农业农村优先发展的制度框架和政策体系，不断为农业农村发展增活力、添动力、增后劲，脱贫攻坚全面胜利，粮食安全愈加夯实，农业发展迈上新台阶，乡村建设有序推进，城乡关系不断重塑，农业农村现代化迈入新阶段。

当前和今后一个时期是以中国式现代化全面推进强国建设、民族复兴伟业的关键时期。推进农业农村现代化不仅是解决城乡发展不平衡、农业农村发展不充分等矛盾的关键举措，而且是释放乡村经济发展活力、应对外部不确定性的重要抓手。进入新阶段，我国

---

① 加大推进新形势下农村改革力度 促进农业基础稳固农民安居乐业. 人民日报，2016-04-29.

城乡关系处在巨大变革的历史节点，农民行为呈现明显的代际分化特征，城乡要素流动和互动增强，农业功能向多元需求转化，乡村价值进一步提升，乡村业态进一步丰富，村庄新形态逐步构建，这些变化为促进城乡融合发展提供了契机。农村改革越是深入，就越是不可避免地触及更深层次的矛盾和问题，改革的复杂性、艰巨性更加突出。当前，城乡发展不平衡、乡村发展不充分依然是推动高质量发展面临的突出问题，农业基础还不稳固，城乡区域发展和收入分配差距仍然较大，民生保障、生态环境保护等方面尚存在短板，这些都是社会主要矛盾的反映，都是发展中亟须破解的难题。进一步全面深化农村改革，依据新情况新变化不断破除体制机制障碍，推动农业农村领域生产关系和生产力、上层建筑和经济基础更好相适应，促进城乡要素平等交换、双向流动，充分激活乡村要素活力和农业农村发展动力，是持续推进中国式农业农村现代化的必由之路。

农村改革是一项系统工程，牵一发而动全身，需要统筹系统集成和重点突破。一方面，注重系统集成。推进农业农村现代化，不能仅就农业论农业、就农村论农村、就农民论农民，要充分认识到乡村与城市、农业与工业之间的有机联系。党的二十届三中全会紧扣城乡融合发展这个发展主题，强调统筹新型工业化、新型城镇化和乡村全面振兴，全面提高城乡规划、建设、治理融合水平。农村改革要坚持城乡一盘棋理念，注重城乡改革发展的统筹协调，促进城乡要素平等交换、双向流动，逐步缩小城乡差距、实现城乡共同繁荣。另一方面，注重重点突破。农业农村工作千头万绪，全面深化农村改革必须抓住主要矛盾和矛盾的主要方面，关注重要领域和关键环节，以重点突破为主要抓手，取得"一子落而满盘活"的改革实效。就夯实粮食安全、加快农业转型、保障改善民生、推动乡村转型、加快市民化进程和重塑城乡关系等重点任务，党的二十届三中全会提出了完善城乡融合发展体制机制、巩固和完善农村基本经营制度、完善强农惠农富农支持制度和进一步深化土地制度改革等改革举措。这些重点任务统摄于加快农业强国建设、推动乡村全面振兴和促进城乡融合发展等战略目标之中，反映了我们党"三农"工作的战略脉络，而党的二十届三中全会关于农业农村发展的改革举措正是针对这些重点任务中的体制机制障碍提出的，与其具有内在逻辑关系。

1. 以深化改革加快农业强国建设

强国必先强农，农强方能国强，没有农业强国就没有整个现代化强国。建设农业强国，是党中央着眼战略全局作出的决策部署，农业强国普遍具备供给保障强、科技装备强、经营体系强、产业韧性强、竞争能力强等共同特征。农业强国建设的重点任务可以分成两大部分：一是夯实粮食安全，对应农业强国普遍特征中的供给保障强；二是加快农业转型，对应农业强国普遍特征中的科技装备强、经营体系强、产业韧性强、竞争能力强，科技装备强和经营体系强是农业转型的动力，而产业韧性强和竞争能力强是农业转型的结果和标志。只有厘清夯实粮食安全和加快农业转型面临的困难，通过深化改革破除不利于粮食保供和农业转型的体制机制障碍，才能加快农业强国建设。

2. 以多元保障机制夯实粮食安全

"洪范八政，食为政首。"巩固农业基础地位和实现农业农村稳定的核心是保障国家粮食安全和重要农产品稳定供给，一个国家只有立足粮食基本自给和重要农产品稳定供给，才能掌控经济社会发展这个大局，只有把牢粮食安全主动权，才能把稳强国复兴主动权。当前，我国粮食安全基础仍不稳固，国内粮食供求长期处于紧平衡状态，粮食系统韧性有待提升，在客观上是受到了人多地少国情的制约，耕地"非农化""非粮化"问题依然突出，耕地撂荒增多，占补平衡存在量不足、质不高问题，农田水利方面欠账还很多。在体制上，粮食安全问题的核心在于种粮不挣钱，本质是粮食的现代化大生产要求与传统生产方式之间的矛盾，其深层次体制障碍在于农业经营体制造成农地细碎化，社会化服务体系不健全导致生产成本偏高，市场化收储机制不健全带来收益不稳定等。农民种粮能挣钱，粮食生产才有保障，土地小规模、细碎化下的分散经营和低效种植使得农业生产难以产生规模效益，种粮收益低下，这成为制约粮食安全的关键障碍。对此，党的二十届三中全会以完善耕地占补平衡制度，完善高标准农田建设、验收、管护机制和健全保障耕地用于种植基本农作物管理体系，破解耕地"非农化""非粮化""低质量"等自然约束。以加快健全种粮农民收益保障机制，统筹建立粮食产销区省际横向利益补偿机制，统筹推进粮食购销和储备管理体制机制改革，破解种粮不挣钱、收益不稳定等体制约束，提升粮食生产的质量效益和核心竞争力。

3. 以经营体制改革促进农业转型

农业强国建设的核心是推动农业产业深度转型升级。随着居民消费需求变化、城乡关系调整，农业功能从原来的粮食农业拓展为休闲农业、生态农业甚至文化农业，一二三产业融合的农业新形态正在形成，这些变化孕育着农业产业革命。农业产业革命的实质是农业领域内实现工业化的过程，在技术革命性突破的牵引下，实现农业生产要素创新性配置，通过土地、资本、劳动力等生产要素实现重新组合及其持续升级，实现农业生产函数的跃迁，从而推动农业产业深度转型升级，农业产业链得以延伸，农产品附加值和品质得以改善，农业综合效益和竞争力得以提高。当前，我国农业结构性供过于求和供给不足并存、生产要素水平较低、产业链水平亟须拓展,农业产业发展还处于初级阶段,主要存在规模小、布局散、链条短、产业同质化突出等问题。这些问题不仅是受到"大国小农"基本国情农情制约的结果,也是农地权利分割不彻底、农业经营体制不完善和农业社会化服务体系不健全等体制障碍的结果,人地关系锁死,农业要素重新组合受到阻碍,科技装备等现代要素难以进入农业生产过程,导致农业结构单一、农产品复杂度低。对此,党的二十届三中全会以延长承包期限、深化农地"三权分置"改革、深化农地权利分割解决地权难题,以发展农业适度规模经营、促进农民合作经营和推动新型农业经营主体扶持政策同带动农户增收挂钩完善农业经营体,以健全便捷高效的农业社会化服务体系解决大国小农生产困境,同时提出发展新型农村集体经济,赋予农民更加充分的财产权益,系统性地巩固和完善农村基本经营制度,为农业转型升级提供体制支撑。

4.以深化改革推动乡村全面振兴

民族要复兴,乡村必振兴,实施乡村振兴战略是关系全面建成社会主义现代化强国的全局性、历史性任务。推动乡村全面振兴作为新时代新征程"三农"工作的总抓手,能够以加快农业农村现代化更好推进中国式现代化建设。"现在,我们的使命就是全面推进乡村振兴,这是'三农'工作重心的历史性转移。"[①] 在此过程中,必须统筹兼顾底线思维和发展思维,巩固拓展脱贫攻坚成果、有力保障和持续改善民生、确保不发生规模性返贫是推进乡村全面振兴的底线任务,而全面提升乡村产业水平、建设水平和治理水平,进而推动乡村转型则是推进乡村全面振兴的发展任务。只有通过深化改

---

① 习近平.坚持把解决好"三农"问题作为全党工作重中之重 举全党全社会之力推动乡村振兴.求是,2022(7):4-17.

革,链接脱贫攻坚成果同乡村振兴有效衔接中的断点,打通乡村转型、乡村系统重构中的堵点,才能推动乡村全面振兴。

5. 以长效帮扶机制保障改善民生

打赢脱贫攻坚战后,党中央在"十四五"时期设立衔接过渡期,巩固拓展脱贫攻坚成果并同乡村振兴有效衔接,逐步实现由集中资源支持脱贫攻坚向全面推进乡村振兴平稳过渡,推动了"三农"工作重心的历史性转移。几年来,我国对存在返贫风险的人口实施了动态监测和有效帮扶,在多重冲击下始终筑牢了全面小康社会的底线。在这个新的历史起点和重大转折点上,脱贫地区和脱贫人口的收入困境已经从绝对贫困的温饱问题转变为了相对贫困的发展问题,过渡期后应当致力于实现兜底型政策向发展型政策转变,推动防止返贫帮扶政策和农村低收入人口帮扶政策衔接并轨。但是,巩固拓展脱贫攻坚成果同乡村振兴有效衔接过程中面临着统筹协调工作不畅、农村集体经济薄弱、自主脱贫意识淡薄、利益联结要素缺乏等多重困境,其根源在于兜底型保障政策出现了泛福利化趋势,极易弱化有劳动能力低收入人口的就业动机,从而陷入福利依赖和掉入贫困陷阱。对此,党的二十届三中全会在提出完善覆盖农村人口的常态化防止返贫致贫机制的同时,还提出建立农村低收入人口和欠发达地区分层分类帮扶制度,实质上兼顾了防止返贫和相对贫困治理两大目标,对防止返贫措施和常态化帮扶措施进行区分和分类管理,有利于解决福利依赖、避免掉入贫困陷阱。同时,着重提出健全脱贫攻坚国家投入形成资产的长效管理机制,多渠道增加城乡居民财产性收入,完善农民工就业支持体系,健全终身职业技能培训制度,完善促进机会公平制度机制,由此激发内生发展动力,增强可持续增收能力。

6. 以乡村发展权利推动乡村转型

乡村是一个由地理空间、经济活动空间、社会关系和制度秩序组成的农民、农地、农业和村落四位一体的系统性结构。推动乡村振兴转型，就是在人、地、业、村多要素联动的基础上实现人力资本提升、观念革新的"人活"，权利更加明晰、配置有效的"地活"，复杂程度更高、更具竞争力的"业活"，公私界分明确、秩序重构的"村活"，最终在新的形态、新的功能、新的业态、新的人的组合上进行有效治理，形成以新的村落形态和不同的人、不同的经济活动构成的新的乡村秩序。当前，城乡互动持续增强，人口和资本有朝向乡村回流的趋势，给乡村转型带来了契机。但是，单向城市化政策造成乡村发展权利缺失，封闭的集体产权制度给城市要素进入乡村设置了障碍，乡村土地用途限制和乡村建设规划管制导致居住权利、用地需求等难以得到有效回应，人、地、业、村多要素联动的不顺畅加剧了乡村系统的功能失衡，表现为乡村发展要素不足、功能定位单一和乡村业态乏力等问题。对此，党的二十届三中全会作出系统部署，以坚持农业农村优先发展，健全推动乡村全面振兴长效机制，扭转当前城市化政策倾向。以构建产权明晰、分配合理的运行机制，开放城市要素下乡通道。以允许农户合法拥有的住房通过出租、入股、合作等方式盘活利用，保障下乡能人居住权益。以有序推进农村集体经营性建设用地入市改革，健全土地增值收益分配机制，满足乡村产业发展用地需求。同时，提出壮大县域富民产业，构建多元化食物供给体系，培育乡村新产业新业态，优化农业补贴政策体系，发展多层次农业保险，在乡村形成人才、土地、资金、产业汇聚的良性循环。

7. 以深化改革促进城乡融合发展

城乡融合发展是中国式现代化的必然要求。城市与乡村是一个互促互进、共生共存的有机整体,把推进新型城镇化和乡村全面振兴有机结合起来,加快构建城乡融合发展新格局,实现城市和乡村互补互促、共同繁荣,是深入实施新型城镇化和乡村振兴两大战略的必然要求。促进城乡融合发展,要统筹新型工业化、新型城镇化和乡村全面振兴,一方面发挥工业对农业、城市对乡村的带动作用,加快农业剩余人口转移和农业转移人口市民化,推动我国城镇化进入提质增效新阶段;另一方面,赋予城乡平等发展权利,促进城乡要素平等交换、双向流动,缩小城乡差别,促进城乡共同繁荣发展。在此过程中,需要以深化改革破除农业转移人口市民化的体制机制障碍,畅通城乡要素流动,均衡公共资源配置,构建新型城乡关系。

8. 以农民城市权利加快市民化进程

解决好人的问题是推进新型城镇化的关键,推进城镇化的首要任务是促进有能力在城镇稳定就业和生活的常住人口有序实现市民化,让能进城愿进城的更快更好融入城市,这对于释放内需潜力、促进公平正义有巨大意义。过去40余年,我国经历了以农民进城为主的快速城市化,2023年我国常住人口城镇化率已经达到了66.2%,提前完成了"十四五"规划中常住人口城镇化率65%的目标。但是,我国常住人口城镇化率与户籍人口城市化率的差值,却从2015年的16.2个百分点提高到了2023年的17.9个百分点。这说明,我国城镇化进程所面临的问题,从如何促进农业剩余人口向城市转移转变为了如何促进农业转移人口市民化。农业转移人口市民化面临的核心问题是农民城市权利缺失,基于户籍制度的落户门槛造成落户权缺失,基于技能的就业歧视和工资歧视导致就业权缺失、收入权不足,高昂的房价和住房保障不足导致居住权缺失,户籍挂钩的基本公共服务提供机制形成城乡二元的基本保障权和缺失的受教育权,城市权利缺乏导致农业转移人口难以真正融入,成为城的"过客"。对此,党的二十届三中全会提出构建产业升级、人口集聚、城镇发展良性互动机制,以按常住人口增加配置新增城镇建设用地指标、优化基本公共教育服务供给,破除按户籍供给资源和服务的弊端。以推行由常住地登记户口提供基本公共服务制度,推进农业转移人口社会保险、住房保障、随迁子女义务教育等公共服务和城市权利均等化,赋予和完善农民城市权利。同时,强调保障进城落户农民合法土地权益,依法维护进城落户农民的土地承包权、宅基地使用权、集体收益分配权,增强农业转移人口市民化的意愿。

9. 以城乡融合体制重塑城乡关系

城乡融合发展是中国式现代化的必然要求,也是中国式农业农村现代化的基本城乡形态。城乡融合形态下城乡边界逐渐模糊,城乡关系由对立转为融合,要素的城乡流动将乡村与城市紧密联系在一起,空间的城乡融通将乡村纳入发展空间,基础设施和公共服务的城乡均衡赋予乡村现代功能,形成城市文明与乡村文明共融共生的城乡新形态。随着农民与乡土的黏度逐渐降低,要素流动逐渐由从乡到城的单向流动转变为城乡互动,我国由此已经进入迈向促进城乡融合发展的新发展阶段。然而,我国城乡发展不平衡不协调的矛盾依然突出,城乡发展差距仍然较大,其体制性根源是城乡发展权利不对等,城乡户籍壁垒没有根本消除,城乡二元要素配置制度依然存在,城乡要素交换还不平等,城乡发展规划仍不统一,城乡公共资源配置仍不合理,致使人才、土地、资金等要素更多地流向城市,导致城乡发展失衡。对此,党的二十届三中全会遵循城乡融合发展逻辑,提出全面提高城乡规划、建设、治理融合水平,促进城乡要素平等交换、双向流动,实质是推动城乡权利平等、统一。在规划管制上提出建立健全覆盖全域全类型、统一衔接的国土空间用途管制和规划许可制度,在要素流动上提出推动生产要素畅通流动，构建城乡统一的建设用地市场，统筹城乡就业政策体系，促进城乡、区域人口合理集聚、有序流动，在公共服务上提出全面取消在就业地参保户籍限制，探索建立全国统一的人口管理制度，逐步提高城乡居民基本养老保险基础养老金，完善促进机会公平制度机制，健全覆盖城乡的公共法律服务体系，由此推动城乡生产要素平等交换和公共资源均衡配置，畅通城乡经济循环、释放城乡经济活力。

第九讲
认识和把握中国式现代化理论的科学内涵

裴长洪[*]

一、中国式现代化理论的本质、特征与意义

中国式现代化理论是党的二十大的最新理论成果，也是习近平新时代中国特色社会主义思想的重要理论成果。党的二十大报告集成和系统化了中国式现代化理论。实际上在党的二十大报告以前，习近平总书记在不同的场合都阐释过中国式现代化理论，例如他在2021年《求是》上发表的文章《把握新发展阶段，贯彻新发展理念，构建新发展格局》中就指出，"我们建设的现代化必须是具有中国特色、符合中国实际的"。除此之外，习近平总书记在其他场合也讲过中国式现代化理论，因此我认为党的二十大报告集成和系统化了中国式现代化理论。

---

[*] 裴长洪，中国社会科学院经济研究所研究员，中国社会科学院长城学者。曾任中国社会科学院经济研究所所长、党委书记。

党的二十大报告提出了中国式现代化的一些重要理论观点，例如"以中国式现代化全面推进中华民族伟大复兴"是中国式现代化的历史使命；"经过十八大以来在理论和实践上的创新突破，我们党成功推进和拓展了中国式现代化"是讲中国式现代化理论如何产生的，即它在新的实践基础上产生，并且在这句话的前面还有一句很长的话，说明中国式现代化理论是新中国成立70多年来中国共产党实践的结果；"中国式现代化为人类实现现代化提供了新的选择"说明了中国式现代化的世界意义。总之，中国式现代化具有多方面意义。

中国式现代化的本质要求是：坚持中国共产党领导；坚持中国特色社会主义；实现高质量发展；发展全过程人民民主；丰富人民精神世界；实现全体人民共同富裕；促进人与自然和谐共生；推动构建人类命运共同体；创造人类文明新形态。创造人类文明新形态是一个新的提法。中国式现代化既有各国现代化的共同特征，更有基于自己国情的中国特色。中国式现代化的五个特征为：人口规模巨大的现代化；全体人民共同富裕的现代化；物质文明和精神文明相协调的现代化；人与自然和谐共生的现代化；走和平发展道路的现代化。在这五个特征中，前四个特征都直接地提到了人，其实第五个特征实际上也是与人有直接关系的，因为和平发展符合人的根本利益。因此中国式现代化的本质是人的现代化。

党的二十大报告强调了中国式现代化总的战略安排是分"两步走"。实际上这个内容是从党的十九届五中全会《中共中央关于制定国民经济和社会发展第十四个五年规划和二〇三五年远景目标的建议》中来的，其中提到了总体目标、基本建成中国式现代化的一些定性的描述。有人认为中国式现代化没有指标，实际上在习近平总书记《关于〈中共中央关于制定国民经济和社会发展第十四个五年规划和二〇三五年远景目标的建议〉的说明》中有定量指标：到2035年经济总量比2020年翻一番，就是经济总量从100万亿元人民币到200万亿元人民币；2035年人均收入比2020年翻一番，就是人均GDP从1万美元到2万美元。当然这是按照2020年的汇率计算的，到2035年应该比2万美元要高，至于高多少是可以讨论的，这里涉及很多变量，如汇率的变化、五年规划增长速度的变化等。以上是大的指标，具体的指标主要体现在国家发展规划中。

中国式现代化是一项事业，既有实践，也有理论，如何理解中国式现代化理论？下面两句话是一个纲领。第一，中国式现代化理论是中国共产党以全新的视野深化对自身执政规律、社会主义建设规律、人类社会发展规律的认识，取得的一个具有原创性的重大理论创新成果，即三个规律。第二，中国式现代化蕴含的独特世界观、价值观、历史观、文明观、民主观、生态观等及其伟大实践，是对世界现代化理论和实践的重大创新。这六个"观"实际上是哲学，是指以什么样的世界观、方法论来创造和理解中国式现代化，也即中国式现代化理论哲学的基础、世界观和方法论。

二、中国式现代化理论的科学社会主义实践与理论逻辑

2023年2月7日，习近平总书记在学习贯彻党的二十大精神研讨班开班式上发表了一个重要讲话，强调要正确理解和大力推进中国式现代化。在讲话中，习近平总书记指出，我们初步构建中国式现代化的理论体系，使中国式现代化更加清晰、更加科学、更加可感可行。这既是理论概括，也是实践要求。有一种观点认为中国的很多方针政策没有理论，都是行动要求。确实很多政策体现为行动

要求、实践要求，但这种要求和理论概括是密不可分的。经验总结也是理论概括，中国的理论是需要指导实践的，是需要通过实践的检验的，因此中国的理论概括也往往就是实践要求。习近平总书记的这句话也是对我们学习研究方法论的一个新要求。

在这个讲话中，习近平总书记还指出，概括提出并深入阐述中国式现代化理论，是党的二十大的一个重大理论创新，是科学社会主义的最新重大成果。习近平总书记把中国式现代化理论定义为科学社会主义的最新重大成果，这是非常重要的。马克思主义的三个来源、三个重要组成部分是密切相关、不能割裂的。实际上现代化理论是西方学术界开始研究的，最初是历史学、社会学的范畴，后来经济学才开始研究资本形成、经济增长等现代化理论。中国式现代化是社会主义政治经济学的重要研究课题，但也要理解它为什么首先是科学社会主义的最新重大成果，因为没有科学社会主义的实践和理论，就不可能产生中国社会主义的政治经济学问题和社会主义建设的经济问题。

只有从科学社会主义理论角度，才能理解中国共产党长期执政的必然性。中国式现代化理论的三个规律中，首先是党的自身执政规律。中国式现代化理论的第一个基本依据是中国共产党以全新视野深化对自身执政规律的探索和中国共产党百年奋斗实践取得的理论认识。中国共产党领导了新民主主义革命，建立了人民民主专政。中国共产党长期执政的合理性、合法性就在于，领导中国人民实现中华民族的伟大复兴是中国共产党的历史使命，这个历史使命就是通过中国式现代化来实现的。因此，践行中国式现代化是中国共产党深化自身执政规律的基本特征。

中国式现代化在当今世界的意义，就在于拓展了发展中国家走向现代化的途径，给世界上那些既希望加快发展又希望保持自身独立性的国家和民族提供了全新选择。只有坚持中国共产党的领导，中国才能够为广大发展中国家独立自主迈向现代化树立典范，才能够为其提供全新选择。

第一，中国式现代化道路的政治前提和政治基础与以往各国是不同的。1949年毛泽东在纪念中国共产党成立28周年的时候说过，"先进的中国人，经过千辛万苦，向西方国家寻找真理"，这是因为西方成功地建设了资产阶级的现代国家。但"西方资产阶级的文明，资产阶级的民主主义，资产阶级共和国的方案，在中国人民的心目中，一齐破了产"。"一切别的东西都试过了，都失败了。""资产阶级的共和国，外国有过的，中国不能有，因为中国是受帝国主义压迫的国家。唯一的路是经过工人阶级领导的人民共和国。""总结我们的经验，集中到一点，就是工人阶级（经过共产党）领导的以工农联盟为基础的人民民主专政。这个专政必须和国际革命力量团结一致。这就是我们的公式，这就是我们的主要经验，这就是我们的主要纲领。"[①] 这就是科学社会主义，不是空想社会主义，不是逃避现实，它强调无产阶级斗争，强调人民民主专政。因此中国式现代化道路的政治前提和政治基础是不同的。

英国、美国现代化道路的政治前提和政治基础都是资产阶级代议制的国家政权，包括资产阶级国家宪法、政治体制，它们为美国资本主义的发展、英国资本主义的发展奠定了基础。中国式现代化的政治基础与很多发展中国家的政治基础也不同。马克思在《法兰西内战》中指出："工人阶级不能简单地掌握现成的国家机器，并运用它来达到自己的目的。"[②] 也就是不能企图用资产阶级的国家机器来达到实现共产主义社会这个目的。从历史上看，在20世纪的民族

---

① 毛泽东.毛泽东选集：第4卷.2版.北京：人民出版社，1991：1469、1471、1480.
② 马克思，恩格斯.马克思恩格斯文集：第3卷.北京：人民出版社，2009：151.

解放运动中，既有像中国这样的通过武装革命完成新民主主义革命、推翻"三座大山"、建立人民民主专政的一种模式、一种道路，也有像印度和南非这样的和平请愿的一种模式、一种道路。就后一种模式和道路而言，西方在民族解放运动高涨的形势下，接受了这些国家民族独立的要求，但同时这些国家也全盘接受了原来的上层建筑和社会结构，企图用殖民者的国家机器来实现本国的现代化。印度和南非的和平请愿独立方式备受西方赞赏，但这些发展中的大经济体距离资产阶级现代化的目标很遥远。按照世界银行的统计，在1960年的101个中等收入经济体中，到2008年跨过中等收入陷阱的经济体只有13个，其中包括5个西方经济体。真正跨过中等收入陷阱的非西方经济体只有新加坡、韩国以及中国香港和中国台湾等少数小型经济体或资源型经济体。对于更多发展中国家而言，西方现代化模式并没有适用性。

第二，中国式现代化道路的基本经济制度与其他国家不同。建立人民民主专政只是实践科学社会主义的政治前提和基础，实践科学社会主义的第二个历史使命是建立社会主义经济，也就是要建立基本的经济制度。中国式现代化道路的基本经济制度与西方国家和很多发展中国家都是不同的。私有制是资本主义最主要的内容，没有私有制就不能称为资本主义。英美现代化的经济制度基础是生产资料的私人所有制，大多数发展中国家也是如此。在所有私有财产中，资本家拥有主要的私人财产权。中国式现代化道路的基本经济制度是公有制为主体、多种所有制经济共同发展，按劳分配为主体、多种分配方式并存，以及社会主义市场经济体制。只有建立了社会主义的经济基础，科学社会主义才有实践和发展的可能，也才有经济建设规律的问题和社会主义政治经济学这门学问产生。同时，社会主义市场经济和资本主义市场经济的特点也不一样。在生产资料所有制和分配制度基础上实行的社会主义市场经济，与其他国家最大的不同是，中国特色社会主义市场经济以人民为中心，它的目标是以广大人民的利益为出发点和落脚点，而资本主义市场经济则是以资本利益最大化为中心，资本收益最大化是资本主义市场经济运行的基本规律。

第三，中国式现代化的社会价值观和政治发展理念与其他现代化模式不同。中国式现代化努力弘扬社会主义核心价值观，在意识形态领域，坚持以马克思主义为指导的根本制度，并以社会主义核心价值观为引领，发展社会主义先进文化，弘扬革命文化，传承中华优秀传统文化，满足人民日益增长的精神文化需求，巩固全党全国各族人民团结奋斗的共同思想基础，不断提升国家文化软实力和中华文化影响力。中国式现代化的政治理念是坚持人民民主。全过程人民民主是社会主义民主政治的本质属性，是最广泛、最真实、最管用的民主。其政治发展道路是坚持党的领导、人民当家作主、依法治国有机统一；坚持人民主体地位，充分体现人民意志，保障人民权益，激发人民创造力。中国式现代化的政治理念与西方国家的民主观有很大不同。

第四，中国式现代化是走和平发展道路的现代化，它的依据是独立自主与对外开放相结合的理论逻辑。中国不仅拥有世界上最完整的工业体系，也有独立健全的服务业、金融业和农业。这与世界上很多国家不同。从历史上看，二战后日本、韩国以及欧洲不少国家通过让渡国家主权，允许美国驻军，依靠美国的政治和军事保护，在经济上依赖美国的援助，如欧洲依靠马歇尔计划和世界银行贷款，日本依靠美国提供大量的军事订单来扩大出口。一些发展中国家像印度、南非也都离不开西方国家的经济援助，在政治上、外交上也受到西方国家的束缚。因此像非洲国家、拉美国家等很多国家都陷入了债务陷阱。所以 20 世纪很多国家表面上取得了民族独立，但实际上无论是政治上、外交上还是经济上都没有完成独立。只有中国在政治上、外交上是完全独立的，既能保持独立自主，又能与对外开放结合起来，在对外开放中掌握自己的经济命脉。

第五，中国式现代化推进的指导方针和方式具有自己的独创性理论。中国式现代化的指导方针是统筹推进"五位一体"总体布局、协调推进"四个全面"战略布局，这是中国式现代化前进道路的理论指南。"五位一体"总体布局是不断完善和深化的。改革开放后，邓小平提出把全党工作重点转移到以经济建设为中心上来，并强调要同时关注物质文明与精神文明的发展。1997 年，党的十五大提出要依法治国，发展社会主义民主政治，由此形成了经济建设、文化建设、政治建设"三位一体"的中国式现代化建设部署。党的十六届四中全会提出构建社会主义和谐社会的战略目标，使中国特色社会主义事业总体布局由经济建设、政治建设、文化建设"三位一体"发展为经济建设、政治建设、文化建设、社会建设"四位一体"。党的十七大进一步把"四位一体"确定为由全面建设小康社会的"基本目标和基本政策构成的基本纲领"。党的十八大把中国特色社会主义事业总体布局总结为"五位一体"，即"全面落实经济建设、政治建设、文化建设、社会建设、生态文明建设五位一体总体布局，促进现代化建设各方面相协调，促进生产关系与生产力、上层建筑与经济基础相协调"。"五位一体"总体布局是实践要求，也是理论概括。"四个全面"战略布局是习近平总书记提出的，即"协调推进全面建成小康社会、全面深化改革、全面推进依法治国、全面从严治党，推动改革开放和社会主义现代化建设迈上新台阶"。随着小康社会的全面建成，其中的战略目标也顺势改为全面建设社会主义现代化国家。"四个全面"战略布局和"五位一体"总体布局是密切相关的，是一套完整的理论。

第六，中国式现代化理论还包含了动员人民群众的精神力量。要增强"四个意识"，即政治意识、大局意识、核心意识、看齐意识。没有这"四个意识"，就很难万众一心搞现代化。在庆祝中国共产党成立 95 周年大会上，习近平总书记提出要坚定"四个自信"：道路自信、理论自信、制度自信、文化自信。党的十九大报告提出要做到"两个维护"：坚决维护党中央权威和集中统一领导。党的十九届六中全会通过的《中共中央关于党的百年奋斗重大成就和历史经验的决议》提出了"两个确立"：党确立习近平同志党中央的核心、全党的核心地位，确立习近平新时代中国特色社会主义思想的指导地位。"四个意识""四个自信""两个维护""两个确立"成为中国式现代化的精神支柱和力量。

总之，中国式现代化理论的科学社会主义实践逻辑的结论是：实现现代化，是中国特色社会主义的实践要求和理论认识。现代化不仅产生于资本主义经济实践，而且在社会主义条件下也能成功地开创发展道路。在中国，现代化必须依靠中国共产党的领导。中国式现代化在发展生产力方面和其他国家有相同的地方，但发展路径以及政治、文化、社会等各方面的发展都更有基于自身国情的特色。

三、中国式现代化理论的马克思主义政治经济学逻辑

现代化是中国共产党人的长期追求。中国式现代化理论是中国共产党对社会主义建设规律认识的理论总结，这是中国式现代化理论的第二个基本依据。1954 年周恩来在一届全国人大一次会议上的《政府工作报告》中提出，要建设"强大的现代化的工业、现代化的农业、现代化的交通运输业和现代化的国防"。这是最早的关于现代

化的表述。习近平总书记指出："从第一个五年计划到第十四个五年规划，一以贯之的主题是把我国建设成为社会主义现代化国家。"[①]所以我们从"一五"计划到"十四五"规划，主题就是建设社会主义现代化国家。

中国式现代化这一表述是邓小平最早提出的。党的十一届三中全会后，邓小平强调："我们当前以及今后相当长一个历史时期的主要任务是什么？一句话，就是搞现代化建设。能否实现四个现代化，决定着我们国家的命运、民族的命运。"[②] 1983 年，邓小平指出："我们搞的现代化，是中国式的现代化。我们建设的社会主义，是有中国特色的社会主义。我们主要是根据自己的实际情况和自己的条件，以自力更生为主。"[③] 独立自主、自力更生，是中国式现代化的基本点。

生产力是现代化文明形态的核心标志。在发展生产力的过程中，我们与其他国家的现代化有不少共同的特征，如工业化、农业人口向工业转移，城镇化、乡村人口向城镇转移，就业比重从农业向工业、服务业依次倾斜，农业近现代化、农业的物质装备水平提高，等等，但是，中国的经济建设规律有许多是独特的。

首先，市场与政府的关系不同。西方的自由市场经济以资本收益最大化为经济发展导向，政府只是在面临资本主义经济危机时，才采取一些弥补市场失灵的措施来干预经济活动，政府是"消防队"，不是经济活动的策划者。在中国的社会主义市场经济中，虽然市场决定资源配置，但无论是市场行为还是政府行为，其目标和中心都不是资本，而只能是人民。这就划清了资本主义市场行为与社

[①] 习近平.论把握新发展阶段、贯彻新发展理念、构建新发展格局.北京：中央文献出版社，2021：8.
[②] 邓小平.邓小平文选：第 2 卷.2 版.北京：人民出版社，1994：162.
[③] 邓小平.邓小平文选：第 3 卷.北京：人民出版社，1993：29.

会主义市场行为的界限，因此有为政府的职能既包括弥补市场失灵，也包括规划经济发展蓝图，当然还有进行经济调控。除了政府和市场的关系之外，中国还强调党对经济工作的集中统一领导。党对经济工作的领导具有历史依据，党领导经济工作有长期的历史传统。坚持党对经济工作的集中统一领导，对于弥补行政手段的"盲区"、防范政府干预的"错位""越位"不仅发挥了重大作用，而且成功地把有效市场与有为政府有机结合起来。虽然西方国家也讲政府干预，也有凯恩斯经济学，但实际上西方从来就没有解决好政府和市场的关系问题，因为它的政府和市场论是二元论，政府和市场在哲学上是对立的。

其次，政府与市场的关系不同，导致现代化的路径不同。英国工业革命始于18世纪60年代，以19世纪三四十年代机器制造业机械化的实现为基本完成标志。18世纪中期，英国成为世界上最大的资本主义殖民国家，国内外市场的扩大对工场手工业提出了技术改革的要求。到21世纪前10年，西方工业化和经济现代化前后经历了250年的时间。而中国式现代化路径呈现出三个特点：

第一个特点是快速实现工业化，并抓住机遇迅速迈向信息化。贯彻以农业为基础、以工业为主导的建设方针，优先发展重工业，同时农、轻、重协调发展。"经过实施几个五年计划，我国建立起独立的比较完整的工业体系和国民经济体系，农业生产条件显著改变"[①]。工业文明并不是生产力发展的最后阶段，大多数国家完成工业化以后，都普遍经历了后工业化社会，即服务业比重上升、工业比重下降。但是服务业比重上升的国家和地区并非都能成功实现现代化，例如像拉美一些国家，城市化率很高，服务业比重很高，但

---

① 中共中央关于党的百年奋斗重大成就和历史经验的决议.北京：人民出版社，2021：11.

是坠入中等收入陷阱。所以从一定意义上说，后工业社会经济的服务化、城市化实际上是对现代化发展的考验，而并非成功的标志。中国如何避免坠入中等收入陷阱呢？要抓住机遇迈向信息化时代。始终代表先进生产力发展方向的中国共产党敏锐意识到了生产力新时代的到来。2002年11月，党的十六大提出以信息化带动工业化、以工业化促进信息化，走出一条科技含量高、经济效益好、资源消耗低、环境污染少、人力资源优势得到充分发挥的新型工业化路子。中国抓住机遇迈向了信息化时代，并走在了世界信息化的前列。在不到20年的时间里，彰显中国信息化发展的若干重要指标已经逼近或超过发达国家，从而为成功跨越"中等收入陷阱"奠定了物质技术基础。

　　第二个特点是从实际出发，以满足人民温饱为战略目标起点，分阶段全面建成小康社会。把人民生活达到小康水平作为现代化建设的目标，这在世界上是独一无二的。1987年邓小平提出了奔小康"三步走"战略，党的十五大规划了新"三步走"战略，党的十六大提出了全面建成小康社会目标，党的十九大提出了决胜全面建成小康社会和脱贫攻坚目标。实现这些战略目标为我国顺利转向全面建设社会主义现代化国家的新发展阶段奠定了坚实基础。正如党的十九届六中全会提出的："我国实现了从生产力相对落后的状况到经济总量跃居世界第二的历史性突破，实现了人民生活从温饱不足到总体小康、奔向全面小康的历史性跨越，推进了中华民族从站起来到富起来的伟大飞跃。"

　　第三个特点是"四化同步"、并联发展。习近平总书记在总结我国现代化建设经验时指出："我国现代化同西方发达国家有很大不同。西方发达国家是一个'串联式'的发展过程，工业化、城镇化、农业现代化、信息化顺序发展，发展到目前水平用了二百多年时间。

我们要后来居上，把'失去的二百年'找回来，决定了我国发展必然是一个'并联式'的过程，工业化、信息化、城镇化、农业现代化是叠加发展的。"① 因此，我国仅用几十年时间就走完了发达国家几百年走过的工业化和信息化路程，创造了经济快速发展和社会长期稳定两大奇迹。

再次，以人民为中心的经济建设现代化，以满足人民的美好生活需要为目标，并不单纯追求 GDP 的增长。中国式现代化 2035 年的远景目标中预设了经济总量和人均收入各翻一番的目标，中国根据自身的人口规模、人与自然和谐共生规律所提出的自设预期指标，参考借鉴但不简单套用其他国家的指标。现代化国家究竟有什么具体指标？实际上国际上并没有很固定的说法，每个国际组织都有自己的说法，例如世界银行有高中低三个收入国家的划分，韩国在 OECD 国家中处于中等收入水平国家之列，其人均 GDP 为 3 万美元。在发达国家当中，只有美国和日本人口超过 1 亿，而人口超过 5 000 万、人均 GDP 超过 3 万美元的国家只有 7 个（即美、日、英、法、德、意、韩）；全世界工业化的人口也只有 10 亿（不包括中国）。我们追求的目标是满足人民的美好生活需要，不单纯追求 GDP 的增长。针对有人把现代化的模式和标准西方化的观点，习近平总书记指出，"世界上既不存在定于一尊的现代化模式，也不存在放之四海而皆准的现代化标准。"这对于我们研究中国式现代化也有很大的启发意义，研究中国式现代化，既要研究它必要的一些指标体系，又不能够拘泥于这样的指标体系。

中国式现代化不能走单纯追求价值增值、依赖虚拟经济和资本暴富的发展道路。中国经济现代化建设目标不单纯是 GDP 的增长，根据

---

① 中共中央文献研究室.习近平关于社会主义经济建设论述摘编.北京：中央文献出版社，2017：159.

党的二十大的报告，它还包括建设现代化产业体系，"坚持把发展经济的着力点放在实体经济上，推进新型工业化，加快建设制造强国、质量强国、航天强国、交通强国、网络强国、数字中国。实施产业基础再造工程和重大技术装备攻关工程，支持专精特新企业发展，推动制造业高端化、智能化、绿色化发展。"中国的经济建设道路要走实体经济发展的道路，它的根本依据就是以人民为中心，同时中国的社会主义建设需要保障自身的安全，也需要提高中国的综合国力，没有实体经济就没有综合国力，没有综合国力就很难保障自己的安全。

又次，中国式现代化生态保护的自觉性和西方国家也是不同的。西方国家对于生态文明的认识很晚，到 20 世纪 80 年代，西方都依然在发生重大的生态公害事件，例如洛杉矶光化学烟雾事件、伦敦烟雾事件、日本水俣病事件等。美国对应对气候变化的《巴黎协定》仍然持消极态度。中国采取生态保护、生态文明建设行动是很早的。1994 年中国就响应联合国《21 世纪议程》，发表中国 21 世纪人口、环境和发展白皮书，提出可持续发展，1998—2002 年环境保护和生态建设投入占同期 GDP 的 1.3%，而且每年生态保护建设投入都在不断增加。所以在生态保护这个问题上，中国同西方国家相比认识并不晚，尤其是党的十八大以后，中国在生态文明建设方面的进步更是世人瞩目、有目共睹。

最后，按照马克思主义政治经济学的基本原理，中国式现代化的文明形态不仅仅表现为生产力，它还要求有与其相适应的生产关系和上层建筑。也就是说，中国式现代化还必须具有基于自己国情的其他重要标志，即国家的制度体系和治理体系。2013 年党的十八届三中全会作出了全面深化改革的决定。在党的十八届三中全会之前，我们讲的改革是建设和完善社会主义市场经济体制，它的目标是要建设、建成和完善社会主义市场经济体制。党的十八届三中全会之后讲的改革就不仅是经济体制改革，而是以经济体制改革为牵引，把改革全面深入政治、文化、社会、生态文明、党和军队的建设各个领域，即全面深化改革。如果说党的十八届三中全会之前讲改革，主要是强调生产力和生产关系要相互适应，那么党的十八届三中全会后讲改革，就不仅强调生产力和生产关系要相互适应，而且强调经济基础和上层建筑领域也要相互适应，同时改革的总体目标不单是完善社会主义市场经济体制，而是要完善和发展中国特色社会主义制度，推进国家治理体系和治理能力现代化。党的十八届三中全会作出全面深化改革的决定，其设定的总目标为"完善和发展中国特色社会主义制度，推进国家治理体系和治理能力现代化"。正如习近平总书记指出的："中国特色社会主义制度是一个严密完整的科学制度体系，起四梁八柱作用的是根本制度、基本制度、重要制度。"只有坚持和完善中国特色社会主义制度体系、推进国家治理体系和治理能力现代化，才能为全面深化改革提供源源不断的强大动力，才能为应对风险挑战、赢得主动提供重要的制度保障，也才能在21世纪中叶使我国经济达到中等发达国家水平，国家制度更加成熟、更加定型。这完整地构成了对马克思主义政治经济学的原创性发展，也是对中国式现代化和人类文明认识的创新突破。

四、中国式现代化理论的历史唯物主义和辩证法逻辑

中国式现代化理论的第三个基本依据是对人类社会发展规律的认识。中国式现代化贯穿于整个社会主义初级阶段，而整个社会主义初级阶段都是为了实现中国式现代化的社会主义的一个发展阶段。因此中国式现代化是对人类社会发展规律认识的重要创新。中国式现代化的道路与其他国家不同，那它的归宿是否与西方的现代化文

明形态相同呢？答案是也不同，因为中国式现代化创造了人类文明新形态，这是关于人类社会的历史唯物主义逻辑。中国式现代化的终极目标和资本主义现代化是不同的。

要理解这个问题，就要从文明多样性开始说起，因为这是历史唯物主义的问题，相当于一个哲学抽象问题。人类文明新形态就是说，"文明具有多样性，就如同自然界物种的多样性一样，一同构成我们这个星球的生命本源"，"要以文明交流超越文明隔阂、文明互鉴超越文明冲突、文明共存超越文明优越"。[①] 讲文明多样性实际上就是驳斥现代化是西方化和美国化，驳斥现代化殊途同归论。

人类文明是什么？西方学者早就有过很多讨论，在不同的时代有很多不同的解释。一直到了当代，美国社会学家沃勒斯坦在其著作《现代世界体系》中认为，文明是一种历史的总和，它包括世界观、习俗、物质文化和精神文化等各方面的特殊联结。首先，文明是承载某种精神和文化的实体存在（如民族国家），因此西方学者也普遍认同人类社会出现过多种文明。其次，文明对应着人类社会一定的发展阶段以及其独特的发展过程。站在历史唯物主义的立场来看，应该说我们对文明的认识和西方有共同之处。那么对于哪些问题，我们和西方有比较大的思想认识上的不同？

首先，资本主义现代化文明是人类现代化文明的终极形态吗？西方学者认为答案是肯定的。但马克思主义不这么认为。人类文明的本质是一定生产力水平基础之上的生产方式、上层建筑以及意识形态的整体表现，在不同时代，它又反映了特定的阶级关系和民族关系。人类文明的本质规定了人类社会发展的规律。"马克思科学揭示了人类社会最终走向共产主义的必然趋势。马克思、恩格斯坚信，

---

① 习近平.习近平谈治国理政：第2卷.北京：外文出版社，2017：464、513.

未来社会'将是这样一个联合体,在那里,每个人的自由发展是一切人的自由发展的条件'"①。

马克思、恩格斯所构想的共产主义社会的文明形态和资本主义社会的文明形态是不一样的。资本主义现代化文明形态的本质,是资本对人的统治和奴役,是死劳动对活劳动的控制。劳动力成为商品,它不可能为人的全面发展和与此相关的社会进步创造有利的条件。资本主义生产方式的内在矛盾必然导致资本主义制度向社会主义制度的转变,在资本主义创造的生产力基础上,创造更高的生产力水平和现代化文明形态,因此现代化文明形态不是单一的。按照马克思的构想,资本主义必然灭亡,必然要转向社会主义、共产主义这样一个历史阶段,社会主义、共产主义具有更高的生产力水平和更高级的文明形态。因此,现代化文明形态不是单一的,虽然资本主义创造了资本主义的文明形态,但这不是终极形态。

其次,走向现代化文明形态的道路是单一的吗?西方学者不仅普遍认为资本主义现代化文明形态是人类现代化文明的终极形态,而且普遍认为走向现代化文明的道路是单一的,即美国等西方国家曾经走过的纯粹的资本主义道路。中国式现代化文明新形态宣告这个"神话"已经破产,因为中国式现代化道路不是资本主义道路,中国式现代化道路也能够开创不同的现代化道路。

从理论上说,为什么中国的发展道路能够走向现代化?这是因为人类文明与社会发展阶段是有联系的。人类社会至少经历了原始文明、农业文明、工业文明,目前可以说正在从工业文明走向后工业文明、信息文明或数字文明时代。对应于每种文明形态,其社会发展并不同步,从而形成了各种具体文明形态的差异。而在特定的

---

① 习近平.在纪念马克思诞辰200周年大会上的讲话.北京:人民出版社,2018:16.

文明发展阶段之中，一种文明和一种文化之所以区别于其他文明和其他文化，则是因为其社会发展过程的独特性。历史上的几大农业文明几乎都是各自独立分别发展的，具有其独特的发展过程，从而塑造了它们各自的独特品质。例如中国的农业文明、欧洲的农业文明和其他地区的农业文明，都是独立分别发展的，虽然文明形态都是农业文明，但社会发展是不一样的。

从哲学意义上解释文明与社会发展阶段之间的关系，也可以认为这是社会发展特殊、具体和一般规律的关系。人类文明是经济、社会、文化、政治的最简单的抽象，而社会发展是特殊和具体的。例如工业文明，既有典型的资本主义社会发展形态，也有殖民地社会发展形态。毛泽东说："任何运动形式，其内部都包含着本身特殊的矛盾。这种特殊的矛盾，就构成一事物区别于他事物的特殊本质。"任何事物都包含矛盾的特殊性和普遍性，"普遍性即存在于特殊性之中"，任何共性和绝对性，"即包含于一切个性之中，无个性即无共性"。① 这是《矛盾论》中的哲学解释，即为什么社会发展有一般的普遍性，也有特殊性，从哲学上这就是共性与特殊性、普遍性与特殊性、个性与共性的关系。

马克思对社会发展规律和人类文明形态做过深入研究。马克思说："大体说来，亚细亚的、古希腊罗马的、封建的和现代资产阶级的生产方式可以看做是经济的社会形态演进的几个时代。"② 与此相对应的有原始文明、农业文明和工业文明。对应于每种文明形态，都有与其相适应的生产力、生产关系和上层建筑，从而形成了各种社会发展的差异。但马克思的论断主要是以欧洲经济史为依据，以欧洲资本主义经济发展史为背景。马克思还发现，在这种一般规律

---

① 毛泽东.毛泽东选集：第1卷.2版.北京：人民出版社，1991：308—309、318、320.
② 马克思，恩格斯.马克思恩格斯文集：第2卷.北京：人民出版社，2009：592.

的运动中，蕴含着东西方社会发展阶段演进的不同特点，马克思对东方社会的研究证明社会发展阶段和社会经济形态并不完全重复欧洲的样式。他借用地质学的名词描绘这种情景："正像在地质的层系构造中一样，在历史的形态中，也有原生类型、次生类型、再次生类型等一系列的类型"①。因此，文明演进的一般规律和社会形态发展多样性是一种辩证法的关系。

人民创造历史的主动性也发挥了作用。马克思主义也认为，历史是人类自己创造的，社会规律毕竟不同于自然规律，社会形态的更替也有人们的历史选择性所起的作用。这种历史选择性使社会形态的更替体现出跨越性的一面。关于社会发展和人类文明的发展趋势，西方学者大多持资本主义文明终结论的逻辑。但马克思主义则认为，多样性是社会发展和人类文明的基本特征，而多样性是由人类文明的本质决定的。

中国从半殖民地半封建社会经过新民主主义阶段转向社会主义社会的历史跨越，就是中国人民主动性的例证。毛泽东说："中国封建社会内的商品经济的发展，已经孕育着资本主义的萌芽，如果没有外国资本主义的影响，中国也将缓慢地发展到资本主义社会。"②但是帝国主义入侵中断了这一进程，中国变成了半殖民地半封建社会。中国从这里经过新民主主义阶段转向社会主义社会的历史跨越，证明了走向现代化文明形态道路的多样性和人民群众创造历史的主动性。

第三世界国家现代化文明演进也必然是多样的，这取决于它们的历史主动性。虽然人类社会是按照随着生产力和生产关系、经济基础和上层建筑的矛盾运动，由原始文明向农业文明、工业文明、

---

① 马克思，恩格斯.马克思恩格斯文集：第3卷.北京：人民出版社，2009：581.
② 毛泽东.毛泽东选集：第2卷.2版.北京：人民出版社，1991：626.

后工业文明、信息文明依次递进、上升发展的一般规律演进的，但在文明演进过程中，各国、各地区的生产力水平、生产和交换的内容与基础不同，语言和文化不同，社会发展的演进路径也并不完全相同，无论走向哪种文明形态，其道路都必然是多样的。这就是文明发展的一般规律与不同民族国家社会发展道路多样性、可选择性的辩证法。文明发展规律在各个国家的具体实现方式是不同的，形成的社会发展道路也是不同的。社会发展及其方式的多样性决定了人类文明的多样性，这就是文明发展规律的辩证法。正如习近平总书记所强调的："各国历史文化和社会制度差异自古就存在，是人类文明的内在属性。没有多样性，就没有人类文明。多样性是客观现实，将长期存在。"[1] 一般规律与社会发展道路多样性、可选择性是辩证的。

最后，文明多样性必然导致冲突吗？满足多样性需求是实现人的全面发展的必要条件，而多样性需求必然导致社会的多样性发展。人的发展的需要是多方面的，因而为满足需要的社会文明进步也必然是多方面的，这必然导致物质文明以及宗教、社会习俗、政治文明和社会文明等各方面的差异。资本主义现代化文明内部也存在文明差异性。美国、西欧、日本的经济发展道路和经济结构（工业、农业、服务业）都存在差异；美国的麦当劳、肯德基、可口可乐在欧洲也受到抵制；政治体制也有差异，日本有天皇、欧洲有皇室。更不用说在经济发展阶段和宗教信仰上有更大差异的大多数发展中国家了。

人类文明的多样性是世界的基本特征。世界上有 200 多个国家和地区、2 500 多个民族和多种宗教，不同历史和国情、不同民族和

---

[1] 让多边主义的火炬照亮人类前行之路. 人民日报，2021 - 01 - 26.

习俗、不同人的多样需求孕育了不同的文明，使世界更加丰富多彩。人的需求多样性和文明多样性始终是人类社会的基本特征，是不同人群对世界认知和自我文化认同的多样表达。每一种文明都扎根于自己的生存土壤，凝聚着一个国家、一个民族的非凡智慧和精神追求，蕴含着人类发展进步所依赖的精神理念和价值追求。

文明差异当然会导致认知差异，但这必然会导致文明冲突吗？西方学者认识到了这一点，例如著名历史学家汤因比在其著作《历史研究》中认为，每一种文明都有其特殊性和历史延续性，包含着不被其他文明理解的一些方面。美国政治学者塞缪尔·亨廷顿于1996年出版了《文明的冲突与世界秩序的重建》一书，系统地提出了他的"文明冲突论"。所以文明差异就一定导致文明冲突吗？这是一个巨大的认知问题。习近平总书记不断强调文明要交流和互鉴、文明单一和文明冲突不符合人类历史发展规律。文明差异背后是文明优越论，文明优越论认为西方文明优越于其他文明，文明优越论背后其实是种族优越论，种族优越论实际上是法西斯主义的思想基础，也是当今世界霸权主义的思想基础。种族优越论和人类历史发展是相悖的，和人类命运共同体也是相悖的。

如何和谐共处？文明交流互鉴，才符合人类历史发展规律。2023年3月在中国共产党与世界政党高层对话会上，习近平发出了"全球文明倡议"，总结了中国式现代化与人类实现现代化的五个共同价值：坚守人民至上理念，突出现代化方向的人民性；秉持独立自主原则，探索现代化道路的多样性；树立守正创新意识，保持现代化进程的持续性；弘扬立己达人精神，增强现代化成果的普惠性；保持奋发有为姿态，确保现代化领导的坚定性。习近平倡导弘扬全人类共同价值，和平、发展、公平、正义、民主、自由是各国人民的共同追求，要以宽广胸怀理解不同文明对价值内涵的认识，不将自己的价值观和模式强加于人，不搞意识形态对抗。

因此，中国式现代化是中华文明的胜利。中国式现代化深深植根于中华优秀传统文化，体现科学社会主义的先进本质，借鉴吸收一切人类优秀文明成果，代表人类文明进步的发展方向，展现了不同于西方现代化模式的新图景，是一种全新的人类文明形态。世界上四大文明古国中国、古埃及、古巴比伦、古印度中，只有中华文明延续至今并成功走向现代化，所以中国式现代化是中华文明的胜利。

要让中华优秀传统文化丰富中国式现代化的文明形态。中国式现代化必须大力发展社会主义先进文化，加强理念信念教育，传承中华文明，促进物的全面丰富和人的全面发展。中国人民在长期生产生活中积累的宇宙观、天下观、社会观、道德观同科学社会主义价值观主张具有高度契合性。我们必须坚定历史自信、文化自信，坚持古为今用、推陈出新，把马克思主义思想精髓同中华优秀传统文化精华贯通起来、同人民群众日用而不觉的共同价值观念融通起来，使中国式现代化具有更丰富的文化底色和色彩。中国式现代化是新时代的古为今用，是创造性转化、创新性发展。

中国式现代化文明的形成过程是马克思主义中国化时代化的过程。同时，中国式现代化文明新形态也是中华文明的延续和发展。把马克思主义基本原理同中国具体实际相结合、同中华优秀传统文化相结合是我们独立自主地走向文明新形态的最重要的思想基础，也是我们抵御西方资产阶级文明形态和资产阶级思想文化侵蚀的一个重要基础。当然我们也要吸收当代西方国家当中的有益成分。

总之，中国式现代化是历史唯物主义逻辑的必然结论，也就是说，资本主义现代化道路和现代化文明形态，并不是人类实现现代化的唯一的文明形态，它以资本收益最大化为目标，是趋于衰落的文明形态，而中国式现代化道路的历史方向必然是社会主义的现代化文明形态，是人类文明新形态。"新"在它就是社会主义社会发展的文明形态。它以人类解放和人的全面发展为最终目标，它的发展必将促进世界范围内社会主义和资本主义两种意识形态、两种社会制度的历史演进及其较量发生有利于社会主义的重大转变。

因此，中国式现代化是马克思主义中国化、时代化的原创性的发展，中国式现代化文明宣告了现代文明就是美国西方文明、就是美国西方路径、定于一尊别无分店、文明多样性导致冲突的唯心历史观的破产。中国式现代化文明是在经济达到中等发达国家水平的基础上，国家制度更加成熟、更加定型，国家治理体系和治理能力现代化的中国式现代化文明新形态。中国式现代化文明完整地构成了对马克思主义科学社会主义和政治经济学的原创性发展，也是对中国式现代化和人类文明的新认识，以及对历史唯物主义的新贡献。

第十讲
我国超大规模市场优势分析[*]

黄泰岩[**]

习近平总书记多次强调：推进社会主义现代化建设，要充分发挥我国的超大规模市场优势，因而从理论上阐明超大规模市场优势对现代化经济建设的促进机制，就具有重要意义。

一、新时代经济发展的新优势

改革开放 40 多年来，我国之所以能够取得经济快速发展奇迹，靠的是中国共产党领导的最大优势、社会主义基本经济制度优势以及经济发展的低成本优势和后发优势。

随着中国特色社会主义进入新时代，全面加强党的建设，使中

---

[*] 原文发表于《前线》，2021（12）：12-15，合作者王言文，原题目为《我国超大规模市场优势论析》。

[**] 黄泰岩，中央民族大学资深教授、中国人民大学全国中国特色社会主义政治经济学研究中心研究员、中国人民大学中国民营企业研究中心主任、中央民族大学中国兴边富民战略研究院院长。曾任中央民族大学校长、辽宁大学校长。

国共产党的领导力量更加强大；社会主义基本经济制度的进一步完善和发展，特别是把社会主义基本经济制度优势更好地转化为国家治理效能，使社会主义基本经济制度优势得到更充分的发挥。这些都为我国新时代社会主义现代化建设提供了强大的动力和保障。

但是随着我国经济总量的增长，我国稳居世界第二大经济体，经济发展从高速增长转向高质量发展，支撑经济增长的低成本优势和后发优势逐步减弱，具体体现在：一是随着人口老龄化步伐加快，人口红利逐步消失，劳动力成本上升；二是为防范和化解系统性金融风险，资本成本上升；三是经济发展方式转变和经济结构优化，使得企业经营成本上升；四是技术创新从跟随向并肩和领跑发力，使得研发成本上升和后发优势也逐步消失；五是碳达峰、碳中和目标的约束，使得能源、原材料和环境成本上升。依据经济发展的国际经验，低成本优势和后发优势逐步减弱，是一国经济发展达到中高收入经济体阶段的必然趋势。

可是，在我国低成本优势和后发优势逐步减弱的情况下，我国还没有实现新型工业化和现代化，这就意味着我国正在推进的社会主义现代化需要有经济发展的新优势进行支撑和保障。因此，我们党立足经济发展新阶段，依据新时代社会主要矛盾的转化，提出了充分发挥超大规模市场优势，推进现代化建设的新理论。

超大规模市场优势理论首先是在2018年12月中央政治局会议上提出来的，会议强调要"促进形成强大国内市场，提升国民经济整体性水平"。这里讲的"强大国内市场"就是指超大规模市场。2019年12月中央财经委员会第五次会议明确提出了"超大规模的市场优势"范畴，认为我国要充分发挥超大规模的市场优势，并将其与集中力量办大事的制度优势并列在一起，体现了超大规模市场优势的重要地位。党的十九届五中全会进一步把发挥超大规模市场优势提升到构建新发展格局的高度,而构建新发展格局是把握未来发展主动权的战略性布局和先手棋,是新发展阶段着力推动完成的重大历史任务,是贯彻新发展理念的重大举措。所以,习近平总书记明确指出:"市场资源是我国的巨大优势,必须充分利用和发挥这个优势,不断巩固和增强这个优势,形成构建新发展格局的雄厚支撑。"①

超大规模市场优势理论的创立,是适应我国经济发展新阶段的具体国情,顺应生产力发展的必然趋势,对经济发展优势理论的中国化、时代化和实践化创新,实现了从高速增长阶段的比较优势向高质量发展阶段新优势的转换,这不仅为经济学的创新发展贡献了"中国智慧",而且为我国现代化建设指明了方向和增添了更为强大的动力。

二、超大规模市场优势支撑现代化的实现机制

发挥超大规模市场优势,完全可以支撑我国到 2035 年基本实现社会主义现代化,具体体现在总量优势和结构优势两个方面:

第一,超大规模市场总量优势对我国现代化经济建设形成有效支撑,因为超大规模市场总量存在以下明显的支撑效应:

一是规模效应。依据超大规模市场的规模效应,完全可以支撑我国实现现代化的超大规模经济总量。按照我们的测算,到 2035 年我国基本实现现代化,人均 GDP 达到中等发达国家的水平,GDP 总量至少要比 2020 年翻一番。从我国的市场总规模来看,完全可以支撑经济的稳定增长。2020 年我国的 GDP 总量虽然只有美国的 70%

---

① 习近平.把握新发展阶段,贯彻新发展理念,构建新发展格局.求是,2021(9):4-18.

多，但我国的社会消费品零售总额已经超过美国，我国成为世界第一大消费品市场。随着我国居民收入的稳定增长，特别是在中等收入群体显著扩大，基本公共服务实现均等化，城乡区域发展差距和居民生活水平差距显著缩小，全体人民共同富裕取得更为明显的实质性进展的情况下，居民消费会有更明显的释放，市场规模将会快速扩大，从而形成对稳增长的有效需求支撑。

二是技术创新效应。关键核心技术的自主可控是我国实现现代化的重要技术保障，但作为定海神针的关键核心技术是学不来、买不来、引不来的，必须依靠自主创新。超大规模市场完全可以为新技术、新产业、新业态、新模式、新产品等新经济的发展提供足够规模的市场实现条件，从而摊薄企业研发成本，形成我国技术创新的低成本优势；完全可以为新技术、新产业、新业态、新模式、新产品等新经济的发展创造足够的利润回报，激发产学研对研发的投入与合作；完全可以吸引国外研发机构进入中国，整合国内国际资源加快我国的技术创新。

三是有效需求效应。当今世界，最稀缺的资源是市场。超大规模市场可以通过需求牵动供给，实现经济社会的快速发展和产业结构、产品结构的优化升级；可以通过新供给创造新需求，不断满足人民对美好生活多方面、多层次日益增长的需求；可以通过扩大进口，促进内需和外需、进口和出口、引进外资和对外投资协调发展。

四是安全保障效应。党的十九届五中全会提出，要把安全发展贯穿到国家发展的各领域和全过程，防范和化解影响我国现代化进程的各种风险，筑牢国家经济安全屏障。超大规模市场完全可以支撑产业间、产业内和产品内的分工协作，形成健全的产业链供应链；完全可以支撑国内大循环，应对世界百年未有之大变局和世纪疫情带来的外部冲击；完全可以对世界各类资源形成强大的吸引力，形成国内国际循环互动；完全可以带动欠发达地区和乡村融入国内大循环，推进城乡一体化和区域协调发展；完全可以促进各类生产要素配置效率的提升，推进绿色发展和人与自然的和谐。

第二，超大规模市场结构优势对我国现代化形成有效支撑。随着我国经济发展进入新阶段，社会主要矛盾发生转化，我国超大规模市场优势还表现为需求结构的不断优化升级，从而带动我国产业结构、产品结构的优化升级，推进经济高质量发展，主要体现在：

一是品种丰富效应。随着居民消费结构的升级，消费者对产品的消费需求越来越多地转向个性化、创意化。淘宝2019年10月发布的统计数据显示：在淘宝上，个性消费、创意经济已经成为一股席卷各个年龄层的消费大势。为满足居民个性化、创意化的消费需求，就必须利用大数据技术，收集、储存和分析不同消费者群体的消费行为、消费偏好等信息，通过构建用户画像，推进技术创新、产品创新、工艺创新，推出适应消费者需要的定制化产品，提升产品的丰富度。

二是品质提升效应。随着居民消费结构的升级，消费者对产品品质提出了更高的要求。中国青年报社会调查中心联合问卷网的调查显示，购买商品时，52.6%的受访青年更看重品质。商务部2018年5月发布的《主要消费品供需状况统计调查分析报告》也表明：超过70%的消费者认为，品质是购买进口文教体育休闲用品、化妆品、家居和家装用品的主要考虑因素。消费者对产品品质的追求，会倒逼企业运用现代技术改造传统产业和通过技术创新创造新供给，持续地为消费者提供更高品质的产品，推动我国制造业的品质革命。

三是品牌创造效应。随着居民消费结构的升级，消费者越来越注重产品的品牌，而且年轻一代越来越看重国货品牌。麦肯锡《2020年中国消费者调查报告》显示：在乳制品、数码产品等品类中，近 1/3 的消费者在高端产品上选择中国品牌。中国青年报社会调查中心联合问卷网的调查显示，购买商品时，32.5%的受访青年更看重品牌。在 2019 年阿里巴巴零售平台消费品 16 个大类中，中国品牌市场占有率高达 72%。因此，麦肯锡的报告认为，这引领中国企业不再着眼于生产低价产品，而是努力升级产品的品质、性能和价值。

四是数字经济发展效应。随着信息技术的发展和网络的普及，消费者的消费方式趋于网络化、智能化，特别是年轻一代作为互联网的原住民，互联网消费更成为一种习惯。国家统计局提供的数据显示，2020 年我国全年实物商品网上零售额增长 14.8%，占社会消费品零售总额的比重达到 24.9%，比上年提高 4.2 个百分点。受疫情防控常态化的影响，线上消费快速增长。居民消费行为的网络化、智能化，为我国数字经济的发展提供了强大动力，加速了我国的数字产业化和产业数字化进程。据中国信息通信研究院统计，2020 年我国的数字经济占 GDP 的比重为 38.6%，数字经济的增速是 GDP 增速的 3 倍多。

五是服务业发展效应。居民消费结构升级的一个突出特征就是居民消费支出中服务化、非物质化消费占比不断提高。国家统计局的数据显示：2019 年我国服务性消费在人均消费支出中所占的比重从 2018 年的 44.2%迅速提高到 45.9%。服务消费的大幅增长，为我国大力发展服务业提供了巨大的发展空间。从我国与美国居民最终消费支出规模的比较来看，2019 年美国最终消费支出为 17.54 万亿美元，我国为 8 万亿美元，在社会消费品零售总额基本相当的情况下，中美之间的最终消费支出差距就表现为服务消费支出的差距。因此，《中共中央 国务院关于完善促进消费体制机制 进一步激发居民消费潜力的若干意见》提出，要推进文化旅游体育消费、健康养老家政消费、教育培训托幼消费等服务性消费持续提质扩容。

三、巩固和增强我国超大规模市场优势

以上分析表明，我国超大规模市场优势完全可以支撑我国的现代化经济建设，因而巩固和增强我国的超大规模市场优势，就成为确保我国如期实现现代化的基本保障。为此，就需要做到：

第一，坚持以扩大内需为战略基点。扩大内需是我国巩固和增强超大规模市场优势的基础和前提。扩大内需，一是要稳增长，在保持居民收入增长与经济增长同步的制度条件下，稳增长就是稳居民收入增长，就是稳居民消费增长；二是要稳就业，在城镇居民工资性收入占其收入比重达到60%以上和农村居民工资性收入占其收入比重达到40%以上的情况下，稳就业就稳住了居民收入和居民消费的基本盘；三是要增加财产收入和经营收入，通过鼓励和支撑创新创业，完善要素市场分配机制，不断增加居民的财产性收入和经营性收入，扩大居民的收入来源；四是要扩大中等收入群体，主要是通过提高劳动报酬在初次分配中的比重，完善工资制度，着力提高低收入群体收入，以及为低收入群体提供更多的上升通道；五是要积极推进公共服务均等化，通过幼有所育、学有所教、劳有所得、病有所医、老有所养、住有所居、弱有所扶等机制降低居民生活负担，改善居民预期，降低居民储蓄，增加居民消费。

第二，坚持以供给侧结构性改革为主线。供给侧结构性改革是我国巩固和增强超大规模市场优势的核心和关键。居民消费结构的加速升级与产业结构、产品结构优化升级的相对滞后，造成了供求之间的严重错位，导致一方面产能过剩，库存增加，经济风险累积，另一方面居民升级了的消费需求得不到有效的满足，超大规模市场

优势被抑制，或者外流。因此，加快供给侧结构性改革，是解决供求错位问题的根本出路。这是因为：一是鉴于居民对产品品种、品质、品牌的追求，就需要加大对传统产业的改造力度，推动传统产业高端化、智能化；二是鉴于居民对个性化、创意化消费的需求，就需要通过产品创新、市场创新、组织创新等，推动新业态、新模式等新经济的发展；三是鉴于居民对服务消费的大规模需求，就需要通过大力发展服务业，特别是现代服务业，不断提升服务业对经济增长的贡献度；四是鉴于居民对生态、安全等新需求的快速增长，就需要通过生态产业化、产业生态化，推进绿色发展；五是鉴于居民对数字消费的需求快速增长，就需要通过数字产业化、产业数字化，推进数字经济的发展；六是鉴于居民对国外产品和服务的需求，就需要通过进出口的平衡，推进开放发展。

第三，坚持以科技自立自强为战略支撑。科技自立自强是我国巩固和增强超大规模市场优势的根本保障。在经济高质量发展的新时代，扩大内需和推进供给侧结构性改革，最终都依赖于核心关键技术的自主可控。这就需要：一是加大研发投入，特别是在高质量发展的特定阶段，掌握核心关键技术就是把发展权牢牢掌握在自己手里，因而不能简单地依据发达国家今天的研发经费占GDP的比重来衡量我国研发投入水平的合理性；二是提升研发效率，主要是通过深化教育体制、科研体制、分配体制、市场体制等改革，提高科研人员的积极性、主动性和创造性，以及研发资源的配置效率；三是加强基础研究，核心关键技术的掌握需要有基础科学和工程的重大突破，而且从基础科学出现重大突破到形成新兴产业通常需要20年左右的时间，因而加大基础研究已经迫在眉睫；四是探索社会主义市场经济体制下的新型举国体制，加快解决"卡脖子"技术问题，走出一条发展中国家进入世界科技前沿的中国道路。

第十一讲
高水平社会主义市场经济体制的微观基础

宋冬林[*]

党的二十大报告提出"构建高水平社会主义市场经济体制"[①]，并将其作为加快构建新发展格局、着力推动高质量发展的关键举措，旨在以经济体制改革破解高质量发展面临的深层次矛盾，通过调整上层建筑中与经济基础不相适应的部分、生产关系中与生产力发展不相适应的部分，持续解放和发展社会主义生产力，夯实社会主义现代化强国的物质基础，助力中华民族伟大复兴。党的二十大报告在"社会主义市场经济体制"传统表述前加了定语"高水平"，这一新表述赋予新时代社会主义市场经济体制新内涵和新目标。

---

[*] 宋冬林，教育部人文社科重点研究基地吉林大学中国国有经济研究中心主任，吉林大学"匡亚明学者"卓越教授，博士生导师。曾任吉林财经大学校长。

[①] 习近平.高举中国特色社会主义伟大旗帜 为全面建设社会主义现代化国家而团结奋斗：在中国共产党第二十次全国代表大会上的报告.北京：人民出版社，2022：29.

一、高水平社会主义市场经济体制的历史演进

历史是现实的基础。党的二十大报告提出要建设高水平社会主义市场经济体制，就有必要从历史逻辑的角度系统梳理社会主义市场经济体制发展的演进历程，进而在历史与现实相结合的基础上，运用马克思主义政治经济学的基本原理和方法论，正确认识和把握高水平社会主义市场经济体制的核心要义。

1. 社会主义市场经济体制探索阶段

改革开放初期，为打破高度集中的计划经济体制，党和国家开始将商品经济和市场机制引入经济体制之中。1978年12月，党的十一届三中全会提出"应该坚决实行按经济规律办事，重视价值规律的作用"①，开始肯定和发挥价值规律的积极作用。我们在提出进行市场化取向改革的时候，最初还是从按经济规律办事，特别是如何发挥价值规律的作用开始的。1979年11月，邓小平在会见外宾时提出："社会主义也可以搞市场经济"②。该论断不再局限于"价值规律"的表述，而是明确提出市场经济概念范畴，开始打破社会主义与市场经济完全对立的传统思想观念束缚。1981年6月，党的十一届六中全会提出："必须在公有制基础上实行计划经济，同时发挥市场调节的辅助作用"③。1982年9月，党的十二大正式提出："正确贯彻计划经济为主、市场调节为辅的原则，是经济体制改革中的一个根本性问题。我们要正确划分指令性计划、指导性计划和市场调

---

① 中共中央文献研究室.十一届三中全会以来重要文献选读：上册.北京：人民出版社，1987：6-7.

② 邓小平.邓小平文选：第2卷.2版.北京：人民出版社，1994：231.

③ 同①347.

节各自的范围和界限。"① 1984 年 10 月，党的十二届三中全会审议通过《中共中央关于经济体制改革的决定》，指出"改革计划体制，首先要突破把计划经济同商品经济对立起来的传统观念，明确认识社会主义计划经济必须自觉依据和运用价值规律，是在公有制基础上的有计划的商品经济。商品经济的充分发展，是社会经济发展的不可逾越的阶段，是实现我国经济现代化的必要条件"②。1987 年 10 月，党的十三大提出："必须以公有制为主体，大力发展有计划的商品经济。""社会主义有计划商品经济的体制，应该是计划与市场内在统一的体制。"③ 1989 年 11 月，党的十三届五中全会提出："我国社会主义经济是建立在公有制基础上的有计划商品经济。""改革的核心问题，在于逐步建立计划经济同市场调节相结合的经济运行机制。计划经济和市场调节相结合的程度、方式和范围，要经常根据实际情况进行调整和改进。"④

在改革开放初期，党和国家充分认识到了改革传统计划经济体制的必要性和紧迫性，并逐步确立了经济体制改革的市场化取向。在此阶段，我国经济体制改革的核心问题是正确处理好计划与市场之间的关系，并呈现出以下演进逻辑：首先，破除计划经济与商品经济之间完全对立的思想观念，肯定价值规律和商品经济对于发展社会主义生产力的积极作用。由于商品经济的发展离不开市场机制，计划经济与商品经济之间的关系问题就进一步转化为计划与市场之间的关系问题。其次，虽然肯定市场机制的作用，但强调要坚持"计划为主、市场为辅"的原则，试图在坚持计划经济体制的前提

---

① 中共中央文献研究室.十二大以来重要文献选编：上.北京：人民出版社，1986：23.
② 中共中央文献研究室.十二大以来重要文献选编：中.北京：人民出版社，1986：568.
③ 中共中央文献研究室.十三大以来重要文献选编：上.北京：人民出版社，1991：14、26.
④ 中共中央文献研究室.十三大以来重要文献选编：中.北京：人民出版社，1991：701.

下，利用市场调节来消除计划经济体制自身难以克服的弊端，而不是对计划经济体制进行全面改革。最后，随着经济体制改革的深入，认识到仅在一定范围内发挥价值规律、商品经济和市场的积极作用，难以真正有效破解经济体制的发展桎梏，于是不再强调以计划经济为主，而是对等看待计划与市场，强调要将计划与市场有机结合起来。

2.社会主义市场经济体制确立阶段

1990年12月，邓小平同几位中央负责同志谈话时指出："我们必须从理论上搞懂，资本主义与社会主义的区分不在于是计划还是市场这样的问题。社会主义也有市场经济，资本主义也有计划控制。""不要以为搞点市场经济就是资本主义道路，没有那么回事。计划和市场都得要。"[①] 1992年初，邓小平在视察南方时进一步指出："计划多一点还是市场多一点，不是社会主义与资本主义的本质区别。计划经济不等于社会主义，资本主义也有计划；市场经济不等于资本主义，社会主义也有市场。计划和市场都是经济手段。"[②] 邓小平的系列讲话清晰地解决了市场经济姓"资"姓"社"的问题，强调计划和市场都是经济发展手段，不是天然带有社会制度属性，从而在统一思想的基础上，坚定了经济体制的市场化改革取向，为社会主义市场经济体制改革目标的提出奠定了基础。

1992年10月，党的十四大明确建立社会主义市场经济体制的改革目标，标志着我国经济体制改革开始迈入社会主义市场经济体制新阶段。党的十四大强调："我国经济体制改革的目标是建立社会主义市场经济体制，以利于进一步解放和发展生产力。""我们要建立的社会主义市场经济体制，就是要使市场在社会主义国家宏观调控

---

① 邓小平.邓小平文选：第3卷.北京：人民出版社，1993：364.
② 同①373.

下对资源配置起基础性作用，使经济活动遵循价值规律的要求，适应供求关系的变化"。"社会主义市场经济体制是同社会主义基本制度结合在一起的。在所有制结构上，以公有制包括全民所有制和集体所有制经济为主体，个体经济、私营经济、外资经济为补充，多种经济成分长期共同发展，不同经济成分还可以自愿实行多种形式的联合经营。国有企业、集体企业和其他企业都进入市场，通过平等竞争发挥国有企业的主导作用。"① 1993 年 11 月，党的十四届三中全会审议通过《中共中央关于建立社会主义市场经济体制若干问题的决定》，把党的十四大提出的经济体制改革目标和基本原则加以具体化和系统化，成为建立和完善社会主义市场经济体制的行动指南。江泽民在党的十四届三中全会上指出，要"正确处理加强宏观调控和发挥市场作用的关系"，"建立社会主义市场经济体制，就是要使市场在国家宏观调控下对资源配置起基础性作用。国家宏观调控和市场机制的作用，都是社会主义市场经济体制的本质要求，二者是统一的，是相辅相成、相互促进的。要改革传统的计划经济体制，必须强调充分发挥市场在资源配置方面的基础性作用，不如此便没有社会主义市场经济。但是，同时也要看到市场存在自发性、盲目性、滞后性的消极一面，这种弱点和不足必须靠国家对市场活动的宏观指导和调控来加以弥补和克服。在当今世界，没有哪一个国家的市场经济是不受政府调控的。我国是社会主义国家，应该而且也更有条件搞好宏观调控"。②

  1997 年 9 月，党的十五大提出："建设有中国特色社会主义的经济，就是在社会主义条件下发展市场经济，不断解放和发展生产力。""坚持和完善社会主义市场经济体制，使市场在国家宏观调控

---

① 中共中央文献研究室.十四大以来重要文献选编：上.北京：人民出版社，1996：18-19.
② 同①554.

下对资源配置起基础性作用"。① 2002年11月，党的十六大宣布"社会主义市场经济体制初步建立"②，强调"坚持改革开放，不断完善社会主义市场经济体制。""坚持社会主义市场经济的改革方向，使市场在国家宏观调控下对资源配置起基础性作用。"③"必须毫不动摇地巩固和发展公有制经济"，"必须毫不动摇地鼓励、支持和引导非公有制经济发展。个体、私营等各种形式的非公有制经济是社会主义市场经济的重要组成部分，对充分调动社会各方面的积极性、加快生产力发展具有重要作用。"④ 2007年10月，党的十七大指出："要完善社会主义市场经济体制，推进各方面体制改革创新，加快重要领域和关键环节改革步伐，全面提高开放水平，着力构建充满活力、富有效率、更加开放、有利于科学发展的体制机制，为发展中国特色社会主义提供强大动力和体制保障。"⑤"要深化对社会主义市场经济规律的认识，从制度上更好发挥市场在资源配置中的基础性作用，形成有利于科学发展的宏观调控体系。"⑥

自党的十四大正式提出社会主义市场经济体制改革目标之后，我国经济体制改革就始终沿着建立和完善社会主义市场经济体制的逻辑主线，并呈现出以下特征：首先，我国经济体制改革的核心问题不再是计划与市场之间的关系，而是政府与市场之间的关系，即如何正确处理好市场配置资源和政府宏观调控之间的有机统一问题。此时，我国的经济体制改革已经不再固守计划经济体制并利用市场进行局部完善，而是要推动经济体制转轨，用社会主义市场经济体

---

① 中共中央文献研究室.十五大以来重要文献选编：上.北京：人民出版社，2000：18.
② 中共中央文献研究室.十六大以来重要文献选编：上.北京：中央文献出版社，2005：2.
③ 同②6.
④ 同②19.
⑤ 中共中央文献研究室.十七大以来重要文献选编：上.北京：中央文献出版社，2009：14.
⑥ 同⑤17.

制代替传统计划经济体制。其次,在党的十四大以前,经济体制改革的主要矛盾是社会主义"能不能"搞市场经济以及社会主义"要不要"搞市场经济;党的十四大以后,经济体制改革的主要矛盾是社会主义"如何"搞好市场经济,即社会主义与市场经济如何有机结合起来,体现在资源配置方式上就是政府与市场之间的关系,体现在所有制上就是公有制经济与非公有制经济之间的关系,体现在市场主体上就是公有制企业与非公有制企业之间的关系。

3. 社会主义市场经济体制创新发展阶段

2012年11月,党的十八大指出:"经济体制改革的核心问题是处理好政府和市场的关系,必须更加尊重市场规律,更好发挥政府作用。""要加快完善社会主义市场经济体制,完善公有制为主体、多种所有制经济共同发展的基本经济制度,完善按劳分配为主体、多种分配方式并存的分配制度,更大程度更广范围发挥市场在资源配置中的基础性作用,完善宏观调控体系,完善开放型经济体系,推动经济更有效率、更加公平、更可持续发展。"[①] 2013年11月,党的十八届三中全会审议通过《中共中央关于全面深化改革若干重大问题的决定》,强调"经济体制改革是全面深化改革的重点,核心问题是处理好政府和市场的关系,使市场在资源配置中起决定性作用和更好发挥政府作用。市场决定资源配置是市场经济的一般规律,健全社会主义市场经济体制必须遵循这条规律,着力解决市场体系不完善、政府干预过多和监管不到位问题"[②]。"必须毫不动摇巩固和发展公有制经济,坚持公有制主体地位,发挥国有经济主导作用,不断增强国有经济活力、控制力、影响力。必须毫不动摇鼓励、支

---

① 中共中央文献研究室.十八大以来重要文献选编:上.北京:中央文献出版社,2014:16、14-15.

② 同①513.

持、引导非公有制经济发展，激发非公有制经济活力和创造力。"①

2017年10月，党的十九大报告强调"必须坚持和完善我国社会主义基本经济制度和分配制度，毫不动摇巩固和发展公有制经济，毫不动摇鼓励、支持、引导非公有制经济发展，使市场在资源配置中起决定性作用，更好发挥政府作用"②，指出要"加快完善社会主义市场经济体制"，同时强调"经济体制改革必须以完善产权制度和要素市场化配置为重点，实现产权有效激励、要素自由流动、价格反应灵活、竞争公平有序、企业优胜劣汰"③。

2019年10月，党的十九届四中全会审议通过《中共中央关于坚持和完善中国特色社会主义制度 推进国家治理体系和治理能力现代化若干重大问题的决定》，指出"公有制为主体、多种所有制经济共同发展，按劳分配为主体、多种分配方式并存，社会主义市场经济体制等社会主义基本经济制度，既体现了社会主义制度优越性，又同我国社会主义初级阶段社会生产力发展水平相适应，是党和人民的伟大创造。必须坚持社会主义基本经济制度，充分发挥市场在资源配置中的决定性作用，更好发挥政府作用，全面贯彻新发展理念，坚持以供给侧结构性改革为主线，加快建设现代化经济体系"④。这是首次将社会主义市场经济体制上升为我国的基本经济制度，标志着社会主义市场经济体制日益成熟并迈入新阶段。2020年5月，《中共中央 国务院关于新时代加快完善社会主义市场经济体制的意见》正式发布，对新时代社会主义市场经济体制改革作出行动部署，致

---

① 中共中央文献研究室.十八大以来重要文献选编：上.北京：中央文献出版社，2014：515.
② 中共中央党史和文献研究院.十九大以来重要文献选编：上.北京：中央文献出版社，2019：15.
③ 同②23-24.
④ 中共中央党史和文献研究院.十九大以来重要文献选编：中.北京：中央文献出版社，2021：280-281.

力于"在更高起点、更高层次、更高目标上推进经济体制改革及其他各方面体制改革,构建更加系统完备、更加成熟定型的高水平社会主义市场经济体制"①,再次强调"毫不动摇巩固和发展公有制经济,毫不动摇鼓励、支持、引导非公有制经济发展,探索公有制多种实现形式,支持民营企业改革发展,培育更多充满活力的市场主体"②。2021 年 11 月,党的十九届六中全会审议通过的《中共中央关于党的百年奋斗重大成就和历史经验的决议》指出:"我国改革从农村实行家庭联产承包责任制率先突破,逐步转向城市经济体制改革并全面铺开,确立社会主义市场经济的改革方向,更大程度更广范围发挥市场在资源配置中的基础性作用,坚持和完善基本经济制度和分配制度。""经过持续推进改革开放,我国实现了从高度集中的计划经济体制到充满活力的社会主义市场经济体制、从封闭半封闭到全方位开放的历史性转变。"③ 2022 年 10 月,党的二十大报告提出"构建高水平社会主义市场经济体制"的战略目标,强调要"坚持和完善社会主义基本经济制度,毫不动摇巩固和发展公有制经济,毫不动摇鼓励、支持、引导非公有制经济发展,充分发挥市场在资源配置中的决定性作用,更好发挥政府作用"。④

党的十八大以来,社会主义市场经济体制持续创新发展,并呈现出以下三大特征:首先,强调市场在资源配置中起决定性作用。由"发挥市场在资源配置的基础性作用"转变为"发挥市场在资源配置中的决定性作用",不仅表明党和国家对市场规律的认识更加深

---

① 中共中央党史和文献研究院.十九大以来重要文献选编:中.北京:中央文献出版社,2021:508.
② 同①510.
③ 中共中央关于党的百年奋斗重大成就和历史经验的决议.北京:人民出版社,2021:18-19.
④ 习近平.高举中国特色社会主义伟大旗帜 为全面建设社会主义现代化国家而团结奋斗:在中国共产党第二十次全国代表大会上的报告.北京:人民出版社,2022:29.

入，而且表明党和国家更有信心克服市场弊端，并利用市场手段来解放和发展社会主义生产力。其次，将社会主义市场经济体制上升为社会主义基本经济制度。党的十九届四中全会首次将社会主义市场经济体制上升为社会主义基本经济制度，一方面表明经过改革开放40多年来的不断发展和完善，社会主义市场经济体制已经系统完备和成熟定型，已经达到基本制度的客观标准；另一方面表明党和国家将从基本制度的高度进一步坚持和完善社会主义市场经济体制，同时对社会主义市场经济体制的进一步发展和完善提出更高要求。最后，提出高水平社会主义市场经济体制改革目标，强调要始终坚持"两个毫不动摇"。高水平社会主义市场经济体制中的"高水平"，一是体现在能够更好地服务高质量发展，助推社会主义现代化强国建设；二是体现在能够促进社会主义生产力实现更高水平的发展，促进全体人民的共同富裕；三是体现在能够更好地把握政府和市场的边界，实现有效市场与有为政府的有机结合；四是体现在能够培育出一支有活力、有创造力、有竞争力的市场主体队伍。

社会主义市场经济体制演进是一个对社会主义经济建设规律的认识不断深化的过程，是一个实践、认识、再实践、再认识的螺旋式上升过程，体现出一种合规律性、合目的性以及合历史文化性相统一的实践智慧。具体而言，从合规律性看，社会主义市场经济体制改革始终坚持一切从实际出发，将马克思主义基本原理同中国具体实际相结合、同中华优秀传统文化相结合，走马克思主义中国化和时代化的发展道路，探索建立具有中国特色的社会主义经济体制。从合目的性看，社会主义市场经济体制改革始终以社会主义的根本原则为遵循，以社会主义核心价值观为取向，以人民利益为中心，以实现共同富裕为愿景，始终把实现好、维护好、发展好最广大人民的根本利益作为党和国家一切工作的出发点和落脚点。从合历史文化性看，一个国家的制度选择和制度发展总会受到自身文化属性的影响，同一种制度在不同文化中通常有着基于民族性胎记的不同民族实现形式和具体制度安排。社会主义市场经济体制实现了人类社会文明一般性与中国历史文化特殊性的有机统一。

二、高水平社会主义市场经济体制的公有制微观主体

公有制经济和非公有制经济都是社会主义市场经济的重要组成部分，公有制企业和非公有制企业共同构成社会主义市场经济的微观基础。高水平的社会主义市场经济体制离不开高水平的社会主义市场经济微观基础，即离不开高质量发展的公有制市场主体和非公有制市场主体，以及公有制市场主体与非公有制市场主体之间的协同发展。考虑到社会主义市场经济微观主体的主要矛盾是国有企业和民营企业的发展问题，我们主要研究公有制企业中的国有企业和非公有制企业中的民营企业，而不过多探讨集体企业、外资企业等社会主义市场经济微观主体。

党的二十大报告指出："坚持和完善社会主义基本经济制度，毫不动摇巩固和发展公有制经济"，"深化国资国企改革，加快国有经济布局优化和结构调整，推动国有资本和国有企业做强做优做大，提升企业核心竞争力。"[1] 国有企业是中国特色社会主义的重要物质基础和政治基础，是党执政兴国的重要支柱和依靠力量，是社会主义市场经济的核心微观主体。打造具有竞争力、创新力、控制力、影响力、抗风险能力的现代国有企业，是构建高水平社会主义市场经济体制的内在要求。正确认识国有企业在高水平社会主义市场经

---

[1] 习近平.高举中国特色社会主义伟大旗帜 为全面建设社会主义现代化国家而团结奋斗：在中国共产党第二十次全国代表大会上的报告.北京：人民出版社，2022：29.

济体制中的角色和作用，既要从理论维度研究和回答国有企业在社会主义市场经济体制中的功能角色，又要从实践维度研究和探析国有企业在构建高水平社会主义市场经济体制过程中的时代使命。

1.国有企业在社会主义市场经济体制中的功能角色

一是社会主义市场经济体制具有社会主义制度属性。社会主义市场经济体制本身绝不仅仅是社会主义的一个简单的形式化的标定，它所具有的社会主义制度属性本身有一个实实在在的规定。社会主义市场经济体制虽然在体制层面采用市场经济，但在制度层面特别是基本制度层面是以社会主义生产关系为基础，服务于以公有制为主的生产资料所有制和以按劳分配为主的分配制度。社会主义市场经济体制的社会主义性质依然需要公有制的主体地位来保证，需要以按劳分配为主的分配制度来实现。国有企业的公有制属性以及国有经济的主导地位，能够确保社会主义市场经济体制的发展和完善始终沿着社会主义方向前进。

二是社会主义市场经济体制是社会主义基本制度与市场经济有机结合的经济体制。社会主义市场经济体制打破了公有制只能与计划经济相结合、私有制只能与市场经济相结合的两种传统观念束缚。进一步看，这种有机结合不是无条件无摩擦的天然融合，而是有条件有矛盾的辩证统一。就矛盾性而言，市场调节与生俱来的自发性和盲目性、市场主体逐利导致的无序扩张以及由此带来的市场经济运行的波动和两极分化，与社会主义制度的本质要求存在矛盾。为了抑制和克服这些矛盾，社会主义基本制度就会通过宏观调控、制度政策调整和国有企业的主导作用来约束、引导市场经济的有序运行和健康发展。在这种情况下，国有企业就自然是实现社会主义基本制度与市场经济有机结合的微观主体，成为体现和践行社会主义经济关系和社会主义制度属性要求的微观主体。为什么在构建中国特色社会主义政治经济学的理论体系当中一定要有国有企业的存在，就是因为国有企业本身是社会主义市场经济体制矛盾性的特殊的人格化代表。

三是坚持党的领导是社会主义市场经济的重要特征。在发展中国特色社会主义市场经济的过程中，党的领导是一个客观存在，而且这种客观存在是内生的，不是外在的。习近平总书记明确指出："坚持党的领导，发挥党总揽全局、协调各方的领导核心作用，是我国社会主义市场经济体制的一个重要特征。"① 因为只有坚持党的领导，才能将市场机制"无形的手"和政府调节"有形的手"有机结合起来，实现有效市场与有为政府的有机结合；只有坚持党的领导，才能始终确保社会主义市场经济体制沿着市场化的改革方向，才能保证社会主义市场经济体制深化改革不走歪路、不走老路、不走邪路。在社会主义市场经济条件下，党对经济工作的全面领导以及国家对经济发展的宏观调控都要遵循市场经济运行的客观规律，主要借助市场力量进行调节，而不是直接进行行政干预。国有企业作为党执政兴国的重要支柱和依靠力量，可以凭借自身企业市场主体身份，成为国家重大经济发展战略和国家宏观调控政策的有力执行者。

四是社会主义市场经济以实现全体人民共同富裕为价值旨归。共同富裕是中国特色社会主义的本质要求。社会主义市场经济体制作为中国特色社会主义的重要组成部分，同样要致力于扎实推进共同富裕。国有企业作为社会主义市场经济的微观主体，在防止两极分化、促进实现共同富裕方面具有重要作用。一是在做大蛋糕方面，国有企业作为国民经济的主导力量和社会主义经济的重要支柱，在促进我国先进生产力发展的过程中扮演着不可替代的角色。做强做

---

① 正确发挥市场作用和政府作用 推动经济社会持续健康发展. 人民日报，2014-05-28.

优做大国有企业，对于发展社会主义生产力、夯实共同富裕的物质基础具有重要意义。二是在分好蛋糕方面，国有企业是社会主义市场经济处理好效率与公平关系的重要力量。国有企业的公有制属性以及国有企业在国民经济中的主导地位，是确保坚持以按劳分配为主的重要基础。而且，国有企业在社会责任方面提供的公共基础设施和服务，同样构成全体人民共同富裕的重要内容。

2.国有企业在构建高水平社会主义市场经济体制过程中的时代使命

习近平总书记在党的二十大报告中指出，"从现在起，中国共产党的中心任务就是团结带领全国各族人民全面建成社会主义现代化强国、实现第二个百年奋斗目标，以中国式现代化全面推进中华民族伟大复兴。"[①] 在此背景下，国有企业在构建高水平社会主义市场经济体制过程中的时代使命，就是要着眼全面建设社会主义现代化国家的战略目标，立足新发展阶段，完整、准确、全面贯彻新发展理念，坚持以服务新发展格局构建为导向，助力推动高质量发展。具体而言：

一是国有企业要在打造世界一流企业方面有所作为。在国有企业分类改革的背景下，竞争性国有企业要想成为高水平的社会主义市场经济微观主体，首先就要成为一个真正意义上的完全按照市场规则参与竞争的市场主体，就要将国有企业党建有机嵌入国企公司治理之中，实现党的领导与现代企业公司治理体系有机融合，从而获得被国际市场认可的企业市场主体地位，不断提升自身的全球竞争力。公益性国有企业则要充分利用市场机制，不断提高公共产品和服务的供给质量和水平，以更好地满足广大人民群众的美好生活需要。

[①] 习近平.高举中国特色社会主义伟大旗帜 为全面建设社会主义现代化国家而团结奋斗：在中国共产党第二十次全国代表大会上的报告.北京：人民出版社，2022：21.

二是国有企业要在加快构建新发展格局方面有所作为。既要在增强国内大循环内生动力和可靠性方面，深化国资国企改革，加快国有经济布局优化和结构调整，坚持将扩大内需战略同深化供给侧结构性改革有机结合起来，助推全国统一大市场建设，又要在提升国际循环质量和水平方面，推动国有企业做强做优做大，提高国企核心竞争力，积极参与"一带一路"建设，推动实现更高水平的对外开放。

三是国有企业要在构建以实体经济为支撑的现代化产业体系方面有所作为，锚定制造强国建设目标，以做强做优做大实体经济为着力点，既要加快培育壮大战略性新兴产业以激发经济发展新动能，又要加快推动传统实体产业数字化、智能化、高端化转型以促进产业结构优化升级。

四是国有企业要在提升产业链供应链韧性和安全水平方面有所作为，破除制约国有企业创新的体制机制障碍，培育国有企业成为现代产业链"链长"，从制度和法律上把对国企民企平等对待的要求落下来，打造国有企业与民营企业协调共生系统，共同促进产业基础高级化和产业链现代化。

五是国有企业要在全面推进乡村振兴和加快建设农业强国方面有所作为。在关乎国家粮食安全的种业振兴战略方面应当扛起创新大旗，加快构建基于农村供销社的新型城乡流通体系，畅通城乡要素双向自由流动；锚定农业强国建设目标，致力于建设供给保障强、科技装备强、经营体系强、产业韧性强、竞争能力强的中国特色农业强国。

六是国有企业要在促进区域协调发展方面有所作为。国有企业既要在区域生产力布局协调发展中发挥主导作用，持续优化全国重大生产力布局，又要通过完善基础设施建设来畅通区域要素流动，助推构建全国统一要素大市场,还要积极投资开发落后偏远地区,探寻能够实现可持续增长的项目开发模式,培育壮大落后地区内生发展动能,积极推动以县域为载体的城乡融合发展。

七是国有企业要在引领高水平科技自立自强方面有所作为。坚持"四个面向"总体要求,立足国家重大战略发展需求,夯实高水平社会主义市场经济体制的科技支撑;加强基础研究投入,努力将国有企业打造成为原始创新策源地,全力突破产业链供应链关键核心"卡脖子"技术;壮大高水平科技自立自强国家队,引领构建国家战略科技力量体系,促进国家创新体系整体效能提升,助力科技强国建设。针对国有企业拥有大量创新资源但整体创新效能不高的问题,应当加快完善国有企业特别是中央企业领导者目标考核管理机制和容错免责机制,积极营造鼓励探索、包容失败的创新环境,完善科技创新成果奖励机制,有效激发国有企业领导者和科技人员的创新内在动能。

三、高水平社会主义市场经济体制的非公有制微观主体

习近平总书记明确指出:"公有制经济和非公有制经济都是社会主义市场经济的重要组成部分,都是我国经济社会发展的重要基础。"① 非公有制企业作为非公有制经济的企业表现形式,同样是社会主义市场经济的重要微观主体。当前,无论是在数量上,还是在规模上,民营企业都是非公有制企业的主体构成。

1. 非公有制微观主体的历史演进

改革开放后,单一的公有制开始被打破,个体经济、私营经济、

---

① 中共中央文献研究室.十八大以来重要文献选编:上.北京:中央文献出版社,2014:515.

外资经济等非公有制经济形式的合法地位逐步得到承认。党的十一届六中全会明确指出:"国营经济和集体经济是我国基本的经济形式,一定范围的劳动者个体经济是公有制经济的必要补充。"① 党的十二大指出:"在农村和城市,都要鼓励劳动者个体经济在国家规定的范围内和工商行政管理下适当发展,作为公有制经济的必要的、有益的补充。"② 党的十三大确立了"在以公有制为主体的前提下发展多种经济成份"③ 的方针。党的十四大进一步指出:"在所有制结构上,以公有制包括全民所有制和集体所有制经济为主体,个体经济、私营经济、外资经济为补充,多种经济成分长期共同发展,不同经济成分还可以自愿实行多种形式的联合经营。"④ 党的十五大则明确提出:"公有制为主体、多种所有制经济共同发展,是我国社会主义初级阶段的一项基本经济制度。"⑤ 此时,非公有制经济的重要性首次上升到基本经济制度层面。党的十六大强调指出:"必须毫不动摇地巩固和发展公有制经济","必须毫不动摇地鼓励、支持和引导非公有制经济发展。个体、私营等各种形式的非公有制经济是社会主义市场经济的重要组成部分,对充分调动社会各方面的积极性、加快生产力发展具有重要作用。"⑥ 之后,党的十七大、十八大、十九大、二十大始终强调要坚持"两个毫不动摇",并将其摆在社会主义市场经济体制发展完善的突出位置。

由上述关于非公有制经济的表述可知:首先,在企业类型上,非公有制微观主体的类型逐渐多元化,由最初的个体经济逐渐扩展

---

① 中共中央文献研究室.十一届三中全会以来重要文献选读:上.北京:人民出版社,1987:346-347.
② 中共中央文献研究室.十二大以来重要文献选编:上.北京:人民出版社,1986:20-21.
③ 中共中央文献研究室.十三大以来重要文献选编:上.北京:人民出版社,1991:14.
④ 中共中央文献研究室.十四大以来重要文献选编:上.北京:人民出版社,1996:19.
⑤ 中共中央文献研究室.十五大以来重要文献选编:上.北京:人民出版社,2000:20.
⑥ 中共中央文献研究室.十六大以来重要文献选编:上.北京:中央文献出版社,2005:19.

到个体经济、私营经济以及外资经济，表明社会主义市场经济的包容性不断拓展。其次，在重要性上，从允许在一定范围内发展非公有制经济，到将非公有制经济上升到社会主义基本经济制度层面，再到一贯地强调要坚持"两个毫不动摇"，表明党和国家对非公有制经济的重视程度不断提升。

2.非公有制微观主体在社会主义市场经济中的功能和作用

改革开放以来，非公有制企业特别是民营企业在国民经济中扮演着越来越重要的角色。总体而言，民营企业在社会主义市场经济中的功能和作用可以用"56789"来进行概括：贡献了50%以上的税收、60%以上的国内生产总值、70%以上的技术创新成果、80%以上的城镇劳动就业、90%以上的企业主体数量。构建高水平社会主义市场经济体制需要持续促进民营企业发展壮大。2023年7月，《中共中央 国务院关于促进民营经济发展壮大的意见》明确提出："民营经济是推进中国式现代化的生力军，是高质量发展的重要基础，是推动我国全面建成社会主义现代化强国、实现第二个百年奋斗目标的重要力量。"[①] 大力发展民营企业是贯彻落实"两个毫不动摇"的必然要求，也是构建高水平社会主义市场经济体制的客观需要，对于持续激发社会主义市场经济活力、促进社会主义生产力发展具有重要意义。现阶段，民营企业发展依然面临着一系列体制性障碍、机制性梗阻和政策性对冲，亟须遵循经济高质量发展的内在要求，积极营造能够有效保护和激发民营企业活力的发展环境，推动民营企业走向更加广阔的发展舞台，并在高水平社会主义市场经济中贡献更大力量。

首先，优化支持民营企业健康发展的法治环境，在立法层面建

---

① 中共中央国务院关于促进民营经济发展壮大的意见.人民日报，2023-07-20.

立起更加科学完备的社会主义市场经济法律体系，在执法层面通过健全监督管理机制不断规范执法行为，使民营企业能够在平等的规则和权利下获得平等的公平竞争机会；同时推动健全产权保护制度，对民营企业家的合法权益要依法进行全面保护，让民营企业家能够更加专心和放心地进行创业投资和生产经营。

其次，优化民营企业能够依法平等使用资源要素的市场环境，有效破除制约市场主体之间开展公平市场竞争的制度性障碍和机制性梗阻，最大限度地消除在市场准入、要素获取等方面对民营企业的区别对待，重点在完善投融资体制机制和实施细则的基础上，鼓励和引导社会资本积极参与电力油气等垄断领域的项目投资建设，重点从增加有效金融服务供给的角度，健全支持民营企业发展壮大的长效机制。

最后，优化民营企业高质量发展的政策环境，破解政策"最后一公里"难题，构建政企高效沟通机制，让政府在制定和优化政策的过程中能够及时准确地了解和掌握企业发展动态，以便优化政策组合和提高政策执行效率，同时领导干部应当本着真诚服务的精神，在底线原则下更为积极坦诚地关心民营企业的发展和民营企业家的成长。

四、高水平社会主义市场经济体制下国企民企协同发展

国有企业和民营企业都是社会主义市场经济的重要微观主体和维护国家利益的重要载体，在促进现代化经济体系建设和实现高质量发展的过程中发挥着不可替代的重要作用。一些依据所有制属性差异对立看待国有企业和民营企业关系的讨论所反映出的零和博弈

思维，既不符合国有企业和民营企业关系的发展实际，也不符合高水平社会主义市场经济体制对发挥各种所有制微观主体比较优势的客观要求。

在此背景下，当前最重要的是研究和回答国有企业和民营企业如何在社会主义市场经济条件下更好地实现协同发展。一是从承担国民经济角色的角度，合理评价国有企业和民营企业在社会主义市场经济中所发挥的作用，进而更好地调动各类所有制微观主体的生产积极性，共同致力于构建现代化经济体系和实现高质量发展；二是从维护国家经济利益的角度，加强国有企业与民营企业之间的协同发展，不断增强我国企业在国际市场上的影响力和竞争力，进而推动中国在国际竞争中取得更多的优势地位，助力实现中华民族伟大复兴的中国梦。

1. 国有企业与民营企业之间的竞合关系

国有企业和民营企业在社会主义市场经济的发展中呈现出一种竞合关系，但合作大于竞争。有竞争是因为国有企业和民营企业均为独立的市场微观主体，有合作则是因为国有企业和民营企业共同构建起现代化的产业链体系。

改革开放以来，民营企业从诞生到发展壮大，始终与国有企业在产业链上存在着紧密的合作关系。在民营企业的萌芽阶段，国有企业将产业链下游的低附加值产品逐步转移给民营企业同时控制着上游要素供给环节，形成一种民营企业依附国有企业的单向型产业链合作。之后，随着民营企业的发展和壮大，民营经济开始在更多的产业领域内与国有企业展开竞争并不断向产业链的中上游环节扩展。

国有企业和民营企业虽然在不同领域和产业内存在着不同程度的竞争，但总体上国有企业和民营企业在国民经济中是一种基于不同分工的互补关系，在产业链、供应链、价值链方面有着广泛密切的协作关系。其中，国有企业主要集中在资金投入和技术门槛高、外溢效应大并带有公共产品属性的上游产业，民营企业则主要集中在资金投入较少、技术门槛较低、短期投资回报较高且接近最终消费市场的中下游产业。国有企业和民营企业在产业链上的分工布局，既能充分利用民营企业的灵活性和竞争性优势来增加生产、吸纳就业，又能充分发挥国有企业作为国民经济支柱的作用来保证国家对经济的控制力。

实践中，国有企业和民营企业在国民经济中的占比变化是国有企业和民营企业关系优化的一种体现。从国家整体发展看，国有经济在国民经济中占比的下降并不意味着国有经济的弱化，而是将有限的国家资源更好地集中在更为关键的领域以增强国有经济的控制力和影响力；同样，民营经济在国民经济中占比的上升并不意味着要取代国有经济的地位，而是更大限度地发挥民营企业在增加生产和吸纳就业方面的潜能。

2.国有企业与民营企业协同发展机制

国有企业和民营企业作为社会主义市场经济的微观主体，应当在市场经济中具有平等的竞争地位和公平的发展机会，且国有企业与民营企业的协同发展，应当依据企业竞争优势的互补性，而不是企业所有制的差异性。换言之，社会主义市场经济条件下的国企民企协同发展，应当将企业的关系从所有制差异维度下国有企业和民营企业的关系，转化为产业基础能力提升和产业链现代化水平提高维度下大企业和中小企业的协同发展关系，进而促进各类所有制企业共同致力于全面建设社会主义现代化国家。具体而言，应当从产业协作、行业准入、合作模式、政策规制等方面入手，加快促进国企与民企之间的协同发展。

在产业协作方面，具有雄厚实力的大型国有企业出于经营管理的现实需求，通常会以采购合作和供应合作的方式与数量众多的中小民营企业建立起业务合作关系。应当依据经济性质和企业规模对企业进行分类，促进基于产业发展规律的大中小企业协同合作，充分发挥各类企业市场主体的比较竞争优势，促进各类企业在产业链、供应链、价值链方面形成紧密合作的利益共同体，不断提升产业基础高级化和产业链现代化水平。

在行业准入方面，国有企业控制石油、煤炭、矿产、化工等上游产业主要是出于保持国民经济控制力的考虑，但在民营企业进入的情况下，政府同样能够通过法律规章的规制作用和政府购买的市场势力等手段，实现对国民经济的有效掌控。在此情况下，对于关乎国家安全、国民经济命脉和国计民生的重要行业，民营企业能否进入以及能否占据核心地位，既取决于民营企业能否拥有更高的效率，又取决于国家能否有效规制民营企业的行为，使其符合国家重大发展战略定位且能够始终遵循国家利益优先的原则。

在合作模式方面，我国应当通过大力推进国有企业混合所有制改革，推动国有企业和民营企业的合作形式从业务合作扩展到资本合作，实现国有企业和民营企业在产业链上游环节的更深层次合作，同时利用数字化平台建立起国有企业和民营企业之间更长期、更全面的产业链合作关系，进而在更大范围内更好地发挥出国企民企产业协同效应。

在政策规制方面，政府在制定企业扶持和规范政策的过程中，应当以国有企业和民营企业在提升产业链现代化水平和产业基础能力中扮演的角色、在社会经济发展过程中实际承担的责任、在国际市场竞争中对实现和维护国家利益的贡献程度等为标准，营造出一个公平竞争的市场环境，而不是基于所有制差异先验地判定各类企业的功能并以此区别对待国有企业和民营企业。同时，应当从提升产业链供应链整体质效和安全性水平的角度，将国企和民企的发展纳入同一发展政策之中，而不是将"两个毫不动摇"分割开来，独自分别出台国企发展政策和民企发展政策。

五、培育壮大社会主义市场经济的微观主体

市场主体作为社会主义市场经济的微观基础，是经济活动的主要参与者、就业机会的主要提供者、技术进步的主要推动者，在经济社会发展中发挥着重要作用。培育壮大各类市场主体、激发各类市场主体活力，是构建高水平社会主义市场经济体制的关键着力点。截至2022年底，全国登记在册市场主体有1.69亿户，较2021年底增长10.03%，总体呈现良好发展态势。但同时应当清醒地认识到，全国市场主体在规模和质量方面依然存在较大提升空间，亟须以深化体制机制改革创新为突破口，促进各类所有制市场主体实现高质量发展。

1.深化经济体制改革，努力打造一个富有活力的市场主体生态体系

公有制市场主体和非公有制市场主体都是社会主义市场经济的重要微观基础，应当立足各类市场主体的功能定位和竞争优势，加强协同合作，促进各类市场主体形成相互作用、相互影响的经济利益共同体。一是充分发挥国有企业在新发展格局中的龙头带动作用，深化国有企业混合所有制改革，切实推动国有资本和国有企业做强做优做大，助推国有企业成为更具竞争力、创新力、控制力、影响力、抗风险能力的市场主体。二是充分发挥民营企业"稳就业""促发展"的生力军作用，加快建立民营企业工作专班机制，重点解决中小企业和个体工商户在发展过程中的难点、痛点和堵点，使民营

企业成长为更具活力和创造力的市场主体。三是打造多层次的市场主体培育体系，依循现代产业体系建设规律，完善各类市场主体分工协作的利益联结机制，更好调动各类微观市场的主动性和积极性，推动形成富有活力的多层次市场主体生态体系。四是加快营造支持各类市场主体高质量发展的制度环境，深入推进"放管服"改革和商事制度改革，全面实施市场准入负面清单制度，打造市场化、法治化、国际化营商环境，努力消除影响各类市场主体公平竞争的体制性障碍和机制性梗阻。

2. 强化科技创新的引领作用，加快实施科技型市场主体培育行动计划

科技型市场主体作为科技成果产业化的实际承担者和积极推动者，对于促使科技创新真正落到产业发展上具有重要载体作用。应当加快培育和壮大科技型市场主体：一是加快形成需求驱动型和问题导向型科技创新模式，围绕产业链布局创新链，建立以实效为导向的成果评价体系，打造"政产学研用"五位一体协同创新模式，力争向产业领域提供更高质量、更符合需求的技术供给。二是强化科技成果转化的承接载体建设，将培育科技型企业摆在科技创新各项工作更加突出的位置，深入实施科技创新型人才引进和培养计划，推进科技型市场主体社会化服务机构培育工程，实现科技型市场主体规模质量双提升。三是完善科技成果转化的市场运行机制，加快构建符合科技成果转化规律的科技成果管理体制，优化科技成果转化激励机制，细化落实科技成果转化相关配套政策，不断提高科技成果转化的时效性和积极性。

3. 紧抓数字化转型机遇，培育新产业新业态新模式下的新型市场主体

新一轮信息技术革命正通过产业数字化和数字产业化，加快推动经济社会的数字化转型，不断催生出新产业、新业态和新商业模式。我国应当将加快推进"数字中国"建设与培育新型市场主体有

机结合起来：一是提高对新生事物的风险容忍度，坚持包容审慎的监管态度，为新型市场主体的创新发展提供更大成长空间。二是探索实施新型市场主体成长计划，建立数字经济新型市场主体成长名录和动态跟踪评估反馈机制，及时消除新市场主体发展过程中的政策阻点。三是积极推动企业数字化转型，遵循数据要素市场化配置要求，加强数据基础管理和挖掘应用，强化数据人才队伍培养，不断夯实传统市场主体数字化转型基础。

4. 推进经济治理现代化，建立健全激发市场主体活力的政策保障体系

现阶段，在培育市场主体的过程中，存在着激励性政策与约束性政策之间正负作用相互抵消的现象，导致原本旨在促进市场主体发展的扶持政策难以真正发挥应有的积极作用。而且，政出多门、九龙治水、各管一段的现象，导致市场主体支持政策体系的综合效能因个别政策短板而大打折扣，使市场主体因政策冲突而陷入无所适从的境地。鉴于此，为切实把政策红利有效转化为市场主体发展动力：一是以正向激励性政策为导向，完善优化市场主体全流程、全周期扶持政策体系，政策制定更加注重就业、产业、投资、消费、环保、区域等政策的紧密配合，加强从企业登记注册阶段到投产运营阶段的政策保障。二是加快构建市场主体发展社会化服务体系，深化行业协会、商会和中介机构改革，健全市场主体社会化服务平台，推动形成从政府到市场的全方位服务支撑。三是在政策制定和执行过程中，加强研究参考和实地调研，在注重普惠性的同时更加注重针对性，完善市场主体的支撑保障政策体系，同时建立健全严格的目标管理责任制，以市场主体需求为导向，简化优化政务服务流程，避免形式主义和官僚主义作风，推动各项惠企政策真正落到实处。

第十二讲
分类分层推进国有企业改革

杨瑞龙[*]

一、国有企业分类改革构想的提出

国有企业改革是一个老问题，从 20 世纪 80 年代初经济体制改革重心从农村转向城市开始，国有企业改革始终是城市改革的中心环节。但是国有企业在中国具有非常重要的特殊性，其特殊性在于不仅要把国有企业改造成自主经营、自负盈亏的市场主体，而且要在坚持公有制为主体、国有经济为主导的基本制度框架下，把国有企业改革成自主经营、自负盈亏的市场主体，可想而知难度有多大。

为什么难度大？西方经济学告诉我们，企业的自主经营、自负盈亏一定和产权的明晰化或者产权的私有化相关，市场主体和公有制是不兼容的，这是西方经济学的逻辑。传统政治经济学告诉我们，

---

[*] 杨瑞龙，中国人民大学国家一级教授。

公有制和市场经济是不兼容的。现在改革要想在坚持公有制为主体的条件下，把国有企业改造成自主经营、自负盈亏的市场主体，可以想见理论上和实践中难度很大，为此我们作了艰辛的探索，这种探索始终没有间断过。国有企业改革逻辑经历了几个阶段的演变：

第一阶段：在改革之初，实施放权让利逻辑下的国有企业改革。也就是说在20世纪80年代初的改革，是在不改变国家对企业所有权、经营权和控制权的条件下，通过在收益增量上给企业放权，把企业在一定程度上推向市场。具体形式是比如利润留成制度、两步利改税等。它的主要构想是将国有企业的所有权、经营权掌握在国家手中，但是把收益增量下放给企业，在一定程度上提高企业积极性。这种改革尽管有了利润的激励，但由于所有权、经营权没有改变，所以国有企业的自主经营、自负盈亏问题还是难以得到解决。

第二阶段：到了80年代中期，随着国家提出构建有计划的商品经济，商品经济合法化之后，国有企业改革从放权让利走向两权分离，也就是所谓的两权分离逻辑下的国有企业改革，改革的主要形式是承包制和租赁制。承包制和租赁制的特点在于，国家对国有企业仍然保持所有权，但把经营权在一定期限里下放给企业经营者，这就是承包制和租赁制的主要形式。承包人是由国家来选择的，但是在承包期里经营者有相对的自主经营权。这样的改革相对于放权让利又往前迈出了一步，经营权的下放对于国有企业走向市场有极大的推动作用。但由于两权分离只是下放经营权，因而企业亏本时仍旧没有办法寻找相关的责任主体。两权分离后企业积极性大幅提高，但能负盈不能负亏的格局大大阻碍了国有企业成为真正的市场主体。

第三阶段：到了80年代末，特别是邓小平南方谈话之后，我国确立了建立社会主义市场经济体制的改革目标，提出要让市场机制在资源配置中发挥基础性调节作用。在此大背景下，国有企业从两权分离走向产权多元化的改革，改革的主要形式就是股份制，后来叫作"现代企业制度"。它和两权分离的区别在于改革触及了所有权，原来说企业是国有企业指的是企业所有权百分之百属于国家，但在股份制改革以后，国有企业不仅包括产权百分之百归国家所有的企业，而且包括产权占有主体是国家但还有其他多元化产权主体的企业。这就是股份制，后来被称为现代企业制度，其核心就是产权清晰、权责明确、政企分开、管理科学。现代企业制度的不断完善，包括股份制改革的不断深化，对将国有企业推向市场起了非常重要的作用。但是这样的改革也出现了一些问题，包括国有资产流失、所有权的主体如何体现等。

第四阶段：20世纪90年代后期，提出国有资产监管体制改革和抓大放小改革战略。抓大放小的意义在于把大的国有企业抓好、把小的国有企业放开。随着抓大放小战略的提出，21世纪初开始推进国有资产监管模式的改革，开始调整政府管理机构，由新成立的国资委来代表国家行使所有权。

第五阶段：党的十八大后国有企业改革又进入新的阶段，2015年确立了国有企业分类改革与混合所有制改革。

通过以上几个阶段可以看到，过去40多年国有企业改革从来没有停止过，一直在不断地探索，直到今天国有企业改革仍然是中国经济体制改革非常重要的核心环节。

党的二十大提出要构建高水平社会主义市场经济体制，党的二十大报告关于国有企业改革也作出了重要论述，简单梳理如下：强调要深化国资国企改革，加快国有经济布局优化和结构调整，推动国有资本和国有企业做强做优做大，提升企业核心竞争力；完善中国特色现代企业制度，弘扬企业家精神，加快建设世界一流企业；巩固优势产业领先地位，在关系安全发展的领域加快补齐短板，提升战略性资源供应保障能力；优化基础设施布局、结构、功能和系统集成，构建现代化基础设施体系；加快建设现代化经济体系，着力提高全要素生产率，着力提升产业链供应链韧性和安全水平。

习近平总书记对国有企业改革作过重要论述：国有企业是推进现代化、保障人民共同利益的重要力量，要坚持国有企业在国家发展中的重要地位不动摇，坚持把国有企业搞好、把国有企业做大做强做优不动摇。推进国有企业改革，要有利于国有资本保值增值，有利于提高国有经济竞争力，有利于放大国有资本功能。①

无论是党中央还是习近平总书记对国有企业都非常重视。过去40多年中国对国有企业进行了一系列探索，但到今天为止，国有企业改革仍有很大空间，或者说国有企业改革还未真正完成。尽管股份制改革取得了一定成效，但远没有达到预定的改革目标，原因是有两大难题难以解决：

第一个难题是无法在国有制的框架内解决政企分开的难题。要让国有企业成为市场主体，必须使其自主经营、自负盈亏，必须实行政企分开。但是在保持国有制的框架下实行政企分开难度很高。有人认为国有企业产权不清晰是因为产权主体虚化，这个论述是不准确的。国有企业产权归属非常清楚，即归属于国家，但国家本身是一个抽象概念，没有行为能力。当财产归国家所有时，必须给国家找一个代理人来行使国有产权。谁能够代表国家？当然只能是政府，因为政府是国家权力的执行机构，所以国家所有必然派生出政府代理。而政府代理行使国家所有权时显然不能以利润最大化为最高目标，政府用非市场化的目标行使所有权从而干扰了企业自主经营、自负盈亏，这就是"政企不分"。

---

① 保持战略定力增强发展自信 坚持变中求新变中求进变中突破. 人民日报，2015-07-19.

所以国有企业面临一个问题，通常要"先搞定"市长，然后用其余的精力"再搞定"市场。一些国有企业的竞争力不如民营企业，不是因为国有企业领导人不行，而是因为国有企业领导人没有百分之百的精力应对市场，这就是国有企业的双重依赖，两只眼睛一只在盯着市场，另一只在盯着市长。而民营企业两只眼睛都在盯着市场，所以一般而言竞争力强于国有企业。解决这个问题需要实行政企分开。但是由于企业所有权是国家的，政府不行使所有权，难道让小股东行使所有权吗？这显然是不可行的，而这是我们遇到的难题。尽管大家都在讲现代企业制度要求政企分开，但很难讲清楚怎么做才能使政企分开，在国家层面还没有一个非常清晰的标准，主要原因就在于在理论上没有解决这个问题。如果政府不能行使所有权，则该企业肯定不再是国有企业，而政府作为所有者就一定要任命经理人，一定要干预企业重大决策，就一定有非市场化的目标，这是两难问题，至今没有答案。

第二个难题是无法在国有制框架内解决所有权可交易的难题。市场机制在资源配置中起决定性作用和所有权的可转让性是连在一起的，因为只有所有权可转让才有可能在市场的引导下进行资源的配置。但问题在于国有企业所有权难以自由转让，因为一旦允许国有企业所有权自由转让，就很难保持企业的国有性质。我们有的国有企业在海外上市了，即使在海外上市也没法解决产权清晰、政企分开问题。这是因为，国有企业上市之后股份是要讲成分的，一块股份是国有股，一块股份是法人股，一块股份是公众股。只要国有股不转让，即使其他的个人股转让了，也不会改变企业的国有性质。而一旦所有权可以自由转让，很快企业就非国有了。上市之后，只要国有股不可自由转让，政企不分问题就仍然得不到很好的解决。所以虽然很多国有企业都已经上市，但上市之后仍然存在产权不清、政企不分的问题。这就是所谓的一"包"不灵,一"股"也不灵,并非因为承包制、股份制没有效率,而是因为在国有制的框架内无法解决所有权不可转让、政企不分的难题,从而国有企业的传统弊端难以得到根除。只要产权不清、政企不分,那么离市场经济的微观基础自主经营、自负盈亏就有差距。

这是理论上的困惑,无论是在传统的政治经济学框架里,还是在西方主流经济学的框架里都很难得到圆满的答案。这是一个中国化的问题,是中国经济学的微观基础问题。中国经济学的微观基础核心问题就是国有企业改革,这里既涉及实践中的创新也涉及理论上的创新。到今天为止我们还不太清晰国有企业到底是一般性企业还是特殊企业,国有企业要实现多元目标,既要体现公有制的主体地位,又要弥补市场失灵、体现国家意志、实现产业政策目标,还要满足财务效率要求,实际上国有企业很难同时实现多元目标。所以衡量国有企业效率时究竟是衡量其微观效率还是宏观效率?这在理论上也没有讲清楚。

我分别发表于《经济研究》1995 年第 2 期及《管理世界》1997 年第 1 期的两篇论文[①]在一个委托代理框架下证明了在国有企业框架内进行股份制改革不仅难以达到改革目标,而且有可能导致国有资产流失。我率先提出了分类改革的思路与模式设计,即应根据国有企业提供产品性质及所处行业的差异,对不同类型的国有企业选择不同的改革思路:提供公共产品的国有企业宜选择国有国营模式;垄断性国有企业宜选择国有国控模式;竞争性国有企业一部分宜进行产权多元化的股份制改革,另一部分宜实行民营化。

2015 年颁布的《中共中央、国务院关于深化国有企业改革的指

---

① 杨瑞龙.国有企业股份制改造的理论思考.经济研究,1995 (2):13-22;杨瑞龙.论国有经济中的多级委托代理关系.管理世界,1997 (1):106-115.

导意见》(中发〔2015〕22号)确认了，通过对处于不同行业的国有企业界定功能、划分类别，实行分类改革、分类发展、分类监管、分类定责、分类考核。具体来说，把国有企业分为公益类与商业类两大类，商业类国有企业又分为商业一类即竞争性国有企业和商业二类即自然垄断国有企业。

其实，竞争性、非竞争性之间的划分标准与公益类、商业类之间的划分标准并没有本质的不同，只是侧重点有些差别。但是，公益类的内涵还需要进一步界定。公益类产品与公共产品不完全相同。公共产品是指消费不存在排他性但收费存在困难的产品。公益类产品除了具有很强的正外部性外，其技术特征可能是竞争性和排他性，如医疗、教育、养老等。基本医疗、基本教育、基本养老等可以作为准公共产品来提供，但非基本医疗、教育、养老等也可以作为私人产品来提供。商业类企业一般为营利性企业，但自然垄断企业不仅具有营利性特征，还具有非营利性特征。公益类产品不如公共产品明确，公益类产品不完全由政府来提供，一部分可以由政府来提供，另一部分可以不由政府提供。因此我更偏向把国有企业分为非竞争性和竞争性两类，非竞争性国有企业又分为提供公共产品的国有企业和自然垄断国有企业。竞争性和非竞争性的划分方法与国际学术文件也比较容易对应起来。我只想说明差异性不大，国家文件将国有企业分为公益类和商业类两类，我将其分为竞争性和非竞争性两类，但是总体上讲都是非常明确的。

2015年中央提出分类改革之后，分类改革成为国有企业改革的一个基本原则。那么未来国有企业具体到底怎么改？我提出了三条线，具体来看：一是以分类改革为主线，推进国有经济布局优化；二是以产权改革为主线，分类推进国有企业混合所有制改革；三是以共同治理为主线，分类推进国有企业治理结构创新。

二、以分类改革为主线，推进国有经济布局优化

国有经济布局优化的核心命题就是要界定国有经济与民营经济在投资与经营领域的边界，坚持有进有退、有所为有所不为。问题是：究竟以什么标准来确定国有经济的合理边界？

党的二十大提出"构建高水平社会主义市场经济体制"。为此，要毫不动摇巩固和发展公有制经济，毫不动摇鼓励、支持、引导非公有制经济发展。因此，国有经济的布局优化既不能"国进民退"，也不能"民进国退"，而是应该构建一个"国民共进"的微观基础。国有企业分类改革逻辑可以为"国民共进"提供一个理论分析基础。事实证明，国有资本应该保持控制地位的领域如果过度市场化，就可能丧失国有经济的主导地位；应该进行市场化竞争的领域，如果国有资本过度介入，就可能不利于市场在资源配置中发挥决定性作用。怎样才能实现国有经济布局优化？关键是要有国有经济布局优化的标准，我认为这个标准就是分类改革。分类原则介绍如下。

我们可以根据国有企业所提供产品的性质及国有企业所处行业的特征，即从产品性质及行业特征两个维度形成功能导向的分类方法，以此来对不同的国有企业选择不同的改革模式。可以用一个坐标来表达，横轴是从竞争到垄断，纵轴是从私人产品到公共产品，大概分为如下图所示的四个象限。

公共产品里面分为两类：一类是纯公共产品，像国防、安全、路灯等，需要国家所有、国家经营，因为它们具有非排他性，由私人提供可能会导致供给不足。另一类是准公共产品，像电网、邮政、网络等，也需要国家所有、国家经营，因为要提供普遍性的服务，私人企业很难完成。

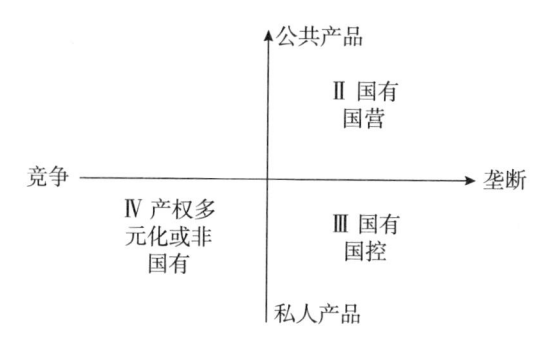

```
            ↑ 公共产品
            │
            │   Ⅱ 国有
            │     国营
竞争 ────────┼──────────→ 垄断
    Ⅳ 产权多 │  Ⅲ 国有
    元化或非 │     国控
    国有    │
            │ 私人产品
```

第二象限的行业是垄断的，产品是公共产品。这就必须坚持国家所有、国家经营，如果这个领域过度市场化，就有可能动摇社会主义基本经济制度或者制度基础。过去这个领域过度市场化了，比如一些公立医院过度市场化，一些公立学校也过度市场化，这肯定不利于社会主义的发展，也不利于满足老百姓的基本需求。不是所有国有企业走市场化道路都是一种改革，有些国有企业走市场化道路，可能是对改革的反动，在这个领域尤其如此。

第三象限的行业是垄断的，产品是私人产品。这个领域主要指自然垄断行业。自然垄断行业的垄断不是由所有制性质决定的，而是由技术决定的。因为技术导致了规模经济和范围经济。这时候无论是由政府还是由私人资本来经营都是垄断。问题是中国现阶段这个领域到底由私人资本来经营好还是国有经营好？无论是理论还是实践都告诉我们，在我国现阶段这个领域由国有资本保持控制地位，无论对市场正常运行还是对保持社会主义性质都是有利的。这个领域主要涉及基础设施、能源、原材料以及重要的战略性新技术产业。尤其是新兴技术领域，我国与西方国家存在技术落差，若完全由民营资本主体经营，会存在风险覆盖问题，因此需要国有资本在这里发挥重要作用。所以自然垄断领域在推进市场化改革的过程中需要国有资本保持控制地位，在此前提下对企业进行股份制改革，建立现代企业制度。

第二、第三象限这两个领域一个是国有国营、一个是国有国控。

这两个领域主要是涉及国家安全和国民经济命脉、提供公共产品和公益类服务、前瞻性战略性新兴产业等重要行业和关键领域。这些关键领域中的国有企业在国有控股条件下推进改革，就能够保持国家对关键领域的控制，既有利于市场经济有效运行，也能够保持大国经济的安全性，增强国有经济的竞争力、创新力、控制力、影响力、抗风险能力，从而巩固社会主义基本经济制度的物质基础。

第四象限的行业是竞争的，产品是私人产品，应该推进市场化改革，建议推进产权多元化，可以国有或非国有。在这个领域，国有资本是否具有控制地位不是先决条件，但也不是说一定要国有资本先行退出。有很多国有企业很有效率，既然有效率就没有必要强制国有资本退出，只要进行透明化管理、遵循市场经济原则，国有资本即使具有控制地位也没有问题。但在发展过程中，如果股权结构发生变化，就要按照市场经济原则行事，无须进行过度干预，如果这个领域的国有企业经营效益不好，在混改中民营资本要掌握控制权，也是没有问题的。因此，这个领域总体上来说是产权多元化的。

若分类改革做好了，国有经济布局就一定是优化的。国有经济的重点布局就在第二象限和第三象限，第四象限国有资本经营如果有市场效率就可以继续，如果没有市场效率则可以变为非国有。在分类改革下，国有经济和民营经济可以共同存在、共同发展、相互协调，只有这样才能够实现国有经济布局优化。

在竞争性领域可选择"竞争中性原则"。前几年大家都在讨论"竞争中性原则"，"竞争中性原则"是否适合国有企业呢？"竞争中性原则"包括平等对待、透明化管理和政府补贴控制。我认为这样的原则不适合作为国有企业整体改革原则。第一，党历来的改革文件表明，建立和完善社会主义市场经济体制需要坚持社会主义基本经济制度，而社会主义基本经济制度的重要内容是坚持公有制经济为主体、国有经济为主导的原则。而"竞争中性原则"显然与这个原则是冲突的。第二,我们坚持党对国有企业的领导,而党的领导地位也与"竞争中性原则"冲突。因此如果国有企业改革整体遵循"竞争中性原则",那么就会有以上两点冲突。所以"竞争中性原则"不适用于整体性的中国国有企业改革思路,中国国有企业改革整体思路适用分类改革原则。分类改革原则能够把社会主义和市场经济两个维度协调得比较好。我们在改革中不能只遵循市场经济原则,还要坚守社会主义原则,社会主义原则和市场经济原则都可以在分类改革中得到妥善贯彻,而"竞争中性原则"显然做不到。

但是,在分类改革大原则下,"竞争中性原则"适用于竞争性领域的国有企业。在竞争性领域的国有企业应该对标竞争中性原则,如果国有企业在竞争性领域能够做到平等对待、透明化管理和政府补贴控制,能够和民营企业平等竞争,那么就可以存在下去,否则就要进行深度改革。根据"竞争中性原则",国有资本应从缺乏竞争力的企业中退出,清退不具备优势的非主营业务和低效无效资产。退出的国有资金一部分可以组建产业发展基金,投向关系国计民生的重要领域,增强国有资本的控制力和竞争力;另一部分可以充实社会保障基金,强化底线管理。总的来说,国有企业改革整体性原则是分类改革,在分类改革大原则下,在竞争性领域应坚持"竞争中性原则",这样就既可以实现国有经济布局优化,也能够实现社会主义原则和市场经济原则间的相互协调、相互兼容。

三、以产权改革为主线,分类推进国有企业混合所有制改革

在分类改革原则下,有相当一部分国有企业分布在自然垄断行

业，还有一部分国有企业分布在竞争性领域，对于这两部分国有企业怎么推进改革？要以产权改革为主线，分类推进国有企业混合所有制改革。

党的十八届三中全会指出，要积极发展混合所有制经济，国有资本、集体资本、非公有资本等交叉持股、相互融合的混合所有制经济是基本经济制度的重要实现形式。混合所有制主要有三种形式：国企入股民企、民企入股国企、国企员工持股。总体上就是要按照"完善治理、强化激励、突出主业、提高效率"的原则稳妥推进国有企业混合所有制改革。混合所有制改革不是一个新概念，邓小平南方谈话以后国有企业股份制改革就普遍推行，国有企业股份制改革的核心就是产权主体多元化，是一种典型的混改。那么本轮混改的新意是什么？就是在分类改革大原则下推进混改。过去几年混改成为国有企业改革的重要形式，混改也取得了很重要的成绩。混改国有企业占全部国有企业的比重已高于80%，大量国有企业进行了混改。但是从混改的实际效果看，混改对国有企业的实际推进作用离期望值仍有距离，存在的主要不足是"混而不改"。国有企业改革的目标是通过产权清晰、政企分开等来实现自主经营、自负盈亏，提高国有企业的经营效率。但从混改实践来看，改革效果有待进一步提高。"混"是形式，"改"才是实质。如何在既"混"又"改"上下功夫是下阶段继续推进国有企业混合所有制改革的重要任务。

1. 国企混改要有助于推进分类改革

《国企改革三年行动方案（2020—2022年）》强调，要分层分类深化混合所有制改革。所谓"分层"就是集团总部与二级、三级等子公司实施不同的混改。总体上，中央企业集团公司层面保持国有独资或全资，具备条件的可以引入其他国有资产实现股权多元化。混改重点主要是在二级、三级子公司层面，这就叫做分层。

所谓"分类"就是对不同类型的企业实施不同的混改形式。商业二类即自然垄断国有企业混改在其子公司层面，而且要保持国有资本的控制地位。商业一类属于竞争性国有企业，其子企业宜改则改，国有资本可以绝对控股、相对控股或者参股。商业一类国有企业引入的非国有资本的持股比例可以超过三分之一。分层分类深化混合所有制改革的重点是推进国有资本投资、运营公司出资企业和商业一类子公司的混改，具体如何推进呢？

第一，"宏观分类"标准客观化。"谁出资、谁分类"的分类操作原则有可能延缓混合所有制改革的步伐，通过制定"行业细分清单"确认公开客观的国企分类标准，可以打破对民营资本的"进入壁垒"。因为分类标准若过度主观化，会影响分类改革原则的推行。按照分类改革原则，如果是公益类国有企业，国有资本要处于绝对控制地位；如果是商业二类国有企业，国有资本要保持控制地位；其他的国有企业则是市场说了算。如果一家企业明明是竞争性企业，但是出资方认为这家企业对国家很重要，国有资本要处于绝对控制地位，那么改革进展就会受到影响。因此，分类标准要客观，这样分类原则才能顺利推行。分类标准是比较容易制定的，国外在产业分类上有比较细化的标准，我国国家发展改革委在制定相关产业政策时也有一套非常中国化的产业标准。我们要以中国产业分类为基础，参照国外产业分类的一些具体方法，重新对我国产业进行明确分类。分类后可向社会公布，进而国有企业就可以直接对照产业分类标准，明确其属于竞争性企业还是非竞争性企业。如果是非竞争性企业，那么在混改中国有资本要保持控制地位；如果是竞争性企业，那么在混改中可以大胆一点，进行更加市场化的改革。

第二，商业二类国有企业的混改。商业二类国有企业属于自然垄断企业，原则上混改中应保持国有资本的控制地位。但自然垄断企业凭借市场支配力优势与融资优势，成立了大量属于商业一类的（竞争性）子公司，这既可能削弱了主业，影响了国有资本在自然垄断行业的支配力，也可能造成与民争利，影响市场机制配置资源的能力。因此，建议根据商业二类国有企业的子公司的性质来确立混改的原则与路径。具体来说，属于商业二类的子公司，在混改中应保持国有资本的控制地位，但属于商业一类的子公司，则还是应宜控则控、宜参则参、宜退则退。在明确"微观分类"的前提下推进央企的混改，具体途径就是要加快央企的"主辅分离"，对于央企中处于国计民生领域的主业进行国有资本占控制地位的混改，而对于处于竞争性领域的辅业进行产权多元化、分散化的股份制改革。

第三，积极创造条件，引入骨干员工持股制度。同时，在混改中还应积极引入上市公司股权激励、科技型企业股权和分红激励等长期激励机制。有条件的国有企业可以试行员工持股制度。

第四，对于处于竞争性领域的国有企业，则在混改中应通过资本化、证券化等方式优化国有资本配置，提高国有资本收益。盈利最大化的前提是收益和风险匹配，这就要保证国有资本有充足的流动性。

2.国企混改要有助于完善中国特色的现代企业制度

不论是在自然垄断行业还是在竞争性领域，国有企业通过混改来完善现代企业制度仍然是未来企业改革的重点。如何避免只混不改，一是要看民营资本的经营机制到底在多大程度上提高了国有企业的经营效率；二是要看混改到底在多大程度上解决了产权不清、政企不分等问题。因此，混改的改革效应还是要从完善现代企业制度中体现出来。要通过混改加快完善国有企业法人治理结构和市场化经营机制，健全经理层任期制和契约化管理，完善中国特色现代企业制度。对混合所有制企业，要探索建立有别于国有独资、全资公司的治理机制和监管制度。对国有资本不再绝对控股的混合所有制企业，探索实施更加灵活高效的监督制度，建立中国特色的现代企业制度。

3.国企混改要有助于健全以管资本为主的国有资产监管体制

在对国有企业进行分类改革的同时，需要同步推进国有资产的监管体制改革，国资委主要代表国家行使国有资产的所有权，建议将公益类国有企业划归财政部管理，或者在国资委下设置一个相对独立的非经营性国有资产监管部门。

对国有资产要实行分级管理，并在政资分开的基础上实现政企分开，即国资委负责监管中央所属企业（俗称央企）的国有资产。国资委对央企的监管已从"管资产"向"管资本"转变，不再具体干预企业的日常经营活动，而是专注于实现国有资产的保值增值。

实际上，我认为还要分不同类型采用不同的管理方式。在第二象限的公共产品领域，我认为不仅要管资本还要管资产、管企业、管人事，对公共企业"一竿子"管到底，包括管价格。但自然垄断行业应管资产与管资本兼顾，以管资本为主。涉及国家安全的自然垄断行业显然要管资产，但主体部分是管资本，即不再干预企业日常经营活动，而是专注于实现国有资产保值增值，以国有资产保值增值为根本目标来对这一类国有企业实施相关的监管。同时，需要优化管资本的方式，全面实行清单管理，深入开展分类授权放权，注重通过法人治理结构履职，加强事中事后监管。要深化国有资本投资、运营公司改革，科学合理界定政府和国资监管机构以及国有资本投资、运营公司及其所持股企业的权利边界。要防止国有资产流失。

4.在推进垄断行业竞争性环节市场化中深化国企混改

《中共中央 国务院关于新时代加快完善社会主义市场经济体制

的意见》强调通过引入竞争机制稳步推进自然垄断行业的改革。除了深化以政企分开、政资分开、特许经营、政府监管为主要内容的垄断企业改革外，强调要加快实现垄断行业竞争性环节市场化，切实打破行政性垄断，防止市场垄断。如有序放开用电计划和竞争性环节电价，适时放开天然气气源和销售价格，推进油气管网对市场主体公平开放，允许不同市场主体参与铁路运输业务的适度竞争，等等。

强调垄断行业竞争性环节市场化具有非常重要的改革意义。通常来说，在垄断行业的混改当中国有资本应处于控制地位。但垄断行业有很长的产业链，在这个产业链当中不是每个环节都具有垄断性，可能某个垄断行业的大部分环节具有垄断性，但某些下游环节具有竞争性。比如电力行业总体上具有垄断性，电网一定是垄断的，但发电具有一定的竞争性，供电侧的某些环节是可以市场化的。再如石油行业总体来讲是垄断行业，但是这个行业的某些环节比如加油站的建设显然是具有竞争性的，石油产品的某些深加工环节也可以是竞争性的。因此，对于整体上具有垄断性但某些环节具有竞争性的行业，在混改当中不一定要强调国有资本绝对控股，国有资本相对控股也可以。原来铁路建设主要由国家承担，但是后来发现某些铁路的支线的建设也可以由民营资本承担，现在国内有些铁路的支线，民营资本参与进去的效果是不错的。

《中共中央 国务院关于新时代加快完善社会主义市场经济体制的意见》明确提出要在要素获取、准入许可、经营运行、政府采购和招投标等方面排除所有制歧视，实现各类所有制主体公平竞争，特别是要支持非公有制主体进入电力、油气等自然垄断行业，同时提出要放宽服务业领域的市场准入。所以不要把垄断行业作为整体，坚持国有资本绝对控股，垄断行业当中的竞争性环节搞混改，国有资本是可以不绝对控股的，这样可以大大改善处于垄断行业的国有企业混改效果。

从实践来看，民营经济参与混改的积极性不高，有一个非常重要的原因是投资机会少。民营资本入股国企的动机之一是作为财务投资人，追求利益最大化，通过投资得到好的回报，可以不涉及控制权。比如处于垄断行业的国企本身具有市场支配力和融资优势，那么即使不拥有控制权，民营企业也愿意参与这类国企的混改，因而需要向民营资本开放自然垄断行业。民营资本入股国企的动机之二是作为战略投资人，追求控制权。关键就在于国有企业控制的竞争性领域能否向民营企业开放。如果民营企业能够在其中拥有话语权甚至控制权，那么民营企业当然愿意参与。如果垄断领域不让民营资本进入，竞争性领域不让民营资本拥有控制权，民营资本对混改就会缺乏热情。

在下一步改革中，如果垄断行业国有企业控制的竞争性企业或者垄断行业国有企业的某些竞争性环节向民营资本开放，国企和民企混改的案例将大幅增加，这种增加对国有企业经营效率提升大有好处。

四、以共同治理为主线，分类推进国有企业治理结构创新

在既定产权条件下，可以通过企业内部产权结构重新调整来提高企业效率，而完善公司治理的本质是企业内部产权结构重新调整，进而提升企业活力。企业治理怎么完善？按照什么逻辑来完善？对于这方面国内学术界有很多讨论。20世纪90年代包括21世纪初的主流是张维迎在《经济研究》上发表的多篇论文及其博士论文《企

业的企业家：契约理论》，他坚信"资本雇佣劳动"逻辑。这个思想其实是西方企业理论的主流思想，具有两个理论，即企业的团队生产假说和企业的契约理论。一是企业的团队生产假说：企业是一种团队生产方式，其生产总量大于单个生产要素的产出之和，但由于单个生产要素努力程度的难以测量性，企业内偷懒具有必然性，企业治理的核心就是要解决偷懒问题。二是企业的契约理论：企业是一组契约，但契约具有不完备性，比如有限理性、信息的不完全性等。在契约里没有界定的那部分权利，即剩余索取权和剩余控制权被界定给谁对于解决偷懒问题极其重要。无论是企业的团队生产假说，还是企业的契约理论，都表明企业与偷懒问题并存，只要有企业就一定有偷懒，要解决偷懒问题就要完善企业所有权安排。要解决偷懒问题就需要进行监督，所以企业一定是一个等级构架，要有监督者。但更重要的是怎么样防止监督者偷懒，那就需要给监督者构建一套激励约束机制，让监督者和被监督者追求不同的目标，由监督者拥有剩余权，让被监督者拿固定收入，被监督者越不偷懒，对监督者越有利，这时候如果被监督者的行为是可观察的，那么偷懒问题就能解决。

接下来的问题是：谁来当监督者？企业有两类生产要素，一类是资本，另一类是劳动，现实生活中都是资本所有者当监督者而不是劳动者当监督者。为什么是资本所有者当监督者而不是劳动者当监督者？威廉姆森的理论告诉我们，厂房和设备一旦投入就很难挪作他用，这时候就有沉没成本，即资产具有专用性，而劳动者投入的是人力资本，一般具有通用性。资本所有者由于投入的资产具有专用性，所以是风险承担主体，一般拥有剩余权、当监督者。这就是常见的一种制度安排。

因此，企业治理的效率含义就是剩余索取权和剩余控制权的对称性分布，权责利的统一就表现为资本雇佣劳动的治理结构。

但资本雇佣劳动理论到了股份公司就发生了变化，变成两权分离，代理人会利用委托人的授权来谋取自己的利益，这时怎么来防止代理人偷懒？这就需要股东对代理人构建一套激励约束机制，核心是在出资人、经理人、员工之间构建一套制衡机制，包括内部治理和外部治理。内部治理就是法人治理，核心是用手投票的一套机制，在股东会、董事会、监事会、经理层之间形成制衡关系。外部治理就是市场对公司的治理，包括产品市场、资本市场、经理市场。当股权分散到一定程度，单个资本难以控制公司的时候，其实股东仍然没有放弃对公司的治理，只不过用手投票变成了用脚投票，主要就是通过资本市场，这背后的逻辑都是资本逻辑。资本逻辑当然是西方企业理论的主流，本质就是资本雇佣劳动逻辑，到了股份公司条件下就变成了股东至上主义逻辑。

对于这样一个理论，1996年崔之元的《美国二十九个州公司法变革的理论背景》一文对西方的资本雇佣劳动理论提出了质疑。他指出，美国29个州公司法发生变革，原因是二战之后美国资本市场高度发达，资本所有者反而容易通过资本市场套现，对公司的风险承担越来越少，而企业内部人承担的风险越来越大。针对这一事实，美国29个州公司法都发生了变革，引入了一个新的条款，即保护利益相关者权益的条款。该条款要求企业不仅要为股东服务，还要为利益相关者服务，因此法律既要保护出资人的权益，也要保护利益相关者的权益。后来欧洲相关国家都对公司法进行了修订，也引入了利益相关者条款，包括中国也是如此。崔之元认为，美国这样高度资本主义化的国家公司法的修订意味着资本权利受到限制，表明私有制逻辑被打破了。后来周其仁也写了一篇文章《市场里的企业：一个人力资本与非人力资本的特别合约》，强调利益相关者的核心问题是人力资本分享企业所有权的问题，人力资本本质上也是私有资本，人力资本只能激励不能压榨，在权利分配当中要顾及人力资本，它没有动摇私有制逻辑，这是他的观点。

1997年我和周业安在《经济研究》上发表了一篇文章《一个关于企业所有权安排的规范性分析框架及其理论含义》，强调产权与物权的区别。科斯认为，产权理论所要解决的是存在的合法权利问题，而不只是使用者拥有的合法权利问题。什么是存在的合法权利？在现实的市场经济条件下，产权在行使过程中都会发生权利与权利之间的交易，在这些交易中仅谈到所有者拥有的合法权利是不够的，更重要的是两个拥有合法权利的主体在发生交易时会产生外部性。存在的合法权利到底是什么，这才是根本。德姆塞茨认为，产权就是使一个人或者其他人受益或受损的权利，产权行使的受限制性实际上体现了产权平等原则。

企业本质上是物质资本与人力资本共同构建的一个合约。在现代企业中，人力资本也具有一定的专用性，从而人力资本也具有一定的可抵押性，且人力资本只能激励不能压榨。所以在具体分配剩余索取权和剩余控制权时，人力资本也是参与方，拥有参与企业所有权谈判的权利，这是我们非常重要的观点。

按照威廉姆森的"资产专业性原则"，投入资本的资本所有者承担了风险，但是事实上，现代股份公司的出现特别是发达的资本市场为资本所有者规避风险创造了条件。按照承担风险的原则来界定权利，过去也许资本所有者是风险最大的承受主体，但是有了有限责任原则和资本市场后，资本所有者具有规避风险的可能性，不一定是风险的最大承受者。所以，这时候企业的剩余控制权到底应分配给谁就取决于谈判条件。这就是所谓的状态依存企业所有权：企业合约各方的动态性、企业所有权的安排取决于资本和人力资本谈判的状况。过去资本所有者处于谈判的主导地位，但随着现代社会的发展，人力资本也具有谈判权利，也参与到现代企业当中。剩余索取权和剩余控制权当然要对称分布，但到底应该是集中式对称分布还是分散式对称分布？过去是集中式对称分布为主，到了现代分散式对称分布也大量存在，人力资本与非人力资本共同拥有企业所有权。

从这个意义上来说，现代公司治理结构的发展趋势是从资本雇佣劳动的单一治理结构逐步走向人力资本与物质资本分享企业所有权的共同治理结构。在德国等西方发达国家可以看到大量案例，人力资本分享企业所有权，在我国，不管从现代公司演化趋势来看，还是从社会主义国家发展来看，都更应该强调劳动权利、人力资本权利。因此，如果一味地遵循资本雇佣劳动、股东至上主义的逻辑来安排国有企业的治理结构，并不是合理的。

从国有企业治理结构变革的路径来看，其着眼点始终是从如何改进政府对企业的控制和激励入手，这是典型的股东至上主义逻辑。我们一贯认为，股东至上主义逻辑并不应是国有企业治理结构创新遵循的逻辑。我与周业安在1997—2000年的多篇公开发表论文证明了国有企业治理结构从股东至上主义逻辑走向利益相关者合作逻辑的必然性，即治理结构不仅要体现股东的权益，而且还要体现其他利益相关者的权益，其中包括股东、经理人、员工、债权人、供应商、社区等。就员工来说，不仅仅因为应付工资项成为或有债权人，更重要的是，员工具有人力资本，而人力资本构成公司实际资本的一个重要组成部分。

我们认为，在逐步推进国有企业分类改革的思路主导下，应按照利益相关者合作逻辑来分类推进国有企业治理结构的创新。国有企业治理结构再造的总体原则是：通过加强党组织的领导作用来体现国有企业的制度特性；通过共同治理和相机治理有机结合的方式来重构具体的国有企业治理机制。

这就是我所讲的利益相关者理论与分类改革战略下的分层治理结构：在第二象限的国有国营企业里，在董事会、监事会中构建内部人决策与外部人监督的共同治理的一套逻辑；在第三象限的国有国控企业里，构建董事会共同治理、监事会共同监督、外部相机治理的机制；在第四象限竞争性领域，构建国有资本、民营资本、利益相关者共同治理机制。

第一，处于公益类领域的企业通常实行国有国营模式，相应的治理结构应为内部人决策机制与外部人监督机制（也称外部治理机制）这两种机制的有机组合。首先是内部人决策机制，即内部人负责公司具体的生产经营活动的决策。为了避免管理层独断专行，即便是内部人决策机制，也应该按照利益相关者理论来再造，工人董事应该占有一定的比例。其次，构建独立于内部人的外部治理机制。外部治理机制包括：一是有关政府部门负责任免管理层，决定管理层的薪酬水平和结构；二是有关部门派出独立监事，负责对公司生产经营活动的日常监督；三是审计部门对企业进行定期审计；四是企业信息公开；五是接受利益相关者或者其他社会成员委托国家审计机关或第三方独立审计机构不定期进行全面审计和专项审计。这套独立的外部治理机制实际上设立了事前监督、事中监督和事后监督三种机制。

第二，处于自然垄断行业的国有企业通常要建立现代企业制度，条件合适时在海内外公开上市，但为了兼顾社会目标与利润目标，国有资本要保持控制地位。相应的治理结构为董事会共同治理、监事会共同监督、外部相机治理三种机制有机结合。首先，董事会采取共同治理模式，核心设计是利益相关者代表进入董事会，具体包括：（1）政府派出的外部董事；（2）管理董事，由公司高管构成；

(3) 独立董事；(4) 职工董事，由经验丰富、富有责任心的职工代表担任；(5) 其他利益相关代表者，其中主要是直接债权代表，比如银行等金融机构派出的董事。其次，监事会采取共同监督模式：(1) 保留外派独立监事制度，政府有关部门从外部董事监事专家库中选派独立监事代表进入公司监事会，并担任监事会主席；(2) 工会监事，选拔经验丰富、富有责任心的基层工会代表进入监事会；(3) 政府监事，由政府相关部门工作人员担任。让监事会的共同监督模式成为实际有效的治理机制的关键在于，监事可以给管理层打分，进行评价，而这个评价直接影响管理层的晋升和薪酬水平。最后，在上述两种治理模式之外，设立外部相机治理模式。外部相机治理机制由两部分组成：一是固定的事前人事和薪酬决策、事后审计监督；二是随势而变的管理层更迭机制和公司并购重组机制，当公司出现某种状况，比如高管腐败、业绩大幅下滑、重大决策失误等时，这种机制随机启动。

第三，纯私人产品领域实现国有资本的证券化，相应的治理结构为董事会共同治理、监事会共同监督、外部相机治理三种机制有机结合。对于纯私人产品领域的国有企业来说，由于核心内容是管效益，通过国有资本证券化以及资产组合管理来实现利润最大化，因而其治理结构可以采取类似养老金、社保基金或者国外大学捐赠基金的治理结构模式，具体来说就是：首先，董事会采取共同治理模式，这类企业的董事会应包括四类代表：(1) 政府派出的外部董事；(2) 管理董事；(3) 金融专家独立董事；(4) 员工董事。其次，监事会采取共同监督模式：(1) 外派独立监事和工会监事的设置与准公共产品和公益类产品领域的国有控股公司类似；(2) 设置审计监事。再次，纯私人产品领域的国有企业同样需要设立外部相机治理模式。这方面与准公共产品和公益类产品领域的国有控股公司外部相机治理模式类似。最后，对于进行混改的国有控股公司，其他机制不变，但在董事会共同治理模式中，应增设非国有股东派出董事，派出人数取决于其股份占比的大小。

此外，还要分类构建与国有企业经营者身份相匹配的激励机制。对国有企业内的经营者既需要约束，也需要激励。最近几年，国企高管限薪成为热议话题。国企高管薪酬的形成机制存在的问题有：其一，内部人控制下国企高管自己给自己加薪；其二，对国企高管有激励但无约束；其三，"明薪"低、"暗薪"高；其四，低薪、低能。核心问题是国企高管的身份到底是官员、经营者还是两者兼而有之？解决上述问题的途径是在深化产权制度改革的基础上，依据国企高管身份与薪酬激励机制相匹配的原则来完善对经理人的激励约束机制。尽管从一般意义上来说必须优化对国企高管的激励约束机制，但由于不同国有企业所处行业不同，国企内部激励机制的设计应该遵循薪酬制度改革方案通过的"明确坚持分类分级管理""建立与企业功能性质相适应的差异化薪酬分配办法"，根据不同类型的国企对高管实施差异化薪酬激励方案。

第十三讲
全国统一大市场建设*

刘志彪**

作为社会主义市场经济的基础和载体,统一大市场在资源配置中发挥着决定性作用,其建设水平直接影响社会主义市场经济体制的发展程度。若市场建设不完善,市场经济的发展便难以达到高水平。

近年来,中央高度重视全国统一大市场的建设,并制定了一系列重要决策和方案。自 2020 年 3 月 30 日《中共中央 国务院关于构建更加完善的要素市场化配置体制机制的意见》颁布以来,国家便开始了对要素市场的深入改革和完善。随后,在 2021 年 1 月 31 日,中共中央办公厅、国务院办公厅联合印发的《建设高标准市场体系行动方案》,为要素市场的具体建设提供了更为详细的指导。到 2021 年底,中央全面深化改革委员会进一步提出了加快建设全国统一大

---

* 原载《经济研究》,2022(5):13-22,原题目为《全国统一大市场》。
** 刘志彪,现为南京大学经济学教授、博士生导师,教育部社会科学委员会经济学部委员,教育部首批文科长江学者特聘教授,南京大学长江产业发展研究院常务院长。

市场、提高政府监管效能的要求，强调了统一大市场建设的重要性和紧迫性。2022年3月25日，中共中央、国务院出台了《关于加快建设统一大市场的意见》，为统一大市场的建设提供了更为全面和系统的指导。党的二十大报告再次强调了构建全国统一大市场、深化要素市场化改革和建设高标准市场体系的重要性。这一系列决策和方案，充分体现了中央对建设全国统一大市场的坚定决心、明确方向和具体政策取向，也为我们指明了未来工作的方向和目标。全国统一大市场的核心在于"大市场"的构建，而非简单的管制或行动统一。这里的"统一"主要指的是市场竞争规则及要素、商品、资源自由流动规则的统一，以确保市场的高效、有序运行。全国统一大市场的目标是在新的市场经济条件下，发挥市场的决定性作用，推动社会主义现代化建设。

一、建设全国统一大市场的背景与作用

在当前全球经济再平衡的背景下，中国作为曾经的"世界工厂"，其经济发展在一定程度上长期依赖于西方市场，导致经济发展的主动性受限。随着全球贸易格局的变化，特别是美国等西方国家对中国中低端产品的大量进口引发的就业和产业冲击，以及对中国采取的贸易战略，世界经济再平衡的需求愈发迫切。为此，中国需通过扩大内需、减少储蓄来参与全球经济的再平衡，这既是经济发展的内在要求，也是构建新发展格局、提高国家发展质量的重要途径。

同时，全球化方式正在经历根本性转变。过去，中国参与全球化主要作为跨国公司的加工制造中心，处于客场全球化的地位。然而，随着全球市场的重组，中国正逐渐转向主场全球化，利用国内

统一大市场推动世界市场的扩大和全球经济的增长。这一转变要求中国国内市场不仅要扩大规模，还要提升功能，以适应全球化进程中的新需求。

此外，过去中国国内市场因长期未被充分利用和市场机制不完善，在一定程度上成为国家出口导向的工具。然而，在当前国际市场环境变化的背景下，依赖出口已不再是可持续的发展战略。因此，中国需要充分利用国内市场优势发展经济，并将国内市场作为推动经济增长的重要动力。这三个大背景紧密相连，共同构成了当前中国经济发展内外环境的重要考量。

建设国内统一大市场的作用主要涉及四个方面。

第一，为了掌握未来发展的主动权，中国需作出战略布局并抢占先机。作为世界主要力量之一，中国在全球的积极发展决定了其未来必须自主掌握发展主动权，避免在多方面受到外部因素的制约。在市场经济条件下，市场资源作为最重要的资源，对其掌握与否直接关系到国家的发展命运。拥有世界市场和本国市场发展的先导性和可能性，是中国把握未来世界市场发展的关键。因此，将客场全球化转向主场全球化，是中国发展战略中的关键布局，有助于充分发挥中国的发展优势。过去，中国的比较优势主要体现在生产要素的低价格和高性价比上。然而，随着40多年来的高速发展，这种生产要素价格优势逐渐减弱，特别是在劳动力方面，由于人口规模下降、出生率降低和人口老龄化等因素，劳动力作为中国参与国际竞争的优势正在逐步缩小。传统的基于劳动密集型产业的竞争优势正逐渐转变为基于知识和技术的竞争优势。在此背景下，中国未来的竞争优势将更多地体现在统一大市场上。统一大市场不仅是中国发展的潜在优势，而且可以转化为现实的竞争优势。这种优势将使中国在发展过程中拥有更强的主动性和超前性。因此，掌握中国统一大市场资源，是中国在未来竞争中取得优势的现实途径。

第二，统一大市场是畅通经济循环的核心所在。社会再生产的顺畅运行关键在于经济循环的畅通无阻，这涵盖了生产、分配、交换、消费和投资等多个环节。任何环节的障碍都可能导致循环过程的中断，进而阻碍整个社会经济的高水平发展。特别是国内国际循环的畅通无阻依赖于国家高水平社会主义市场经济的发展。在市场发育不良或功能不完善的情况下，经济循环极易断裂。若缺乏市场的有效调节机制，整个经济发展水平将受到严重影响，可能大幅下降。因此，完善的统一大市场是畅通经济循环的基础和关键。若缺乏统一大市场的支撑，未来中国在国际经济循环中将面临诸多挑战和困难。

第三，实现产业高水平的自主自立自强，是产业发展的内在要求。这一要求基于两个核心方面。首先，技术创新供给体系必须能够支撑产业循环的需求，这包括技术、产业供给、工艺、材料、设备、软件等方面的自立自强与自主创新，确保技术过程自主可控，避免外部因素的制约。其次，有效需求对产业成长的拉动作用不可忽视。强大的国内市场通过拉动国内创新，是实现产业高水平自立自强的关键基础。在市场经济条件下，创新并非凭空产生，而是基于需求驱动。高水平的需求能够引导创新，只有持续的高水平需求才能支撑创新的持续发展。因此，中国庞大的市场规模和持续增长的高水平需求，为产业创新提供了广阔的空间和可能性。正如恩格斯所言，社会需求是推动社会进步的重要力量。在当今世界，需求导向的创新已成为基本潮流。在高水平需求的推动下，高水平应用场景的出现将刺激高水平科技的诞生。缺乏良好市场需求的经济体，难以实现高水平的创新。因此，无论是国内市场还是国际市场，都需要通过扩大需求来推动产业创新和技术应用，进而实现产业高水平的自立自强。

第四，全国统一大市场是实现高水平对外开放的基础。对外开放必须建立在坚实的基础之上，这一基础即国内市场的高水平开放。国内市场的开放将形成巨大的需求，进而吸引全球生产要素向中国流动，从而实现高水平的开放。此外，中国国内的巨大需求还能通过各种形式促进中国企业对外投资，进行国际外包，并利用国外的知识和资源。全国统一大市场不仅吸引物质要素，更重要的是吸引创新要素，为中国的创新服务，这是高水平开放经济的重要体现。若国内市场长期封闭，不仅国内商业活动会受到严重限制，也无法为国际要素提供机会。高水平的开放必须是双向的，既能支持企业增加出口和对外投资，又能鼓励外资和技术流入，实现高水平的双向交流。因此，国内高水平开放的基础在于全国统一大市场的支撑。

二、中国统一大市场的主要特点

中国统一大市场建设具有其独特性。相较于西方国家，特别是美国在资本主义成长早期即已形成国内统一大市场，中国走的是社会主义市场经济的道路。中国统一大市场有四个主要特点。

第一，中国统一大市场的转型并非顺序进行，而是一个逆序过程。我们曾长期处于计划经济和产品经济的思维模式中，逐步向商品经济和市场经济的方向转型。这一转型过程包含了复杂的转型期，其间经历了反复和波折，从计划经济向社会主义市场经济的转变，以及从产品经济向商品经济的转型，都需要时间和努力。改革过程历来充满挑战，从计划经济体制向社会主义市场经济体制的转变同样面临诸多阻力，包括思想、利益以及体制上的障碍，它们反映了历史螺旋式的进步过程。因此，对于统一大市场的建设，我们也需要有清晰的认识，并在过程中逐步解决所遇到的问题。

第二，与发达国家相比，中国建设自立自强的统一大市场面临的挑战可能更为严峻。以欧盟为例，其统一大市场的形成始于1993年生效的《马斯特里赫特条约》，它标志着欧盟机构建设的开始。欧盟统一大市场的形成在人类历史上是一个非凡的成就，克服了历史上国家间的战争和恩怨，展现了人类智慧的伟大。尽管当前欧盟面临诸多问题和挑战，但其在统一市场方面的努力仍值得肯定。然而，对中国地区之间的合作与欧盟国家之间的联合进行比较，我们可以发现，在一个主权国家内部实现区域一体化和发展全国统一大市场的难度并不亚于欧盟国家之间的联合。尽管主权国家内部在法律、税制、货币等方面具有统一性，但地区之间的合作仍面临诸多挑战。以"长三角一体化"为例，尽管这一概念自20世纪80年代起就被提出，并在近年来上升为国家战略，但其实际效果仍有待进一步评估。这一案例表明，即使在一个主权国家内部，实现地区间的一体化也绝非易事。因此，我们需要深入探讨中国主权国家内部一体化过程中所面临的障碍和挑战，并寻找合适的解决方案。这将是一个复杂而漫长的过程，需要政府、企业和其他社会各方的共同努力。

第三，联邦制国家，如美国这样的国家，虽然政治上统一，但由于其联邦制的特点，各地区拥有强大的权力，理论上全国统一大市场的建设难度应大于单一制国家。在美国，每个州都有自己的法律体系和规则，中央政府在某些事务上的干预能力有限。相较之下，我国作为单一制国家，在建设统一大市场方面具有一定的优势。然而，尽管我国具备中央统一领导的便利条件，但仍面临一些挑战。经济要求的统一性与行政上的分权之间存在明显的矛盾。行政分权是大国运行的必要条件，但与经济未来的统一要求相冲突。针对这一问题，美国通过建设全国统一的铁路体系和在联邦法律中明确地区间权力归属中央政府等方式，成功促进了统一大市场的发展。在中国，虽然我们有统一的竞争法，但在处理地区间贸易冲突时，责任归属并不明确，导致地区间的经济壁垒和"断头路"现象仍然存在。因此，我们需要深入研究并寻求有效的解决方案，以克服这些挑战，推动全国统一大市场的建设。

第四，中国建设统一大市场的重要特色源于其独特的现代化任务。我们的现代化进程旨在迅速将国家从小康水平提升至迈入中等收入国家行列。考虑到中国的国情，即生产力的巨大梯度差异，从传统的农村生产方式到高度发达的航天科技，这一过程中的劳动力市场、土地市场、其他要素市场等均处于不同的发展阶段。特别是，在当前信息化和人工智能产业革命的背景下，数据市场作为新兴要素市场尚未完善。在建设全国统一大市场的过程中，我们需要同时发展和完善劳动力市场、资金市场、商品市场以及数据市场等多个方面。然而，这些市场的发育程度严重不均衡，且缺乏同步研究。因此，在有限的时间内，实现这些市场的同步和一元化发展将是一项极具挑战性的任务。这一发展进程可能会遇到诸多困难，并可能导致某些市场建设的不完善。这构成了中国统一大市场建设过程中的重要特点之一。

三、统一大市场是新发展格局形成的基础

统一大市场是中国新发展格局形成的基础。新旧发展格局的对比，能够清晰地揭示统一大市场在其中的核心作用。在旧发展格局中，中国作为世界工厂，主要依赖进口中间投入品和劳动力，生产最终产品，并以出口为主要目的。这一过程中，外资企业在中国的生产活动中占据重要地位，它们进口设备、利用部分国内投入品生产，最终产品大部分出口、小部分内销。这种格局主要依赖于国外

市场，中国则成为主要的生产加工基地。然而，随着新发展格局构建的推进，我们开始注重国内市场的开发，以及国内资本品和劳动力的运用。新发展格局将以国内市场为主，国内产业链得到拉长，循环过程主要在国内进行，而与国际市场的联系则处于次要地位。这一变化体现了国内市场地位的提升，以及对于国内资源的更加有效利用。因此，统一大市场的建设对于推动中国新发展格局的形成具有重要意义。通过加强国内市场的整合和统一，我们可以更好地发挥国内资源的作用，推动产业链的完善和发展，实现经济的高质量发展。

过去，国内缺乏统一大市场，发展格局主要依赖于国外的资源和市场。然而，在新发展格局中，虽然国外市场仍具重要性，但主导的市场和产业循环将转向国内。这凸显了市场在新格局中的核心地位。在发展格局的转换过程中，若要素市场建设滞后，将面临巨大风险。新发展格局的形成及稳固需要有效的市场支撑，市场循环的顺畅至关重要。

回顾旧发展格局，经济循环主要由两个动力部门驱动：出口和外资引进部门。随着出口和外资的持续增长，外汇储备也相应增加，进而引发人民币基础外汇的投放。这些资金最终流入国内市场，并主要通过房地产渠道扩大国内信用规模。政府和企业购买土地，推动地价和房价不断上涨。政府从土地收益中获得大量收入，并将其用于公共基础设施建设和战略性新兴产业投资，进而促进经济繁荣。基础设施的完善和投资环境的优化又进一步吸引外资，增加出口，形成正向循环。在这一循环中，货币市场与土地市场的互动是关键。货币市场的资金流动推动土地价格上涨，成为旧发展格局的核心动力。同时，国内资本市场和货币市场在提供发展资本方面扮演了重要角色。

旧发展格局中的经济循环一旦陷入困境，通常表现为两种可能性。首先，当出口部门与外资吸收动力减弱时，外汇占款随之下降，若中央银行不增发货币，则可能引发信用紧缩。然而，政府可以通过提供流动性，如发行债券等方式来增加经济流动性，而不一定完全依赖于外汇。其次，过去通过信用扩张进入土地市场和房地产市场的资金，在当前房地产市场萎缩的情境下，难以流入该领域，导致地价下跌、房企困境以及政府从土地出让中获得的财政收入减少。这进一步导致基建项目缩水、产业链萧条，并影响与房地产相关的多个产业部门，如家电、钢铁、水泥等，引发投资环境恶化、出口和进口减少，以及外资吸引力下降。

疫情结束后，经济面临的挑战主要源自两个方面：一是外国订单和外资投入减少；二是随着人口减少和居民收入预期下降，居民对土地市场和房地产市场的兴趣降低。这两方面的因素共同作用导致经济循环陷入困境。目前，尽管通过出口和外资吸收部分资金能够缓解部分压力，但不应过分依赖于此，因为短期内难以有显著的增长。面对这一困境，关键在于如何有效利用资金。在土地市场功能受限的情况下，需要将资金引入资本市场，以支持创新企业的融资和投资。然而，由于资本市场发育不良，资金难以有效流入该领域。因此，需要发挥资本市场的作用，以促进实体经济的融资和循环。若资本市场无法有效发挥作用，则难以摆脱当前的循环困境。

在新发展格局中，为确保部分循环的顺畅进行，构建一个规模庞大的资本市场至关重要。虽然出口和外资的增长可以推动基础货币的投放，但更重要的是，如何通过内需的扩张来有效利用这些资金。关键在于，这些资金在推动内需规模扩张、出口吸引外资的过程中，如何有效地转化为实体经济的信用扩张。过去，这一转化过程主要依赖于土地市场，但现在，考虑到当前中国人口不断下降、土地和房屋供应过剩的实际情况，继续依赖土地市场来发挥其在过去所发挥的作用已变得不现实。随着市场环境的变化，资本市场应扮演更为核心的角色。一个功能强大的资本市场能够将资金有效地引导至实体经济，从而推动正向循环的形成。因此，构建一个强大的资本市场，以支持实体经济的投资，将成为推动新发展格局循环的关键所在。从信用扩张到实体经济的循环过程，如果无法顺畅进行，将严重制约新发展格局的有效构建及运转。这进一步强调了建设强大资本市场的重要性，以替代过去土地市场的角色，确保统一大市场的有效运行。

四、全国统一大市场的总体影响

1. 影响地方政府参与竞争的模式与方法

众所周知，中国地方政府之间的竞争是中国过去经济增长的重要驱动力。印度缺乏分权的地方政府体制，仅中央政府展现积极性，而地方政府则缺乏相应的动力。与此不同，中国的每个地方政府均宛如高速增长的引擎。那么，全国统一大市场的建设将如何影响地方政府的竞争态势？

首先，地方政府参与竞争的模式和方法将受到显著影响。过去，地方政府主要通过创造政策洼地来竞争，借助政策优惠设立各类开发区、自贸区、经济特区、示范区等，营造优惠的政策环境和条件，以吸引要素不断流入。在整体经济环境尚未优化的背景下，通过优先优化局部特定环境来降低交易成本，是地方政府竞争中的常用策略。每当有政策机遇出现时，地方政府会竞相争取，以期通过此方式吸引更多要素流入。

然而，全国统一大市场的建设将带来改变。由于统一市场要求政策的公平性，政策洼地将逐渐减少，以避免形成各地政策差异过大的局面。统一市场意味着各地在竞争条件上应保持一致，而非某一地区享有更多优惠。因此，地方政府在竞争中的策略将需要调整，不再依赖于创造政策优势，而是应更加专注于优化投资环境，实现公平竞争条件下的市场优化。为适应这一变化，中央政府可能需要对地方政府的政绩考核标准进行调整，不再以经济增长为主要考核指标，而是将投资经营环境作为评价其经济业绩的主要标准。这将促使地方政府在竞争中更加注重创造优质的投资环境和营商环境，以实现市场的持续优化。

2.使产业政策主体、任务等发生根本性变化

过去，中国普遍存在地方政府之间的竞争，其产业政策的一个重要特征是地方政府主导型，即地方政府决定资源配置并决定哪些实体可以获得优惠政策的支持。这种方法虽能激发地方的积极性，但也可能导致市场分散和竞争不对称。其正面效应在于地方政府展现出强烈的经营动力，而负面影响则表现为地方保护和市场分割。

地方政府主导型产业政策带来的副作用之一是市场不统一。为建立统一大市场，地方政府的能力需要受到抑制，也就是使地方政府主导型产业政策让位于中央主导型产业政策。首先，产业政策应减少数量，避免过度干预导致计划经济现象。其次，政府主导的产业应能够全面管理相关市场，而非随意设立产业政策，应确保全国范围内的产业政策统一，为公平竞争创造条件。

中国需要消除地区之间的特殊路径，确保所有经营主体享有相似的投资环境和条件。为引导产业积极转移，需制定公平竞争的条件，让企业自主选择产业配置地点，以实现最高效率的资源配置。这包括协调沿海与内地、南方与北方以及国内与国际价值链的关系。特别是在以国内大循环为主体的背景下，需打通地区之间的阻隔，消除地区

保护和分割现象，形成全国统一大市场，充分发挥统一大市场的优势。中央主导型产业政策应聚焦于少数国家重点发展的产业，大部分产业应放开由市场主体统一竞争，以构建高水平的社会主义市场经济体制，实现国家管制与市场资源配置机制的有机结合。中央主导型产业政策应为全国公平竞争创造主要条件，而非加剧市场分割。这与过去由地方政府主导的分散竞争产业模式存在显著不同。

3. 地区间竞争的常用手段在统一大市场下会受到巨大抑制

过去地方竞争常用的手段在构建统一大市场的背景下将受到显著抑制。原先，地方政府参与竞争的主要方法包括经济补贴和各类隐性竞争策略，如通过给予财政补贴来吸引大型企业等。然而，随着国家对补贴和土地价格的管理日益严格，地方政府开始采取更为隐蔽的补贴方式，如先收取投资款项，随后通过财政手段进行返还。这种做法虽违反国家规定，但在实际操作中屡见不鲜。此类做法带来了一系列问题，特别是在资源分配和市场竞争方面。发展较好的地区有能力向企业提供补贴，而资源匮乏的地区则无法提供同等程度的支持，这导致市场竞争受到干扰。在没有补贴的情况下，企业会根据效率和投资环境进行选择，而非单纯受补贴影响。

为实现统一大市场，必须限制交叉补贴和隐性补贴的方式。当地方政府参与竞争的手段受到限制时，地区之间的竞争将更趋公平。因此，建议中央政府坚定不移地推进公平竞争政策的实施，这对于平衡中国地区之间的发展具有重要意义。在资源分配和市场竞争中，应更多依赖于效率和投资环境，而非简单的财政补贴，以确保市场的公平竞争和资源的有效配置。

4. 在全国统一大市场建设的初始阶段，区域失衡现象会加剧

在建设统一大市场的进程中，投资环境优越的地区将吸引大量生产要素的流入，而投资环境不佳的地区不仅难以吸引新的企业入

驻，还可能面临本地企业的流失。初期可能会出现资源流动的激化效应，但随着各地积极改善投资环境，以投资为主导的产业逐渐发挥作用，生产要素的流动将趋于具有计划性，进而实现地区间的平衡。然而，这一过程需要一定时间。竞争将逐渐从优惠政策转向效率政策，那些忽视投资环境建设的地方将难以吸引产业入驻，甚至可能导致已有产业的流失。在"马太效应"的影响下，东部地区可能进一步吸引资源，加剧区域失衡。为防止这一现象，关键在于加快优化中西部地区的投资环境，而非推迟建设步伐。若不重视投资环境的建设，随着国家统一大市场的逐步完善，地区不平衡现象将更加严重，可能引发风险。这是从经济分析中可预测到的重要现象。

五、统一大市场对产业基础的影响

统一大市场的建设对产业组织也产生了深远影响。作为统一大市场的微观基础，产业组织的现代化过程包括产业内关系结构的演化、运行模式的优化、产业链分工的合理化和产业治理能力的提升等方面。这一过程是强大实体经济的微观支撑。

1. 影响产业组织结构的变化

在政策规则统一后，企业间的产业政策竞争实质上转变为效率竞争。这种竞争机制将促进资源向效率更高的企业集中。这些高效企业通常是大型企业，拥有寡头垄断竞争主导的现代化产业链。因此，在构建统一大市场的过程中，必然会形成市场集中度高的寡头垄断竞争格局。这种竞争格局下的产业链主要由垄断寡头主导的企业构成，类似于西方发达国家当前的市场结构。

现代产业体系评判的重要标准之一在于能否形成广泛的竞争环境，包括大企业的动态竞争，以及围绕大企业的配套中小企业。这种结构旨在保证公平与效率的基本均衡。在此情境下，国家的支持并非仅针对大型企业，而是更加注重对中小企业的扶持。大型企业因其自身实力强，已具备较强竞争力，而国家的力量则更多地用于保障就业、维护公平，防止大型企业过度挤压中小企业。随着统一大市场的自组织发展和高强度竞争，价格机制将引导资源和市场份额自动向具有高竞争能力的企业集中。

2. 强化产业内部以效率为主导的竞争机制

首先，纵向产业链上的企业间存在效率竞争，主要围绕以链主企业为主导的治理结构展开，这是一种由大企业主导的市场结构。链主企业的治理结构受到市场驱动性和政策驱动性的双重影响。市场驱动性体现为具有技术开发能力的企业成为链主，而围绕链主的上游企业则主要提供中间投入品。这一现象的出现源于在形成统一大市场的过程中鼓励具备市场力和技术驱动力的大企业加速发展。

其次，横向竞争的产业链表现为新进入者、替代品生产者与产业内现有企业之间的竞争。这种竞争导致技术范式的变化，而这种变化又成为驱动竞争的主要力量。在此过程中，旧技术、低效率的企业不断被淘汰，而新企业则不断进入市场，新技术不断涌现。

最后，某产业链上的企业与其他产业链上的企业之间也存在资源性竞争。这种竞争表现为产业间的竞争，源于统一大市场下资源的稀缺性和市场的有限性。前面两种竞争模式主要关注同一产业内部的竞争，而第三种竞争模式则涉及不同产业链之间的竞争，这种竞争基于要素的一般性和稀缺性，如信贷资源的分配，可能直接影响产业的发展速度。在统一大市场的背景下，可能会进一步强化产业内部以效率为主导的竞争，形成更为明确的治理结构。

3. 促进"链主-隐形冠军"形态治理组织的成长壮大

中小企业通常涉足大企业无法或不愿涉足的领域，如手工艺品、劳动密集型产业、消费者服务等，这些领域往往需要特定的技能或大量的劳动力投入。同时，中小企业也倾向于在大企业的产业链上游寻找定位，通过提供特定的零部件、材料、工艺等，与大企业形成紧密的互补关系。专精特新企业在这一体系中尤为关键，它们专注于某一领域，通过深耕细作，实现技术突破和产业升级。这些企业为大企业提供了重要的供应链支持，同时也促进了中国产业组织的发展。未来，中国产业链政策应充分考虑这一趋势，为中小企业创造集聚区，提供优质服务，促进其与大企业的交流合作。在鼓励中小企业发展的同时，应避免过度追求规模扩张，而应注重提升其在特定领域的核心竞争力，使其能够在其所在的市场中成为具有影响力的"大青蛙"。这样不仅可以提升中国产业的基础能力，形成更加紧密的产业链配合关系，还能够加快专精特新企业的创新步伐，有效解决"卡脖子"问题，推动中国产业向更高层次发展。此外，全国统一大市场的建设为中小企业提供了更加广阔的市场空间和更加公平的竞争环境，对于促进中小企业的健康发展具有重要意义。

4. 协调好产业政策与竞争政策的关系

统一大市场的建立促使产业政策和竞争政策更趋完善。根据统一大市场建设文件，需健全公平竞争制度框架和政策实施机制，并建立公平竞争政策与产业政策的协调保障机制，以优化和完善产业政策的实施方式。过去，中国的产业政策往往根据企业的所有制、规模、地区等因素进行差异化管理，这种做法在一定程度上导致了企业间的不公平待遇。

为构建对企业更为公平的政策环境，全国统一大市场要求对所有在中国注册的企业采用统一的中国企业概念进行管理，取消所有制、规模、地区和行业的差异化管理方式。对于战略性产业，中央主导型产业政策可以针对其特性实施与普通产业有区别的政策，但对于绝大多数企业，应坚持同产业平等的原则，实施统一政策。这是竞争政策的基本要求，旨在确保同一产业内部所有企业享有公平的竞争环境。体现国家对战略性产业的要求，关键在于中央主导型产业政策对所要支持发展的战略性产业实施与普通产业有区别的政策。这一做法旨在确保产业政策与竞争政策在同一市场中能够相互保障和协调。尽管当前国家正式文件尚未明确提及这一点，但它是中国政治经济学和中国经济学必须解决的实际问题。解决这些问题对于实现市场公平和推动市场的持续发展至关重要。

5. 对产业政策的方式和能力的影响

未来统一大市场的建设将显著影响产业政策的方式和效能。以往，由于缺乏全国统一大市场的推动，产业政策多由地方政府主导，导致中央产业政策的影响力相对较弱。尽管地方主导的产业增长动力强劲，但高负债投资、效益低下、市场分割以及地方政府投资约束不足等问题频发，这些都是导致中国债务问题较为严重、投资效益不高的重要原因。为了解决这些问题，推动统一大市场的建设是未来发展的关键前提。在统一大市场的框架下，中央政府的产业政策将发挥更加主导的作用，而地方政府则应专注于提供公共产品和执行竞争法、反不正当竞争法等产业法规和政策，以提升整体产业效能。地方政府在产业政策上的作用将不再是决定资源分配的多寡，而是确保政策的统一性和公平性。这一转变将深刻影响地方政府的产业政策效能，推动产业政策体系的全面革新。

六、构建国内统一大市场的政策取向

第一，市场规模建设。在统一大市场建设中，首要任务是市场规模的拓展。潜在市场需转化为现实市场，因为潜在市场规模大并不等同于现实市场规模大。尽管中国拥有庞大的人口和地域，但超大规模的国家并不意味着拥有超大规模的经济。目前，中国市场看似庞大，实则尚未充分发挥其潜力。要建设统一大市场，必须破除地方保护主义，同时提升国人的收入水平。中国内需不振的主要原因是居民收入水平偏低，这源于收入分配过度倾向于政府和国有企业。尽管工资收入占国民经济的比例与国际水平相近，但中国人的收入结构更依赖于财产收入，而非仅仅是工资收入。财产收入占中国居民收入的比例远高于国外，但中国居民的财产收入普遍偏低，这主要是由于劳动产权改革滞后所致。尽管中国拥有全民所有制企业，但居民并未从财产收入中获得充分收益。中国央企和国企拥有约200万亿元的资产，这部分资产虽属全民所有，但其收益并未直接惠及居民。若这部分资产的收益能直接惠及居民，将极大地促进内需的扩大。因此，核心问题在于如何提高居民收入水平，而不仅仅是提高货币收入。这需要通过提高劳动生产力和财产收入来实现。劳动生产力的提升是解决问题的关键，而提高居民收入水平则必须根据劳动生产力的增长来持续进行。关于如何提高财产收入，这是一个值得深入探讨的问题。

　　第二，市场门类建设。目前，中国的市场资源配置中，要素市场占据94%的比例，但中国在要素市场建设方面的水平与其在世界上的经济地位并不相称。具体观察土地市场和劳动力市场，可以发现劳动力市场除了低层次市场外，高层次市场要素基本缺失。高级劳动力市场尚未完善，包括劳动保障和户籍制度等方面均存在不足。更值得注意的是，当前还存在对高级劳动力流动的限制，使得劳动力流动变得困难。这一现象凸显了中国要素市场建设与其国家经济地位的不匹配。为解决这一问题，推进全国统一大市场的建设至关重要。目前，人口改革已经逐步推进，包括取消部分户籍制度。然而，这一改革需要与教育、住房、养老等多方面的条件相配合，以确保劳动力市场的顺畅运行和劳动力的有效配置。

第三，市场功能建设。总体来看，市场功能和市场趋向的改革存在不足与市场趋向的改革过度并存。一方面，市场应实现市场化的部分尚未完成市场化，例如土地市场和资金市场受到地方政府的过度控制，劳动力市场开放程度不足；另一方面，市场改革在某些领域出现过度现象，如医疗、教育、养老、房地产等方面存在过度市场化的倾向。这种市场改革过度与改革不足的现象，均体现了政府职能发挥的不足之处。因此，如何在确保政府有效发挥作用的同时，实现市场的高效、有序运行，减少不必要的干预，是当前亟待解决的问题。

第四，市场机制建设。市场机制建设的核心在于确保公平、公正、公开，以及构建健康的市场环境。如何贯彻国家统一的竞争政策，以竞争政策为基础来审查、修正和制定未来的经济政策，是当下亟待解决的问题。今后，国家所有的经济政策在实施前都必须首先通过竞争政策的审查，以确保政策的公平性和有效性。同时，对于过去的政策，也需进行竞争政策的审查，以确保其与当前市场环境相符。市场环境建设的根本在于降低企业在市场运营中的交易成本，并最大限度地提高企业的生产力。降低交易成本、优化营商环境在当前具有高度的战略意义。随着全球产业链的重组，跨国公司正在寻求更优化的资源配置。中国要打破全球产业链重组带来的不利局面，核心在于降低企业经营的交易成本，以吸引更多企业在中国扎根发展，从而克服全球产业冲突给中国带来的不利影响。

第十四讲
推进中国经济持续增长和高质量发展

沈坤荣[*]

党的二十大站在民族复兴和百年变局的制高点,科学谋划未来5年乃至更长时期我们党和国家事业发展的目标任务和大政方针,提出了一系列新思路、新战略、新举措。奋进新征程、建功新时代,我们要坚定不移地用习近平新时代中国特色社会主义思想武装头脑、指导实践、推动工作,以中国式现代化实现中华民族伟大复兴。从现阶段的任务来看,要坚持以推动高质量发展为主题,把实施扩大内需战略同深化供给侧结构性改革有机结合起来,增强国内大循环内生动力和可靠性来提升国际循环质量和水平,加快建设现代化经济体系,着力提高全要素生产率,着力提升产业链供应链韧性和安全水平,着力推进城乡融合和区域协同发展,推动经济实现质的有效提升和量的合理增长。本讲将从改革开放以来中国经济增长的实

---

[*] 沈坤荣,教育部长江学者特聘教授、博士生导师、教育部经济学学科教学指导委员会委员,南京大学-约翰斯·霍普金斯大学中美文化研究中心兼职教授,中国工业经济学会常务副理事长。曾任南京大学商学院院长。

现机制、中国经济发展的阶段演变与外部环境变化以及以高水平社会主义市场经济体制建设推进经济持续增长与高质量发展三个方面对如何推进中国经济持续增长与高质量发展这个重要问题进行讨论。

一、改革开放以来中国经济增长的实现机制

中国所取得的经济增长方面的成就离不开市场化改革和市场机制与有为政府的相互结合。

改革开放以来，中国实现了长达40余年的高速增长。作为人口众多的国家之一，中国也成为经济增长最快的国家之一，创造了人类经济发展史上的"中国奇迹"和"增长奇迹"。中国经济规模不断扩大，实现了从一穷二白到世界第二大经济体的历史性转变，这也为实现中华民族伟大复兴提供了充满新活力的体制保证和快速发展的物质保证。

这种历史性转变表现在多个方面。从产业发展来看，中国目前建立了门类齐全的现代工业体系，有200多种工业产品的生产居世界首位，实现了从一个贫穷落后的农业国到世界第一工业制造大国的历史性转变。从贸易来看，我国货物进出口规模迅速扩大，货物贸易占全球的份额和位置逐步提升。在2013年，我国超越美国成为全球货物贸易第一大国。从教育来看，我国义务教育的普及程度也达到了高收入国家的平均水平，人口素质显著提升，实现了人口红利逐步向人才红利的转变。从市场来看，我国的国内市场快速发展，市场在资源配置中的主体地位持续增强，实现了消费品从数量短缺到供给充裕的历史性转变。从基础设施来看，我国的基础设施建设全球领先，尤其是以高铁和高速公路为代表的基础设施建设。中国

的新型基础设施建设也在稳步推进。特别是近年来，我国强化了数字新型基础设施的布局，为全面重塑生产关系、释放数字生产力奠定了基础。在信息基础设施领域，我国加快了5G和光纤宽带的"双千兆"网络建设，用于统筹部署传感器等泛在感知设施，并对云计算、边缘计算等算力基础设施进行合理布局。在传统基础设施领域，也在加快传统基础设施的数字化转型，用于推广部署工业互联网、打造智能化交通环境、建设泛在电力物联网以及建设智慧城市。在社会基础设施领域，我国正在积极推进基础设施的智能化转型，用于建设智慧学校、智慧医院等设施。

经济的高速增长还带来了举世瞩目的脱贫奇迹。作为人口众多的国家之一，2012年底，我国仍有接近1亿的贫困人口，但到2020年底已经实现了全面脱贫。全国832个贫困县全部摘帽脱贫，其中连片特困地区的贫困人口生活水平得到显著提升。随着基本公共服务业的不断完善，我国创新性推出了电商扶贫、光伏扶贫、对口支援等一系列脱贫政策。这些具有中国特色的政策为全球贫困人口的脱贫贡献了中国智慧和中国方案。

进入新时代，在以习近平同志为核心的党中央的坚强领导下，中国经济经受住了重重风险与挑战，取得了历史性成就。一是经济总量迈上了新台阶。近十年来，我国GDP年均增长率维持在6.2%左右，经济总量达到了121万亿元的水平，成为全球经济发展的最大动力源。二是经济结构实现了新的优化。我国的工业增加值目前已超过40万亿元，新业态、新产业、新模式蓬勃发展，城乡区域发展协同性持续增强。三是经济动能取得了新的优势。目前我国在全球创新指数中的排名已提升至第11名，进入了创新型国家行列，一批重大科技成果持续涌现。四是经济活力得到新的释放。随着高水平社会主义市场经济体制建设的推进和"一带一路"建设的走深走实，中国已成为 140 多个国家和地区的主要贸易伙伴。

如何理解这种历史性转变？中国经济增长的基本逻辑有两个方面：一是以市场化改革为主线的发展，它破除了发展的障碍并释放了潜能；二是与市场化改革相辅相成的中国共产党在以人民为中心思想引领下的执政作为。制度是经济增长的根本保证。改革开放以来，中国共产党坚守为人民谋福利、为中国谋发展的初心和使命，探索中国特色社会主义经济制度，才创造了经济快速发展奇迹。

这样的业绩如何实现？这需要分析改革开放与中国经济增长的实现机制。1978 年党的十一届三中全会确定把党和国家的工作重心转到经济建设上来，此后我国进行了一系列有益探索，其中最重要的是市场化改革。市场化改革在 20 世纪 80 年代打破了计划经济一统天下的局面，引入了市场机制。从一开始的计划经济为主、市场调节为辅，有计划的商品经济，到后来党的十四大正式把建立社会主义市场经济体制确立为改革的目标，提出使市场在社会主义国家宏观调控下对资源配置起基础性作用，政府的作用也从计划转向了宏观调控。从党的十五大到党的十七大，党中央进一步提出发挥市场在资源配置中的基础性作用，把市场的作用逐步上升到制度层面。2013 年党的十八届三中全会又将市场在资源配置中的作用从基础性上升到决定性，社会主义市场经济体制不断完善。

市场化改革为经济增长提供了资源配置效率和经济激励，驱动了技术水平与生产力水平的不断提升。在微观层面，激烈的市场竞争迫使经济主体不断通过技术革新来提高劳动生产率，以获得超额剩余价值。新技术的出现降低旧技术的价值，进而激发出"创造性破坏"的技术升级过程，形成经济增长的微观激励。创新和技术进步也成为以竞争为核心的市场经济体制的特征。

在中观层面，经济主体可以根据市场信号，将资源自由地配置到高利润率、高生产率的地区和部门。例如东部地区率先实现了工业发展，获取了超额利润，在市场的驱动下，劳动力等要素从农村自发地向城市转移，从中西部地区向东部地区转移。市场也促使农民自发地兴办乡镇工业企业，扩展了我国工业化的广度。大量资源转移到更有效率的生产部门，形成了经济结构变迁，而工业化、城镇化带来了生产率的快速提升。中国经济增长受到了结构变迁与效率提升的双重驱动。

与此同时，后发国家可以在开放市场环境下交换先进技术，形成后发的赶超优势，实现快速的资本积累，从而迅速地缩小与发达国家的收入差距。从这方面来看，中国依靠丰富而且廉价的劳动力要素资源，通过发展劳动密集型产业参与国际分工，并依靠巨大的国际市场赚取的利润形成了资本的原始积累，从而推动了资本深化与技术水平迅速提升。这个过程在改革开放头30年左右的时间里十分明显。

市场机制演进的另一维度是与政府作用的有机结合。党的一系列决议，特别是2017年党的十九大提出的"着力构建市场机制有效、微观主体有活力、宏观调控有度的经济体制"，明确了新时代市场经济体制的发展方向。将市场机制的运行效率和政府的作用相结合极具中国特色。改革开放以来形成的增长机制表明，既要长期坚持市场经济体制改革的方向，向改革要动力，向市场要活力，也要坚持和加强党的政治领导，保证改革开放始终沿着正确的方向前进，发挥社会主义制度的优势以保障发展质量，最终促进经济持续健康发展。

需要指出的是，中国政府的有为，除了中央政府的有为之外，还有一个重要的方面是地方政府的有为。分析地方政府行为可以使我们更加全面和客观地认识政府在促进中国经济增长中的作用，进而从中央与地方的互动当中来理解中国经济增长的推进机制与中国特色。政策试点是其中的核心机制。政策试点可以概括为地方自主探索，形成典型示范，再到在全国的推广和形成国家政策的过程，其中地方政府自下而上产生的创新经验是中国政策试点能够成功的关键。

地方政府之所以能够在摸着石头过河的过程当中提供宝贵的政策建议，关键在于中央政府给予了地方政府充分的自主空间。例如在改革开放初期，安徽、江苏、浙江等地方政府巧妙地规避了国家制度对私人产权的限制，进行了包产到户、个体经济、民营经济等自下而上的制度创新，从而突破了计划经济的藩篱，有力推动了农村生产组织制度的变革，并在很大程度上影响了改革的进程。最典型的例子就是安徽率先开始的包产到户、分田单干的试点。这些改革激发了农民的生产积极性，得到了党中央的肯定，因此迅速推广到全国。民营经济在个体经济的基础上开始萌芽，例如苏南的乡镇企业在20世纪80年代异军突起，迅猛发展，地方政府在其中发挥了直接的无可替代的作用。

在计划经济体制逐渐向中国特色社会主义市场经济体制转变的过程中，市场的功能还不完善，需要地方政府发挥作用来弥补或替代很多市场功能，这对经济增长起到了积极作用。例如在一定时期内，地方政府针对促进GDP增长展开了税收政策、土地财政以及环境政策等多个政策领域的竞争，不断吸引流动性的生产要素，提高了所辖地区的经济增速。总体上，在地方政府的引导下，地区经济增长呈现出劳动投入可持续、资本形成有效率、全要素生产率提升有空间的局面。

在经济发展领域，地方政府竞争发挥了多重作用。例如地方政府竞争推动了劳动力市场的培育，实现了劳动力要素从人口红利向人才红利的转变。针对资本积累，地方政府竞争吸引了大量外商直接投资，这些外商直接投资不仅带来了促进经济增长的资本要素，还提供了前沿的技术和管理经验。地方政府竞争还促进了公共基础设施建设，推进了物、人和信息的快速流动，实现了要素在地区之间的优化配置，从而提升了全要素生产率。地方政府竞争还促使形成了数量众多、种类丰富的各级开发区，通过吸引企业入驻，显著发挥了规模经济的效益。

在社会发展领域，随着中国经济发展目标从高速增长转向高质量发展，地方政府也开始在基本公共服务的供给中发挥积极作用。相较于中央政府单一的主体，地方政府拥有足够的地方信息和注意力，能够极大地提升公共服务供给的政策效能。近期有研究对欠发达地区义务教育学生营养餐的国家试点和地方试点模式下的政策效果进行了分析。结果表明，在中央政府主导的国家试点模式下，让一个义务教育阶段的农村儿童从不读高中转向读高中的营养餐政策成本大概是 4 425 元，而在地方政府主导的地方试点模式下，达到同样政策效果所需的政策成本只有一半。尽管研究较为初步，但也表明地方政府的积极作为可以快速提高社会发展领域的效能，从而让高质量发展有很好的微观基础。

需要注意的是，地方政府竞争的一些负面影响——例如合理的约束机制的不断突破——对中国经济走向高质量发展产生了一些阻碍。地方政府是研究中国经济增长的关键变量。怎样根据增长阶段的演变，放大地方政府在增长上的效应，同时约束其负面影响，需要深入研究。离开地方政府行为就无法透视中国经济快速发展奇迹的基本逻辑。

二、中国经济发展的阶段演变与外部环境变化

中国经济发展的阶段性特征和外部环境始终在变化。

随着经济发展阶段的演变，我国经济发展的要素条件、组合方式和资源配置效率已经发生了根本性变化，而在新发展阶段所面临的硬约束明显增多，资源环境约束越来越接近上限。而随着经济发展阶段的演变，我国企业的低成本扩张模式受到了限制，政府的投资扩张模式也累积了一些风险。针对企业，可以以1997年的亚洲金融危机为界划分阶段。1998年的市场过剩和产能过剩，跟改革开放之后各类企业的快速发展和产品极大丰富有关。当时的各类企业都是在市场供应十分短缺的情况下发展起来的，各种产品从短缺状态转向了向全国供应。亚洲金融危机的爆发彻底暴露了企业低成本扩张模式的缺陷，所以随着经济发展阶段的演进，我国采取了一系列新政策，尤其是加入世贸组织的决策。加入世贸组织使得原有的基于全国市场的布局，开始向基于全球产业链、供应链、价值链的布局延伸。从目前来看，加入世贸组织前后20年的发展成功塑造了我国在全球产业链供应链上的布局。

一方面，我国目前发展面临的主要问题是产能过剩。尽管疫情暴发带来了产业链、供应链、价值链中断的问题，但即使没有疫情，在我国的市场布局中，中低端产品也是过剩的。从行业层面看，在产能过剩的压力下，很多企业只能不断降低价格来维持市场份额，造成了传统实体经济中投资机会的缺乏。企业想转型，但是十分艰难，而三年疫情又加重了问题。很多企业家表示，现在缺的不是钱，而是能够盈利的投资机会，所以需要寻求新的突破，实现产业升级和产品转型，但这并非一蹴而就。从企业层面看，虽然经济增速有一定下降，但是人工成本、资本价格和资金成本却呈现出刚性，而经济增速下降和成本刚性的结合挤压了企业的利润率。所以原有的基于低成本的扩张模式已经不再适应新的市场环境，亟须转型升级。

另一方面，政府的投资扩张模式也出现了问题。政府投资一开始是为了弥补市场不足，例如沿海发达地区的乡镇政府都有农工商总公司。在这个过程中，由于城市化和城镇化进程不断加快，演变出很多地方融资平台公司来推进和构建新的城市化格局。房地产市场的发展、地方融资平台公司的产生，使得城市化的快速演进过程累积了很多风险，因此原有的政府投资模式出现了边际收益递减，风险逐步累积。

不能否认的是，我国原有的增长模式成功创造了大量财富，但到了一定程度——尤其是2022年我国人均GDP达到了12 500美元左右，也就是进入了中等收入阶段——需求结构和供给结构就出现了不一致和不同步的现象。按照党的二十大报告，我国的需求结构已经升级，人们产生了多元化、多样化和多方面的需求。因此，消费主体展现出对产品品质、品牌、环境质量改善和服务质量改善的需求，但是相关供给仍是滞后的，包括公共服务、基层治理、技术演进、应用演进和基础研究等。

所以目前已经到了要强化品牌意识、加强品牌建设的时刻。2023年2月，我国政府提出了中国品牌创建行动，从而推动中国制造向中国创造的转变、中国速度向中国质量的转变以及中国产品向中国品牌的转变。大力开展品牌创建可以促进标准的提档、质量的升级和品牌的增效。事实上，品牌建设已经成为全社会广泛的共识和自觉的行动，成为推动高质量发展的有力支撑，成为加快构建新发展格局的生动实践。中国桥、中国港、中国高铁和中国家电等中国品牌都是很好的例子。随着新一轮科技革命和产业革命正在重塑全球经济结构，加快推进品牌建设，不断塑造发展新动能和新优势来推动经济社会高质量发展是十分重要的。新发展阶段提出新要求，尤其是坚持创新，需要增强品牌的发展动能、发扬企业家精神和工匠精神。

企业也需要顺应发展阶段的演变来转型，包括经营理念的转型、经营观念的转变、知识的更新，以及人力资本的提升。另外，一个重要问题是企业的代际接续。最近有个案调研表明，当初创代的企业家到了五六十岁时，就急需新一代企业家来接续上一代企业家的开创性事业，但是新老两代人在接续中都不适应。受过良好教育的年轻一代觉得上一代人做的企业太低端，他们喜欢留在大城市工作，不愿接班。而他们的前辈虽然创造了财富，也培养了自己的下一代，但在体力和观念上都没有跟上。他们中的很多人无法理解企业是社会的，而只能信任自己的亲人接班。很多企业在这种接续过程当中产生了巨大的经营风险。沿海地区曾有过第二代企业家的培训活动。目前来看，第二代企业家经过一定时间的培训，有了新的观念和知识后，企业的接续可以比较顺畅。

怎样通过创新形成新的竞争优势，构筑新的微观基础，是我国进入中等收入阶段后面对的问题。所以企业要培植新一代的企业家，能够延续前辈的创业路径，并且有能力、有知识、有胸怀以及吃苦耐劳的精神。接续企业经营需要付出艰苦的努力，这也是一种社会责任的体现。所以我国企业家精神的培养，不仅仅是经营知识、技术知识的培养，还有胸怀和责任感的培养。

除了上述一般性问题外，我国的人口结构出现了老龄化、少子化、不婚化和城市化等新趋势，使得我国在进入高收入国家行列之前就遇到了创造财富的人口大幅度减少，但需要消耗财富的老年人口急剧增加的难题。这是进入中等收入阶段之后，我国经济转型步伐缓慢的原因之一。我国的未来发展跟人口密切相关，因为人口是一切经济活动的基础。人口迁移的基本逻辑是人随产业走。工业化带动了城市化，让人口大规模地从乡村向城市集聚。服务业的发展比工业的发展更需要集聚，所以在城市化过程的中后期，人口主要向一二线大城市、大都市圈以及区域中心城市集聚。人口带来的居住需求也引发了众多产业的更替，而现阶段可以发现城市之间正在为争夺年轻人才而竞争。未来新增城镇人口大概有 2.2 亿到 2.5 亿，对未来区域发展的研究必须重视这些人的流向。国家对此也高度重视，完善老龄工作的机制，实施积极应对人口老龄化的战略。我国政府可以通过一定的政策安排，通过养老产业等产业的发展创造新的发展机会，而这个过程可能会很快。

除了上述分析的我国经济发展内部条件所发生的变化，现在我国经济发展的外部环境也发生了演变。随着国际竞争的赛道、赛场和赛规发生变化，我国高质量发展面临的外部挑战与压力越来越大。由于我国经济规模不断扩大，国际影响力日趋增强，很难再有过去几十年相对宽松、和缓的国际发展环境，也就是我国发展进入了战略机遇和风险挑战并存、不确定性因素难以预料且增多的时期。

首先，发达国家对我国发展采取了一系列的抑制政策。例如近年来美国等国家针对中国的崛起，采取了"小院高墙"等一系列遏制中国发展的政策。针对面向中国的出口，美国工业安全局（BIS）发布了包含 14 大门类的管制技术清单，包括生物技术、人工智能和机器学习技术、定位导航、微处理技术、先进计算技术、数据分析技术、量子信息和传感技术、物流、增材制造技术、机器人、脑机接口、高超音速动力技术、先进材料，以及先进监控技术。美国还动用行政力量干扰半导体企业的在华经营，"芯片法案"使得我国很多企业受到巨大影响，目前南京的台积电、西安的三星以及大连的海力士都受到了打压。美国的技术打压政策给我国的未来发展过程设置了很多阻碍。

其次，从规则上看，贸易保护主义政策使得我国经济开放所面临的环境发生了重要变化，怎样以高水平的对外开放应对全球格局的演变成为重要问题。需在贸易方面稳步地扩大规则规制管理和标准的制度型开放，来打造市场化、法治化和国际化的营商环境，从而推动贸易和投资的便利化。还需要通过构建多元化的市场格局，拓展新兴市场，来构筑全方位、多层次和多元化的开放格局，从而提升贸易投资合作的质量和水平，助力外贸外资的稳规模和优结构。

再次，面对国际局势的动荡，我国需要积极承接由欧洲能源危机引发的中高端制造业转移。俄乌冲突所带来的欧洲能源价格上升，使得欧洲很多中高端制造业正在外迁。美国希望能够承接这些产业，但其产业功能和整个市场环境存在问题。如果能充分利用我国完备的产业体系、超大规模的内需市场，以及工程师红利等比较优势，结合加快建设现代化产业体系的迫切要求，我国有机会积极承接欧洲中高端制造业的转移。目前有些沿海发达地区的地方政府已经开始积极到海外考察。为了做好产业的承接工作，需要围绕高端装备、基础元器件和关键零部件等先进制造业及高新技术等重点领域，以及化工能源、医疗和半导体等重点产业链，深入实施外资准入负面清单，实现高标准落实准入后的国民待遇，强化项目的用地、财税和环保等政策，积极推动外资项目签约落地。要提高外商投资服务水平，持续优化营商环境，解决外资面临的问题，推出便利人员往来的措施，以及强化一系列政策支持。在实践上，许多城市都为承接这轮产业转移提供了新的思路。这再次证明了地方政府行为的重大作用。有为政府的建设可以引导市场，从而引导企业入驻来创造发展的机会。这会为高质量发展提供更多的空间和基础。

最后，要注意国际金融市场的波动及其诱发的风险因素。疫情暴发后，美国通过推动一系列刺激政策，诱发了高水平的通胀。为了抑制通胀，美国进行了加息，这导致了金融产品的期限错配和市场恐慌情绪引发的挤兑，使得美国出现了一些暴雷现象。为了应对外部金融市场波动带来的风险和冲击，我国需要以新一轮政府机构改革为契机，加强和完善流动性风险和跨境的风险管理，从而强化金融稳定保障体系，推动重点领域金融风险的处置，守住不发生系统性金融风险的底线，切实维护金融安全。

基于上述分析，要根据发展阶段和外部环境的演变牢牢把握高质量发展这个首要任务。最重要的是三个方面：一是在未来规划上，我国政府最近发布了扩大内需战略规划纲要，强调坚持实施扩大内需战略来培育完整的内需体系；二是在分配格局上，要大幅度降低个人所得税，打造新的经济增长节点，构建高标准市场体系，深化改革，加快疏通国内大循环；三是在国际循环上，要打造面向全球的高效的产业链供应链，积极参与国际经贸规则的谈判和制定。关于第三个方面，我国很多民营企业都参与了光伏产业和新能源布局的规则的谈判。在这方面要充分发挥前沿企业家的才能，为畅通国际循环提供基础和支持。最终是要实现以高水平开放反制逆全球化，以改善营商环境反制撤资论，以超大规模市场的吸引力反制脱钩论。2023年8月国务院还发布了《关于进一步优化外商投资环境 加大吸引外商投资力度的意见》，这个意见的条款从领域、渠道、企业的梯度转移到加强保障，都设置有一系列规则。尤其是知识产权行政执法力度的加强，符合国际惯例。上述措施都是在国际循环方面增强我国的延链、补链、强链能力。在组织领导上，我国政府组建了中央科技委员会，统筹与推进国家创新体系建设和科技体制改革，统筹与解决科技领域的战略性、方向性和全局性重大问题，具体包括如何推进新型举国体制建设等问题。

习近平主席在2023年金砖国家工商论坛闭幕式上致辞时指出："世界之变、时代之变、历史之变正以前所未有的方式展开，人类社会走到了关键当口。是坚持合作与融合，还是走向分裂与对抗？是携手维护和平稳定,还是滑向'新冷战'的深渊?是在开放包容中走向繁荣,还是在霸道霸凌中陷入萧条?是在交流与互鉴中增进互信,还是让傲慢与偏见蒙蔽良知?历史的钟摆朝向何方,取决于我们的抉择。"[1] 我国的态度就是坚持高水平的对外开放,构建人类命运共同体。

就当前的全球经济形势来看,外部不确定性确实在增强。目前全球经济深度分化,经济增长放缓成为普遍现象。由于全球贸易摩擦和政治不确定性等因素,一些发达经济体的经济甚至出现了负增长。目前各类金融风险指数、政治风险指数、社会风险指数都达到了历史新高。整个世界经济增速下滑的幅度和节奏是接下来金融市场调整的决定性因素。要准确把握好当前全球经济低迷的客观实际。

就当前我国国内经济形势而言,2023年的开局良好,但是景气有所回落,第二季度的GDP同比增长是6.3%,高于第一季度的4.5%,上半年同比增长5.5%,7月份景气又有所回落。工业生产基础设施建设和制造业投资有企稳的迹象,但是服务业有所回落,消费动能偏弱,房地产的投资有所下降,这显示出经济复苏仍然很不稳定。目前民营企业的信心有待恢复,社会预期需要改善。从发展空间来看,我国有超大规模的市场需求,蕴藏着巨大的发展机会。在新起点上如何营造市场化、法治化和国际化的营商环境,大力弘扬优秀企业家精神,坚定信心再出发,在深化改革开放中不断增强发展的动力和活力,是下一步发展的重点。而针对外部环境,随着国际竞争的赛道、赛场、赛规的变化,要推进高水平对外开放,稳步扩大规则、规制、管理、标准等制度型开放,加快建设贸易强国,推动共建"一带一路"高质量发展,维护多元稳定的国际经济格局和经贸关系。

---

[1] 习近平.深化团结合作 应对风险挑战 共建更加美好的世界.人民日报,2023-08-23.

三、以高水平社会主义市场经济体制建设推进经济持续增长与高质量发展

面对我国发展阶段演变与外部环境变化所带来的不确定性与风险，需要识变应变求变，主动防范化解风险，加快构建新发展格局，着力推动高质量发展。其中最重要的就是要完整、准确、全面地贯彻新发展理念，坚持社会主义市场经济改革方向，坚持高水平对外开放，加快构建以国内大循环为主体、国内国际双循环相互促进的新发展格局。要坚持以高质量发展为主题，把实施扩大内需战略同深化供给侧结构性改革有机结合起来，增强国内大循环的内生动力和可靠性。要提升国际循环质量和水平，加快建设现代化经济体系，着力提高全要素生产率，着力提升产业链供应链的韧性和安全水平。要着力推进城乡融合和区域协调发展，推动经济实现质的有效提升和量的合理增长。

具体来说，作为一个超大规模的经济体，我国将坚定推动高水平开放，扩大市场准入，缩减外资准入的负面清单，提升现代服务业开放水平。我国将持续优化营商环境，落实外资企业的国民待遇，打造市场化、法治化、国际化的一流营商环境，从而构建面向全球的高标准自由贸易区网络。我国将继续推动生态文明建设，加快建设美丽中国，积极稳妥推进碳达峰、碳中和，促进经济社会全面绿色转型。要创新宏观调控推进持续增长，改革体制机制实现科技自立自强，以高水平对外开放应对国际环境演变，以绿色低碳发展推进可持续增长，以数字经济发展赋能高质量发展，具体包括以下几个方面。

一是要创新宏观调控，推动经济持续增长。目前正在构建这方

面的一系列政策组合，尤其是协同财政、货币、就业、产业、投资等政策，形成促进高质量发展的合力。要充分发挥消费对经济增长的基础性作用，增强消费能力，培育消费热点，创新消费场景。要扩大有效投资，有力有序地推进重大工程建设以及其他经济社会重大项目建设。目前重大项目，尤其是发挥地方比较优势的项目正在如火如荼地推进。另外要实施创新驱动发展战略，全面提高知识产权的创造、运用、保护和服务水平，强化企业创新主体地位，深化国际科技合作。目前正在推进一系列国家实验室的建设，粤港澳大湾区、长三角和北京的中关村都有相关项目正在推进。

二是要吃改革饭、走开放路、打创新牌。改革的核心是要让市场主体有信心，首先是要让国有企业具有引领能力。怎样在新型举国体制建设当中，既能让国家队成为主力，又能提升它们的能力，这方面的制度建设方兴未艾。我国作为一个如此体量且正在崛起的发展中经济体，必须使新型举国体制在科技自立自强、引领基础性研究的突破方面有所作为。其次是要让民营企业的投资有信心。最核心的是建设高标准的市场体系，营造一流的市场营商环境。最后是地方政府的融资模式创新。上文提到地方政府的一系列作为，在我国走向和完善社会主义市场经济体制的过程当中起到了功能替代作用，而功能替代作用也要有所创新，特别是地方政府的融资模式，包括发挥资本市场的作用来减轻有可能出现的一系列债务风险等。

三是要坚持高水平的制度性开放。要合理缩减外资准入的负面清单，高标准落实好外资企业国民待遇，从而促进外贸稳规模优结构，推动共建"一带一路"高质量发展，从而让我国的高质量发展和由中等收入国家向高收入国家的发展更有回旋余地，这既符合中国发展的需要，也会惠及人类命运共同体建设。一些国家歪曲指出"一带一路"建设给共建国家带来了债务风险，但相关研究发现，

"一带一路"发展促进了当地经济的有效发展，促进了当地民生的有效改善。

四是要提高改革手段的可执行性。理论研究要高度关注这个问题，尤其是如何处理好中央和地方关系及其中涉及的中央财政和地方财政的关系。1994年，相较于当时的中央财政收入和地方财政收入之比，出现了不一致的事权财权关系，所以我国才实行了分税制的财政体制改革。经历了接近30年有效的运行后，随着我国进入新发展阶段，如何针对新发展阶段出现的新问题来研究财权和事权的分割，以及中央财政和地方财政的关系，需要学者们站在历史的进程和未来发展的全局的角度来进行思考。

五是要处理好政府和企业的关系。尤其是要增强民营企业的内生动力，这需要在理论上寻找新的支持。

六是要处理好新发展阶段的公共产品供给，尤其是基本公共产品供给问题。学前教育、基础教育，以及中老年人的医疗、健康，怎样实现均等化，怎样解除进入中等收入阶段之后消费者的后顾之忧，让有能力消费的人敢于消费，让低收入阶层在一系列政策的引导下有序进入能够消费的阶层，对于这些问题，需要进行一系列公共产品供给的研究。

除了上述的理论支撑，从地方政府和企业可运作的手段来看，可能性首先在于城市的快速发展。要在城市更新和盘活城市发展要素存量当中找到投资和增长的机会。最近对于城中村的改造等，既能提升城市的品质和质量，提升城市的现代功能，特别是现代的网络经济的功能，又能带来新的投资机会和投资重点。其次在于产、城、人的融合。要降低城市运营成本，在推进开发区的有序发展中寻找机会。很多开发区没有城市功能，劳动力早出晚归，提高了运营成本。在这个过程当中，如何使产、城、人三方融合在一起是新一轮高质量发展需要思考的重要问题。再次在于城市集群的发展，也就是在城市群的发展与不同层级城市的功能互补中发现和创造商机。要扎实地推进京津冀协同发展、长江经济带发展、粤港澳大湾区建设、长三角一体化发展，以及黄河流域生态保护和高质量发展，从而提升区域发展的协调性、平衡性。最后在于城乡统筹发展，也即在实现要素双向互动中推进乡村振兴。例如在推进乡村振兴的过程中，要培育农村产业新业态新模式，拓宽农民增收渠道，稳步推进以人为核心的新型城镇化，加快农业转移人口的市民化。基于沿海发达地区的调研发现，过去几十年基本上是农村的要素向城市集聚，而到了现阶段，是否会有资本、人才、技术等要素向农村转移？一些学者提出来可以让退休职工、退休老师和一些专业人士回原籍创造新的创业机会，带动农村的发展。浙江的探索表明可以在农村和城市的互动中找到新的投资机会。

更重要的是城乡融合的发展。例如长三角地区在推进科技自立自强、产业协同发展，要建设绿色美丽与幸福和谐的长三角。以习近平同志为核心的党中央对此提出了很多希望，要先行先试，示范引领，以一体化发展的确定性应对外部环境的不确定性。并且提出要推进高水平科技自立自强，推进高水平对外开放，坚定不移地增强民生福祉，携手保障公共服务的水平，从而逐步实现共同富裕。特别是提出要强化制度改革创新集成，携手打造国际一流营商环境，服务全国统一大市场建设。习近平总书记在江苏考察的时候也特别提出希望沿海发达地区在科技创新上取得新突破，在强链补链延链上展现新作为，在建设中华民族现代文明上探索新经验，在推进社会治理现代化上实现新提升。这些具体的要求跟发展阶段有关，跟发展环境也有关，更重要的是从地方政府和企业运作手段当中会找到更多的发展机会和发展途径。

除了上述分析，高质量发展最终离不开行业的发展，这里着重分析两个方面：一是发展数字经济来助力产业转型；二是发展低碳经济来推进绿色发展。

发展数字经济助力产业转型，要充分发挥我国社会主义制度的优势、新型举国体制的优势和超大规模市场的优势。要强化目标导向和问题导向，牢牢抓住数字技术发展的主动权，把握新一轮科技革命和产业变革的先机，大力发展数字经济。数字经济如何赋能高质量发展？数字经济最核心的是平台支撑、数据驱动和普惠共享。未来需要聚焦的重点领域和关键环节在于四个方面：一是加快推进数字产业化，特别是打造集成电路、新型显示、物联网、平台经济等数字产业集群；二是深入推进产业数字化，促使传统产业进行全链条数字化转型，实现产业园区的数字化转型；三是加快建设新型数字基础设施；四是不断提升数字化治理服务水平。

第一，在加快数字产业化过程当中，要以技术、资本、人才等多要素为支撑，构建数字经济发展的良好生态，例如要培育更多独角兽企业。另外要根据国际环境的变化，统筹安全与发展，构建数字安全体系，为数字经济保驾护航。还要通过完善平台经济的治理来避免平台经济活动的大起大落。

第二，在加快推动产业数字化转型的过程中，有四个重要趋势：一是由数字消费向数字生产转移；二是由单点应用向产业协同转变；三是由信息网络化向智能决策转变；四是由大企业主导向中小企业全覆盖转变。从产业数字化的技术支撑来讲，最重要的是智能服务，包括数据、算力、算法。如何生产、获取、分析、处理、存储和管理数据，涉及一系列技术管理手段。要深入研究数据管理的基础性制度建设。一般来说，美国有先进的数字技术，欧洲有成熟的数字管理规则，而我国有广泛的数字技术场景应用。如何将我国广泛的场景应用和超大规模的市场转换成规则谈判权,并超越已有的技术实现技术突破,需要我国在数据算力和算法等方面有所作为。

产业数字化的支撑体系具有理论层、技术层、目标层、应用层和功能层等多个层次。理论层更多涉及基础研究,技术层涉及数字产业化,特别是平台经济的独角兽企业,目标层、应用层、功能层更多涉及产业数字化。现在很多新型服务业都是用数字技术进行产业赋能,例如农业的无人机耕种、施肥和收割等。而对于制造业,最核心的是智能制造,所以要推动企业的智能化改造和数字化转型。

基于沿海地区的调研表明,要着力解决"缺方案,不敢转""缺技术,不会转""缺数据,不能转""缺资金,不愿转"问题。要通过免费的诊断、技术的输出、平台的赋能、贴息的奖补等举措,营造全流程服务生态,激发企业进行智能化改造、数字化转型。具体措施如下。

对一些中小企业,可以搭建智能服务超市,从而为其提供免费诊断。生活中就进超市的人而言,人们只会购买自己需要的物品,并不需要每一样产品。而搭建平台式的智能服务超市,可以消除个性化企业"缺方案,不敢转"的顾虑。同时在一些发达地区,可以加速标杆企业的输出,从而强化示范效应。例如成熟的智慧工厂可以输出智慧控制生产流水线的范例,来解决企业"缺技术,不会转"的难题。通过参观比较,企业就可以发现自己有没有转型的可能。

要深化平台赋能,加速推进上云,化解企业"缺数据,不能转"的困境。借助数据云服务平台,企业家可以了解同行以及行业的情况。例如纺织企业通过数据的云服务平台就可以知道哪些产品是过剩的,而哪些又是急需的,这些信息有助于企业进行产量调整。这些智能化服务需要所有企业接入云端。数据越用越多,数据积累之后如何进行保护和处理,以及如何把基础数据变成有用的数据都需要基础制度的建设，而这恰恰是数据治理的难点。化解企业"缺数据，不能转"的困境，需要搭建数字服务平台，来解决数据孤岛的问题，从而发挥数据作为新型生产要素的作用。

还需要完善财政和金融政策，实施精准扶持，缓解企业"缺资金，不愿转"的压力。很多企业都在抱怨自己的生产经营存在困难，无法筹集转型的必要资金，而很多政府的奖励、贴补政策也不到位。许多初创企业表示政府与其提供直接的补贴与扶持，不如提供生产技术和购买端的支持。也就是说，政府更需要提供基于产业链的扶持和补贴，从而让企业更能了解自身产品的适应性。这需要实施精准扶持，需要把有限的资金用到刀刃上，从而缓解企业"缺资金，不愿转"的压力。

第三，要加快推进数字基础设施建设。数字基础设施是提供数字转型、智能升级、融合创新等服务的基础设施，其内容丰富、领域广泛。我国数字基础设施建设的现状是领先的，但继续发挥这一优势，就要建成全球规模最大的光纤网络，建设和应用第四代及第五代移动通信网络，加速推进宽带用户的普及。要加快全国一体化大数据中心体系的总体布局，全面启动东数西算工程，把资源互补的优势发挥出来，让信息基础设施建设为数字经济发展搭建新的底座。新底座的建设会为整个数字化赋能高质量发展提供新的动力和基础。

第四，要不断提升数字化治理服务水平，包括公共服务数字化、城市数字化治理、数字乡村建设，并构建完善的数据安全保障体系，打造数字经济发展新高地。还要加快数字经济的人才培养，加快拓展新的应用场景，加快研究新就业形态、就业的新模式，例如零工经济等。

除了数字经济赋能高质量发展外，还需要发展低碳经济，推进碳达峰、碳中和，推进绿色低碳转型。高质量发展的本质要求是新发展理念，是创新成为第一动力、协调成为内生特色、绿色成为普遍形态、开放成为必由之路、共享成为根本目的的发展。在这样的大背景下，双碳经济已经成为全球的广泛共识。首先，需要在新发展阶段做好规划引领，强化制度创新，形成有效的碳排放综合治理的激励约束机制。其次，需要推动研发突破，超前布局低碳前沿的技术研究，以推动绿色低碳技术的重大突破。最后，需要建设低碳或者零碳园区。零碳可能吗？最近有调研表明，很多化工原料产业的副产品是氢，而氢是负碳的，也就是氢如果再进行能源转化，是负排放的。广州新型的化工园区最近就要建成低碳工业园区。推进绿色低碳转型发展是未来一个最重要同时也很难达成全球共识的问题，这是中国在绿色发展当中应该倡导的。

另外要指出的是，要创新金融工具，盘活存量资产。我们在推进现代化新征程的过程当中，首先要排除一些障碍和困难，例如要有效化解地方政府债务，所以要进行创新工具的使用。形成存量资产和新增投资良性循环的一种方式，是推进基础设施不动产信托基金的健康发展。国家发展改革委一直在进行这方面的工作，但是在试点过程中，发现《中华人民共和国证券法》等一系列法律法规存在滞后性，所以在市场一线推进过程中，基金发挥的作用受到了阻碍。因此要鼓励构建股权融资模式，比如创投基金、并购基金、S基金等。要做好不动产私募投资基金试点，促进房地产业健康发展。要继续推进混合所有制改革，这不仅可以化解地方政府债务，而且可以改善国有企业经营效率低和国有资本运行效率低的问题，从而实现国有资产的保值增值。最近证监会的很多部门都在研究推进中国特色的现代资本市场建设，在国内经济转型升级、金融市场改革进入深入推进期、长期利率中枢下移的新形势下，如何把养老金、保险资金、银行理财资金等中长期资金用于加快发展权益型投资正当其时。要从战略高度看待和重视权益投资，不断加强投研能力建设，来建立健全投资管理体系，着力提高权益投资规模和比重。要更好发挥中长期资金的市场稳定器和经济发展助推器作用，正确看待市场短期波动，把握好长期向好的大趋势。这些都是在创新金融工具、盘活存量资产方面可以做的。在这个过程中，需要配套建设一系列基础制度，这也是理论研究需要拓展的一个重点。

总之，要有全局意识和风险意识，要拿捏和驾驭好经济运行的节奏，以及时了解国家的战略与政策意图。研究者、企业家和社会公众一定要跳出当下，从更长历史角度看待经济运行的变化；要跳出中国，从全球经济版图看待中国经济的崛起；要跳出经济，从政治、社会和文化的联动中看待我国的发展。这就是所谓长周期视角、推动力视角和管理视角。要正确理解保持战略定力，积极应对变局、开拓新局。正如习近平总书记所指出的，"中国具有社会主义市场经济的体制优势、超大规模市场的需求优势、产业体系配套完整的供给优势、大量高素质劳动者和企业家的人才优势。中国经济韧性强、潜力大、活力足，长期向好的基本面不会改变，中国经济大船将乘风破浪持续前行。"[①]

---

① 习近平.深化团结合作 应对风险挑战 共建更加美好的世界.人民日报,2023-08-23.

第十五讲
中国式现代化的政治经济学*

谢富胜**

马克思文本中蕴含着丰富的现代化思想，中国共产党正是借鉴了马克思所论述的资本主义现代化的一般规律，将马克思主义基本原理同中国具体实际相结合、同中华优秀传统文化相结合，坚持以人民为中心，着眼于社会生产与社会需要的矛盾，不断进行体制革新与自我革命，推动生产关系适应生产力发展，以中国式现代化的实践创新发展了现代化理论。中国式现代化一方面遵循各国现代化在生产方式、政治制度、社会关系、价值取向以及世界市场等层次的一般性，另一方面在领导主体、基本制度、人口规模、发展目的、文明发展、生态建设以及对外关系方面呈现出特殊性。在现代化新征程中，依然要坚持问题导向、坚持系统观念，抓住主要矛盾的主

---

* 本文部分内容发表于《教学与研究》，2024（5）：69-84，题目为《马克思的现代化思想与中国式现代化》。

** 谢富胜，中国人民大学出版社总编辑，教育部长江学者特聘教授，中国人民大学全国中国特色社会主义政治经济学研究中心副主任，《政治经济学评论》副主编，中国《资本论》研究会副秘书长。

要方面，在以现代化经济体系建设推动供给体系适应需求结构变化的过程中，持续推进社会主义现代化进程，不断为现代化理论构建贡献中国智慧。

一、引　言

现代化是世界发展进程中最为深刻的变革，在多个学科领域受到广泛关注与研究。20世纪60年代以来，现代化理论在政治的"民主化"、经济的"工业化"以及精神的"理性化"等多个维度上探讨现代化进程。这些理论认为，现代化起源于启蒙运动带来的"市民社会"政治革命、以非生物力取代生物力的产业革命以及人类理性认识并支配自然与社会一切规律法则的认知革命。[1][2] 然而，不同于前现代社会中文明发展的偶然性、地域性，资本主义提供了人类社会发展的持续性、普遍性，世界市场的扩散迫使落后国家面临现代与传统的复杂冲突，这使落后国家无法逐步克服生产力发展的限制，而是在发展轨迹上具有复杂、混合的性质。[3] 这些理论将西欧社会的现代化作为理想参照系，无视落后国家面临的复杂冲突，致使盲目追随者在政治经济动荡和资源环境耗竭中丧失发展动力。落后国家要如何实现现代化成了一个极具挑战性的问题。

"一种理论的产生，源泉只能是丰富生动的现实生活，动力只能是解决社会矛盾和问题的现实要求。"[4] 马克思根据19世纪英国资本主义的历史实践揭示了现代化的一般规律，说明了资本主义现代化一体两面的进步性与内在矛盾性，并在此基础上构想了科学社会主义的社会形态，这也成为中国共产党带领中国人民走向现代化的理

---

[1] 艾森斯塔德.现代化：抗拒与变迁.北京：中国人民大学出版社，1988.
[2] 布莱克.现代化的动力.成都：四川人民出版社，1988.
[3] 列夫·托洛茨基.俄国革命史：第1卷.北京：商务印书馆，2017.
[4] 习近平.在党的十九届一中全会上的讲话.求是，2018（1）：3-8.

论基础与指导思想。新中国成立以来，中国共产党将马克思主义基本原理同中国具体实际相结合、同中华优秀传统文化相结合，先后提出了"四个现代化"与"中国式现代化"等战略构想，着眼于社会有机体的内部矛盾，不断进行体制设计与自我革命，以其强大的组织领导能力带领中国人民推进中国式现代化的进程。2021年，习近平总书记宣告，中国已全面建成小康社会，创造了中国式现代化新道路。中国式现代化作为中国共产党领导的社会主义现代化，"既有各国现代化的共同特征，更有基于自己国情的中国特色"[1]，"摒弃了西方以资本为中心的现代化、两极分化的现代化、物质主义膨胀的现代化、对外扩张掠夺的现代化老路，拓展了发展中国家走向现代化的途径，为人类对更好社会制度的探索提供了中国方案"[2]。

学术界对中国式现代化的研究多聚焦于现代化历程在中国的历史实践与未来发展战略。中国的现代化不同于西方伴随着对外殖民的渐进发展过程，而是基于本国国情、克服复杂挑战、和平演进的"并联式现代化"。[3][4][5][6][7] 中国共产党领导下的新民主主义革命与社会主义革命[8][9][10]、土地改革与农村集体生产[11][12]、重工业导向的计划

---

[1] 习近平.高举中国特色社会主义伟大旗帜 为全面建设社会主义现代化国家而团结奋斗——在中国共产党第二十次全国代表大会上的报告.北京：人民出版社，2022：22.

[2] 习近平.以史为鉴、开创未来 埋头苦干、勇毅前行.求是，2022（1）：4-15.

[3] 中国式现代化研究课题组.中国式现代化的理论认识、经济前景与战略任务.经济研究，2022（8）：26-39.

[4] 韩保江，李志斌.中国式现代化：特征、挑战与路径.管理世界，2022（11）：29-42.

[5] 洪银兴.论中国式现代化的经济学维度.管理世界，2022（4）：1-14.

[6] 任剑涛.从现代化的规范含义理解"中国式现代化".江汉论坛，2023（1）：5-14.

[7] 周文，肖玉飞.中国式现代化道路的独特内涵、鲜明特征与世界意义.马克思主义与现实，2022（5）：36-45.

[8] 顾海良.中国式现代化的时代感召和理论伟力.经济学家，2022（12）：5-14.

[9] 荆克迪，逄锦聚.中国共产党关于现代化建设的理论实践创新和基本经验.经济学家，2021（7）：5-16.

[10] 裴长洪，刘洪愧.社会主义发展阶段与中国式现代化文明新形态.改革，2022（7）：1-15.

[11] 姚洋.中国式现代化道路及其世界意义.国家现代化建设研究，2022（3）：17-31.

[12] 温铁军.解构现代化.广州：广东人民出版社，2004.

经济体制[1]、务实与渐进式的改革开放[2][3][4]等等，则是新中国迈向现代化的独特、关键动力。针对中国现代化的进一步发展，已有研究倡导通过进一步深化市场化改革[5][6]、改善收入分配格局[7][8][9][10]、探索现代化治理体系[11][12]、增加研发投入与改革科创体制[13][14]等措施拉动国内消费与产出的增长与升级。也有学者立足于系统辩证法[15]、"地理-人口条件"[16]、社会主要矛盾[17]、社会主义生产方式[18]等视角来研究中国式现代化。

上述研究丰富了对中国式现代化的认识，然而，较少有研究从马克思主义政治经济学出发，运用系统的理论框架来说明中国式现

---

[1] 刘守英.中国式现代化的独特路径.经济学动态，2021（7）：12-21.
[2][9] 林毅夫，付才辉.新结构经济学导论.北京：高等教育出版社，2019.
[3] 张亚光，毕悦.中国式现代化的百年探索与实践经验.管理世界，2023（1）：41-56.
[4] Zhao, S., "The China Model: Can It Replace the Western Model of Modernization?", *Journal of Contemporary China*, 2010, 19 (65): 419-436.
[5] 刘伟，陈彦斌.2020—2035年中国经济增长与基本实现社会主义现代化.中国人民大学学报，2020（4）：54-68.
[6] 刘志彪.建设现代化经济体系：新时代经济建设的总纲领.山东大学学报（哲学社会科学版），2018（1）：1-6.
[7] 蔡昉.基本实现现代化需要补足哪些短板?.清华金融评论，2022（4）：49-52.
[8] 方福前.中国居民消费潜力及增长点分析——基于2035年基本实现社会主义现代化的目标.经济学动态，2021（2）：50-64.
[10] 任保平.新时代中国经济从高速增长转向高质量发展：理论阐释与实践取向.学术月刊，2018（3）：66-74，86.
[11] 高培勇，袁富华，胡怀国，刘霞辉.高质量发展的动力、机制与治理.经济研究，2020（4）：4-19.
[12] 黄宗智.国家—市场—社会：中西国力现代化路径的不同.探索与争鸣，2019（11）：41-56、66、157、2.
[13] 贺晓宇，沈坤荣.现代化经济体系、全要素生产率与高质量发展.上海经济研究，2018（6）：25-34.
[14] 张杰，张晨曦，林钰.中国式现代化进程的重大经济风险及应对.天津社会科学，2022（6）：61-70.
[15] 刘怀玉，张一方.论中国式社会现代化道路的系统辩证法意义.东南学术，2022（3）：1-11，246.
[16] 逄浩，温铁军.国情基础和发展阶段：关于全面建设社会主义现代化国家的理论认知.人文杂志，2022（11）：1-14.
[17] 高培勇.现代化经济体系建设理论大纲.北京：人民出版社，2019.
[18] 胡乐明，胡怀国.中国式现代化的政治经济学解析.政治经济学评论，2023（2）：14-29.

代化的一般性与特殊性。本文首先分析了马克思文本中的现代化思想，阐明现代经济有机体在矛盾中不断变革生产方式从而推进现代化的过程。其次，阐述了中国共产党以克服社会主要矛盾为中心任务，不断变革生产关系以推动社会生产力发展的过程。再次，概括了中国式现代化如何在体现现代化的一般性的同时，又呈现出中国式现代化的特殊性，并归纳出中国式现代化的理论。最后，分析了在现代化新征程中，如何聚焦社会主要矛盾的主要方面，以现代化经济体系建设推动高质量发展，使供给体系适应需求变化，在生产方式的跃升中迈向全面建成社会主义现代化强国的第二个百年奋斗目标。

二、马克思文本中的现代化思想

现代化理论的演变见证了主流与激进理论的碰撞，前者以西方发达社会的发展为模板，后者则在批判前者的基础上建立边缘国家依附中心国家的理论。但是，这两派理论要么陷入某种线性史观的决定论，要么忽视边缘国家的主体性。马克思在其著作中多次阐述社会的现代性及现代化过程，他将生产方式的工业化作为现代社会区别于传统社会的本质特征，并认为由生产方式的现代化衍生出社会关系、政治制度、价值取向以及世界市场等多个层次的变革。经济社会是一个不断运动、内含矛盾的复杂有机体，作为现代社会占主导的生产方式的资本运动应成为考察社会现代化过程的出发点。

1. 现代社会的本质

现代化理论是第二次世界大战后由美国学者发展的社会科学范式，旨在解释发达国家与发展中国家之间的区别。这一理论可追溯到马克斯·韦伯的古典社会学理论，即建立在理性精神基础上的资本主义企业与官僚国家机器是现代社会的两大重要系统。[1] 帕森斯等人承袭上述理论，将现代化定义为文化、科技、政治等多个方面"西方化"的过程。[2] 20 世纪 50 年代后发展经济学兴起，现代化研究逐渐转向"发展""增长"等研究取向，不仅强调工业社会结构的同一性，还试图将盎格鲁-撒克逊传统的现代化路径复制到其他社会当中。[3][4] 这种现代化理论并未能在时空中性的视域中进行历史客观化的分析，而是将特定国家在特定时刻的社会形态视为"历史终结"。[5] 其流行与发达国家的政策倡导密不可分，为发达国家干预发展中国家的政策提供了正当性。以对现代化理论的批判为起点，以依附论、世界体系论等为核心的激进理论综合了马克思主义和结构主义思想，认为现代化理论所倡导的方案实际上是发展中国家实现现代化的阻碍，落后国家在金融、技术等多领域对发达国家产生依赖，任由发达国家提取自身生产的剩余。[6][7] 这些理论对落后国家面临的外部挑战有一定解释力，但也将各国互动的动力简化为强国意志，弱化了落后国家的主体性，缺乏对落后国家内部社会结构与政策安排的分析[8]，无法解释为何有些国家能够成功由"边缘"进入"中心"。

现代化理论与激进理论都无法为解释落后国家现代化提供理论

---

[1] 韦伯. 新教伦理与资本主义精神. 上海：上海人民出版社，2018.

[2] Parsons, T., *Societies: Evolutionary and Comparative Perspectives*, Hoboken: Prentice-Hall, 1966.

[3] 布莱克. 现代化的动力. 成都：四川人民出版社，1988.

[4] 罗斯托. 经济增长的阶段——非共产党宣言. 北京：中国社会科学出版社，2001.

[5] 哈贝马斯. 现代性的哲学话语. 南京：译林出版社，2011.

[6] Frank, A. G., "The Development of Underdevelopment", *Monthly Review*, 1966, 18 (4): 17-30.

[7] 沃勒斯坦. 现代世界体系. 北京：社会科学文献出版社，2013.

[8] Skocpol, T., "Wallerstein's World Capitalist System: A Theoretical and Historical Critique", *American Journal of Sociology*, 1988, 82 (5): 1075-1090.

指引。实际上，社会的现代性在马克思文本中得到多次阐发。马克思明确指出，《资本论》的"最终目的就是揭示现代社会的经济运动规律"①。问题在于，"马克思以前的所有经济学家都谈论一般社会，为什么马克思却说'现代'社会呢？他在什么意义上使用'现代'一词，按什么标志来特别划出这个现代社会呢？"②换句话说，现代社会的不同层次当中，什么是最基本的层次呢？对这一问题的回答要从人类实践出发。马克思认为社会科学的研究对象是人类社会本身，要研究人类社会，首先必须认识到人作为现实存在的物质生活需要——衣食住行等基本生活条件："一切人类生存的第一个前提，也就是一切历史的第一个前提"是"人们为了能够'创造历史'，必须能够生活。但是为了生活，首先就需要吃喝住穿以及其他一些东西。因此第一个历史活动就是生产满足这些需要的资料，即生产物质生活本身"③。生产要求人们结合为整体，内部就形成基于性别等原始条件的分工关系，并创造出能够替代自己劳动的生产工具，生产工具的产生又带来分工的变化，生产组织也随之变化。因而随着满足人类物质生活需要的生产力的发展，产生了"一定的交换和消费形式"，在其上又建立了"相应的社会制度、相应的家庭、等级或阶级组织"以及"相应的政治国家"。④也就是说，马克思"从社会生活的各种领域中划分出经济领域，从一切社会关系中划分出生产关系，即决定其余一切关系的基本的原始的关系"⑤，社会关系、政治制度、价值取向以及世界市场等层次的变革，根源都在于生产方式这一最基本的层次上发生的变革。这一思路是马克思主义经济学

---

① 马克思.资本论：第1卷.2版.北京：人民出版社，2004：10.
② 列宁.列宁全集：第1卷.2版增订版.北京：人民出版社，2013：105.
③ 马克思，恩格斯.马克思恩格斯文集：第1卷.北京：人民出版社，2009：531.
④ 马克思，恩格斯.马克思恩格斯全集：第47卷.2版.北京：人民出版社，2004：440.
⑤ 同②107.

的独特创造，必须引起现代化研究乃至政治经济学研究的重视。

现代社会的标志是资本主义生产方式，机器大工业是现代资本主义社会的物质基础。马克思在使用"现代"一词时，并非仅在时间意义上描述"当下"，而是表示某种特定的历史含义，例如，他指出"亚细亚的、古代的、封建的和现代资产阶级的生产方式可以看做是经济的社会形态演进的几个时代"①，就是在将生产方式的变革作为新的社会形态形成的标志。小农生产方式"排斥生产资料的积聚，也排斥协作，排斥同一生产过程内部的分工，排斥对自然的社会统治和社会调节，排斥社会生产力的自由发展"②。现代生产方式形成的过程，就是突破小农生产方式局限性的过程，它力图实现最大程度的基于分工的协作，从中获取协作的社会劳动生产力。为了实现这种协作，分散的生产资料被积聚起来，人员集中到一定的地理空间中。大规模的机器体系作为技术基础，方便地实现了生产过程的科学分解与连续性安排，在工厂制度的基础上，"这种生产方式就获得一种弹性，一种突然地跳跃式地扩展的能力"③，掌握了自然力，获得了社会劳动生产力的大发展。在机器大工业的物质基础上，"现代生产关系，即资本"④、"现代生产方式"、"现代工业"、"现代的经济关系"乃至"现代社会"⑤得以形成。由于资本无穷尽地追求剩余价值，现代工业"从来不把某一生产过程的现存形式看成和当作最后的形式"⑥，而是不断地变革生产的技术基础，工人的技能和劳动过程的社会结合从而也不断地发生着革命，产生新的分工形式、新的生产力、新的物质基础，政治、法律、文化等也不断生成新的形式。

---

① 马克思，恩格斯.马克思恩格斯全集：第31卷.2版.北京：人民出版社，1998：413.
② 马克思.资本论：第1卷.2版.北京：人民出版社，2004：872.
③ 同②519.
④ 马克思，恩格斯.马克思恩格斯全集：第30卷.2版.北京：人民出版社，1995：237.
⑤ 同②10、16、23、326.
⑥ 同②560.

值得注意的是，历史过程中的决定性因素归根到底是物质的生产与再生产，但上层建筑的各种因素也能影响历史斗争的进程。例如，往往利用国家权力，"也就是利用集中的、有组织的社会暴力"，"大力促进从封建生产方式向资本主义生产方式的转化过程，缩短过渡时间"。① 又例如，"工人革命的第一步就是使无产阶级上升为统治阶级，……无产阶级将利用自己的政治统治，一步一步地夺取资产阶级的全部资本，把一切生产工具集中在国家即组织成为统治阶级的无产阶级手里，并且尽可能快地增加生产力的总量。"②

2. 现代社会的特征

马克思、恩格斯在《共产党宣言》等著作中，围绕着生产方式、社会关系、政治制度、价值取向以及世界市场等多个层次的变革，展开了对现代社会特征的论述。

首先是现代生产力与生产关系的萌芽和普及。"资产阶级在它的不到一百年的阶级统治中所创造的生产力，比过去一切世代创造的全部生产力还要多，还要大。"③ 市场的不断扩大与需求的不断增加催生着生产工具的革新，改造了工业生产的组织结构，极大地征服和利用了自然力，对物质生产起到了巨大的推动作用。随着生产资料与交换手段的极大发展，封建的或行会的生产关系无法再满足新市场带来的新增需求，变成了束缚生产的桎梏。此时，只有"自由竞争以及与自由竞争相适应的社会制度和政治制度、资产阶级的经济统治和政治统治"④ 才能匹配新的生产力发展。于是，生产资料集中起来，人口密集起来，机器大工厂组织了现代社会的劳动。资产阶级利用无产阶级的劳动不断增加自己的资本，"整个社会日益分裂

---

① 马克思. 资本论：第1卷. 2版. 北京：人民出版社，2004：861.
② 马克思，恩格斯. 马克思恩格斯文集：第2卷. 北京：人民出版社，2009：52.
③ 同②36.
④ 同②36-37.

为两大敌对的阵营"①,其中,无产阶级"完全丧失了客体条件,他只是在主体上存在着"②。

现代生产方式的不断变革使一切社会关系也不断现代化。随着资本竞争的不断加剧,资产阶级为了自身的生存必须不断地革新已有的生产工具、推广并改良机器的使用,劳动者的工资与就业越来越没有保障。随着生产工具和生产关系的不断革命化,"一切新形成的关系等不到固定下来就陈旧了。一切等级的和固定的东西都烟消云散了,一切神圣的东西都被亵渎了"③。

由此形成了理性主义的现代价值取向。现代社会的生产关系斩断了封建羁绊的束缚,社会关系的建立取决于对货币关系的考量,尊严变成交换价值,自力挣得的自由变成"没有良心的贸易自由"④,被宗教幻想和政治幻想掩盖着的剥削让位于公开直接的剥削。传统社会中种种"封建的、宗法的和田园诗般的关系"都被"赤裸裸的利害关系""冷酷无情的'现金交易'"所破坏和取代,建立在货币关系上的理性主义价值成为现代社会的主流价值取向,"人们终于不得不用冷静的眼光来看他们的生活地位、他们的相互关系"。⑤

现代的生产与交换方式对应着新的权力分配形式,现代资产阶级的政治制度也随之建立。机器大工业的生产方式带来了生产资料的集中与财产的聚集,政治也开始集中。当机器大工业建立、世界市场形成时,资产阶级的力量压倒了一切封建的力量,在现代的代议制国家里夺取了独占的政治统治,使民主观念深入人心。然而,形式上的平等并不能掩盖实质上的资本支配,资本主义社会的国家

---

① 马克思,恩格斯.马克思恩格斯文集:第2卷.北京:人民出版社,2009:32.
② 马克思,恩格斯.马克思恩格斯全集:第30卷.2版.北京:人民出版社,1995:490.
③ 同①34-35.
④ 同①34.
⑤ 同①33-35.

政权实质上成了"管理整个资产阶级的共同事务的委员会"①。

资产阶级不仅在本国建立起现代化的生产方式，还带来了全世界范围内的变革，形成现代的世界市场。为了扩大产品的销路，资产阶级不断在全球各地建立联系，打破一切国家、一切民族自给自足和闭关自守的传统状态，代之以全面的互相往来与互相依赖。由此，资产阶级"迫使一切民族……采用资产阶级的生产方式；它迫使它们在自己那里推行所谓的文明，即变成资产者。一句话，它按照自己的面貌为自己创造出一个世界"②。

3. 现代社会的运动规律

马克思文本中现代社会的运动规律可以概括为，"现在的社会不是坚实的结晶体，而是一个能够变化并且经常处于变化过程中的有机体"③。分析现代化，就是分析资本主义生产方式的不断生成与运动。

社会是一个有机总体，对现代经济体运动规律的把握必须从总体的层次出发。所谓有机总体，就是内部要素相互联系、不断运动的总体。总体的各个组成要素如同生物有机体的各个器官，只有在总体的运转下才得以维持自身，要素运动的规律服从于总体运动的规律，要素之间相互影响、相互制约。因此，决不可以把"社会体系的各个环节割裂开来，……把社会的各个环节变成同等数量的依次出现的单个社会"④ 去理解。社会有机体的运动性体现为生产力不断增长、社会关系不断破坏、观念与制度不断形成，一切观念与范畴都是历史的、暂时的产物。这是因为人类物质生活的需要、满足需要的活动以及为满足需要而用的工具不断引发新的需要，为满足

---

① 马克思，恩格斯.马克思恩格斯文集：第 2 卷.北京：人民出版社，2009：33.
② 同①35 - 36.
③ 马克思.资本论：第 1 卷.2 版.北京：人民出版社，2004：10 - 13.
④ 马克思，恩格斯.马克思恩格斯文集：第 1 卷.北京：人民出版社，2009：603 - 604.

新的需要，社会生产力不断发展，与此同时，人们也不断改变自己的生产方式和一切社会关系。社会关系的冲突和演变又引起庞大上层建筑的变化，维持人的交往以及使得相应的生产方式向前发展。社会有机体在各个层面的"一切关系在其中同时存在而又互相依存"①。

社会有机体不断变革的动力是其内部的固有矛盾。"一种历史生产形式的矛盾的发展，是这种形式瓦解和新形式形成的惟一的历史道路。"② 舍夫勒、涂尔干、帕森斯等功能主义学者也将社会比作自我增殖、组织不断分化的有机体③④⑤，但这种视角并未给有机体内部的冲突与退化留出理论空间。实际上，总体的各个要素之间在内部互相制约，在外部却不一定能"寻求得到"彼此间的适配关系，这种"联系在一起的一个整体的内在必然性，和这个整体作为各种互不相关的独立要素而存在"⑥ 构成了种种矛盾的基础。从根本上来说，社会经济基础向前发展的动力来自特定生产方式中固有的矛盾和对这种矛盾的克服。因为生产力的发展带来分工协作和相应生产关系的变化，原有生产关系与现有生产力之间产生张力，单个人的利益与互相交往的个人之间的共同利益发生冲突。只有推动生产关系不断适应生产力的变化，经济有机体才能不断化解现有的矛盾、不断生成新的形态。

现代社会的有机体在矛盾的推动下不断运动和发展。由于资本运动过程中商品使用价值与交换价值的分离，"生产和消费的普遍联

---

① 马克思，恩格斯.马克思恩格斯文集：第1卷.北京：人民出版社，2009：604.
② 马克思.资本论：第1卷.2版.北京：人民出版社，2004：562.
③ Hodgson, G. M., "Albert Schäffle's Critique of Socialism", in Vint, J., S. Metcalfe, H. Kurz, N. Salvadori and P. Samuelson (eds.), *Economic Theory and Economic Thought*, Oxfordshire: Routledge, 2020.
④ Parsons, T., *Societies: Evolutionary and Comparative Perspectives*, Hoboken: Prentice-Hall, 1966.
⑤ 涂尔干.社会分工论.北京：生活•读书•新知三联书店，2000.
⑥ 马克思，恩格斯.马克思恩格斯全集：第30卷.2版.北京：人民出版社，1995：395.

系和全面依赖随着消费者和生产者的相互独立和漠不关心而一同增长"①，商品的供给与需求之间存在着持续的矛盾运动。商品价值的实现受到阻碍，而这种惊险的跳跃若一再失败，就会积累成大规模的危机。为延缓或避免危机，社会生产必须不断更新其手段，以迎合新的社会需要。由于不同部门的生产都作为一个生产总过程的阶段而紧密联系在一起，"一个工业部门生产方式的变革，会引起其他部门生产方式的变革"②，单个或多个部门的变革不断扩散至生产总体，乃至引发经济总体与社会总体的变革，生产关系得以逐步超越旧的社会前提、采取新的历史形式。由此，社会有机体不断地"把自己还缺乏的器官从社会中创造出来"③。

随着资本主义的发展，个人的、分散的生产资料转化为社会的、积聚的生产资料，规模不断扩大的劳动过程的协作形式也日益发展，当生产资料集中到一定程度、劳动社会化到一定程度时，它们便与劳动条件、劳动成果都属于私人的资本主义所有制相矛盾。为消除资本主义内在矛盾带来的种种弊病，必须在资本主义所有制的废墟上建立"人民群众剥夺少数掠夺者"④的社会所有制，逐步形成"每个人的自由发展是一切人的自由发展的条件"⑤的自由人联合体。中国共产党正是借鉴了马克思所论述的资本主义现代化一般规律，并从其科学社会主义思想中获得启发，在继承资本主义现代化遗产的同时力图超越其历史局限，才实现了对资本主义现代化的超越和扬弃。

---

① 马克思，恩格斯.马克思恩格斯全集：第30卷.2版.北京：人民出版社，1995：110-111.
② 马克思.资本论：第1卷.2版.北京：人民出版社，2004：440.
③ 同①237.
④ 同②874-875.
⑤ 马克思，恩格斯.马克思恩格斯文集：第2卷.北京：人民出版社，2009：53.

三、从四个现代化到中国式现代化

中国近代以后,从洋务运动的"师夷长技以制夷",到维新变法的"以工立国",再到孙中山的"实业救国",种种现代化尝试都未能成功。究其原因,在半殖民地半封建社会之中,经济有机体的复杂系统缺乏根本的物质基础与运行动力,将西方产业革命的既定结果复制到中国的尝试注定失败。讲现代化,"不能不区别帝国主义所允许范围内的现代化和独立自主的现代化"①。② 新中国的现代化战略历经多次调整深化,从新中国成立初期的"四个现代化"到改革开放后的"中国式的四个现代化",再到"四化同步"与"中国式现代化",中国共产党始终坚持着眼于中国具体国情,并联式发展现代化的各个方面,不断推进适应生产力发展的体制变革,使生产方式适应不断变化的社会需要,使经济有机体不断跃升至更高水平。通过社会主义改造与计划经济体制,建立起独立自主的工业体系;通过向社会主义市场经济体制转轨,促成经济的平稳过渡与快速增长;推进精准脱贫,完成了全面建成小康社会的历史任务。这一过程既体现了各国现代化的共同特征,更充分适应了中国的特殊国情,是马克思主义中国化的伟大创造。

1. 四个现代化

19 世纪后期,清政府先后推行自强运动与维新变法,发展了一

---

① 胡绳. 从鸦片战争到五四运动:上. 北京:人民出版社,1997:10.
② 在帝国主义所允许的范围内,某些小国和地区的现代化也可能取得成功。新加坡、韩国等国的现代化提供了一些经验,但这些国家和地区的体量极小,是在美国主导的世界资本主义条件下进行的现代化,在决策上可能过多地受到外部环境的影响。中国作为一个人口众多、资源紧缺的大国,又面临着帝国主义的威胁,恐怕要更多地考虑独立自主、更为复杂的现代化方案。

定的军事工业与现代交通运输事业，出现了一批民营制造业。但清政府无力承担社会变革的组织功能，重大决策缓慢，企业生产依旧低效。[①] 20世纪后，帝国主义势力与军阀割据造成的动乱无以支撑国内工业的统筹发展，国内资本积累速度反而减慢。内忧外患之下，"现代化"的"以农立国"与"以工立国"之争成为当时国内仁人志士议论的热门话题。中国共产党人明确指出："中国落后的原因，主要的是没有新式工业"[②]。更重要的是，中国共产党人认识到中国民族工业发展的根本阻碍是半殖民地半封建的社会制度，在官僚压迫与帝国主义掌控之下，只有"消灭地主阶级和官僚资产阶级（大资产阶级）的剥削和压迫，改变买办的封建的生产关系，解放被束缚的生产力"[③]，破除旧时代的生产关系与生产力发展之间的矛盾，才能正式开启中国的现代化进程。

中国共产党领导全国人民先后完成了新民主主义革命、社会主义革命，为现代化发展铲除了旧制度的障碍。1949—1952年间，中国完成了世界历史上规模最大的土地改革运动，彻底消灭了封建土地所有制，在具有社会主义性质的国营经济的领导下，组织了半社会主义性质的合作社经济、私人资本主义经济、个体经济、国家资本同私人资本合作的国家资本主义经济等各种经济成分分工合作。1953年12月，毛泽东确立党在过渡时期总路线的实质为"使生产资料的社会主义所有制成为我国国家和社会的唯一的经济基础"，并指出"我们所以必须这样做，是因为只有完成了由生产资料的私人所有制到社会主义所有制的过渡，才利于社会生产力的迅速向前发展"。[④] 必须使社会主义的所有制改造快于工业化而进行，以越过生

---

① 罗荣渠. 现代化新论——世界与中国的现代化进程. 增订本. 北京：商务印书馆，2004.
② 毛泽东. 毛泽东文集：第3卷. 北京：人民出版社，1996：146.
③ 毛泽东. 毛泽东选集：第4卷. 2版. 北京：人民出版社，1991：1254.
④ 中共中央文献研究室. 毛泽东年谱：第2卷. 北京：中央文献出版社，2013：200.

产力发展水平的限制。从这个认识出发，中国共产党在极短的时间内实施了对农业、手工业和资本主义工商业的社会主义改造，确立了以公有制为基础的计划经济体制。1956年，党的八大宣布，"社会主义的社会制度在我国已经基本上建立起来了"，国内的主要矛盾已经转变为"人民对于建立先进的工业国的要求同落后的农业国的现实之间的矛盾"和"人民对于经济文化迅速发展的需要同当前经济文化不能满足人民需要的状况之间的矛盾"。①

土地改革与农业集体化改造确保了工业积累的初始资金来源。"超过劳动者个人需要的农业劳动生产率，是全部社会的基础。"② 毛泽东在新中国成立前就提出，建设应当联合农民、借力农业生产：一方面，农民是中国工业市场的主体，"只有他们（农民）能够供给最丰富的粮食和原料，并吸收最大量的工业品"，另一方面，要实行减租减息等初步的土地改革政策，"奖励地主的资财向工业方面转移"。③ 新中国成立后，毛泽东提出"国家工业化又要靠农民的援助才能成功"④，并且，"个体所有制的生产关系与大量供应是完全冲突的"⑤。从具体实践来看，就是要进行农产品统购统销，引导农民向合作化方向发展。一方面，使占农民60%~70%的贫农和下中农联合起来，以协作促进农业生产力发展；另一方面，合作化使得国家不需要和千千万万个农民进行交易，行政机构与合作化组织之间的交易成本大幅度下降，将农业剩余向城市转移，解决粮食供销紧张的问题，使工业原料得到充分供应。在一系列政策工具的作用下，农业剩余向城市部门转移的部分占农业总产出的百分比从20世纪50

---

① 中共中央文献研究室.建国以来重要文献选编：第9册.北京：中央文献出版社，2011：292-293.
② 马克思.资本论：第3卷.2版.北京：人民出版社，2004：888.
③ 毛泽东.毛泽东选集：第3卷.2版.北京：人民出版社，1991：1076-1077.
④ 毛泽东.毛泽东文集：第6卷.北京：人民出版社，1999：80.
⑤ 同④301.

年代初的低于10％迅速提高到60年代后的20％左右，为工业物质基础的建立提供了重要支撑。①

在社会主义改造完成的基础上，中国共产党遵循"四个现代化"的系统建设路线，领导了全国的工业建设。新中国成立初期，朝鲜战争的爆发与发达国家对中国的封锁使中央意识到军事工业发展的迫切性，认为需要"确保那些对国家起决定作用的，能迅速增强国家工业基础与国防力量的主要工程的完成"②。在重工业优先发展的纲领下，新中国的现代化建设遵循系统观念。1954年，中央首次提出"四个现代化"战略，即"建设起强大的现代化的工业、现代化的农业、现代化的交通运输业和现代化的国防"以"摆脱落后和贫困"。③ "一五"计划时期，中国政府借助苏联的技术协助与贸易合作，逐步制定了"156项"建设计划，协调各方面的产品生产。④ 然而，1959年后中苏关系恶化，苏方在关键核心技术上的"卡脖子"使"两弹一星"研发等工作陷入困境。在此背景下，科技与国防在国家现代化战略中的重要性被迅速拔高。1957年，建设"现代科学文化"被列入现代化目标；1964年，"科学文化"被"科学技术"取代。1966年"三五"计划开始，国民经济发展的主要任务成为"在不太长的历史时期内，把我国建设成为一个具有现代农业、现代工

---

① 孔祥智，何安华.新中国成立60年来农民对国家建设的贡献分析.教学与研究，2009(9)：5-13.
② 中共中央文献研究室.建国以来重要文献选编：第3册.北京：中央文献出版社，2011：399.
③ 中共中央文献研究室.建国以来重要文献选编：第5册.北京：中央文献出版社，2011：503.
④ 现代工业体系并非通过简单的移植或模仿就能建立，很多后发国家也获得了资本，并渴望建立自己的工业体系，但往往事与愿违，难以构建起完整的工业体系。这是因为技术学习涉及大量默会知识，后发国家必须进行"干中学"，也即在对工业技术的复现过程中主动掌握先进技术。在"156项"建设计划下，中国很多工厂内部工业体系的建成、安装、运行都是在苏联专家的亲自指导下进行的。由此，中国迅速迈过了初始工业化的门槛，实现了工业生产的快速起步和发展。

业、现代国防和现代科学技术的社会主义强国"①。在"四个现代化"战略的指导下，中国政府投入大量资金研发"两弹一星"等各类新式武器，支持研发各类重型机器、精密仪器，发展化工行业、电气行业，为中国完整、自主工业体系的建立提供了有力保障。

20世纪上半叶，中国还是一个资源短缺、人民贫困的落后农业国，在短期内建立工业物质基础对于社会的现代化至关重要。在社会主义计划经济体制的基础上，"四个现代化"的规划与实践使中国不至于被迫依附其他国家，极大保证了积累的可持续性。从1953年到1978年，中国工农业总产值年均增长率为8.2%，其中工业总产值年均增长率为11.4%，国民收入年均增长率为6%。② 钢铁、汽车、电子、化工等部门的生产达到一定规模，建成了贯穿全国东西南北的铁路与公路干线，国防与科技建设及自然科学研究都取得了长足进展。到1978年，中国已经建成较为完整、独立的工业体系，现代经济有机体的物质基础初步建立。

2.中国式的现代化

社会主义基本经济制度与计划经济体制的建立推动了生产关系的迅速更替和生产力的大发展，"四个现代化"战略为社会有机体的发展建立了必要的物质基础。然而计划经济体制蕴含的矛盾也逐渐显现，经济自发循环能力低下，无以支撑生产能力的释放与人民生活水平的提高。同时，重工业优先的发展模式使国民经济比例失调、工业积累过剩而消费品短缺。中国的社会主义现代化进程来到了历史的转折点。

1979年，邓小平明确强调，当时中国社会的主要矛盾是"生产

---

① 周恩来.周恩来选集：下.北京：人民出版社，1984：439.
② 乔惠波.毛泽东与新中国现代化发展战略.求索，2019（5）：24-31.

力发展水平很低,远远不能满足人民和国家的需要",解决这个主要矛盾是全党和全国人民的中心任务。围绕着这一中心任务,必须"搞建设",必须"适合中国情况,走出一条中国式的现代化道路"。①3月,邓小平提出:"我们定的目标是在本世纪末实现四个现代化。我们的概念与西方不同,……叫做中国式的四个现代化。"② 10月,邓小平又指出:"中国式的现代化,就是把标准放低一点。"③ 同年年底,邓小平在会见日本首相时指出:"我们的四个现代化的概念,……是'小康之家'。"④ 在此基础上,中国式现代化的目标演变成更为审慎、务实的"三步走"⑤:第一步是解决人民温饱问题;第二步是到20世纪末时使国民生产总值再增长一倍,人民生活达到小康水平;第三步是到21世纪中叶时人均国民生产总值达到中等发达国家水平,基本实现现代化。与"四个现代化"相比,"中国式的现代化"同样着眼于并联式地发展经济社会的各个方面,但更加适合中国国情,创造性地提出了建设小康社会的目标。

如何克服社会的主要矛盾,走出一条中国式的现代化道路呢?总的来说,就是"大幅度地提高生产力","多方面地改变同生产力发展不适应的生产关系和上层建筑,改变一切不适应的管理方式、活动方式和思想方式"。⑥ 邓小平指出:"现在我国的经济管理体制权力过于集中,应该有计划地大胆下放,否则不利于充分发挥国家、地方、企业和劳动者个人四个方面的积极性,也不利于实行现代化的经济管理和提高劳动生产率。……有必要在统一认识、统一政策、

---

① 邓小平.邓小平文选:第2卷.2版.北京:人民出版社,1994:163、182.
② 中共中央文献研究室.邓小平思想年编:1975—1997.北京:中央文献出版社,2011:225.
③ 同①194.
④ 同①237.
⑤ 中共中央文献研究室.十三大以来重要文献选编:上.北京:人民出版社,2011:14.
⑥ 中共中央文献研究室.改革开放三十年来重要文献选编:上.北京:中央文献出版社,2008:15.

统一计划、统一指挥、统一行动之下，在经济计划和财政、外贸等方面给予更多的自主权。"①简单来说，就是"社会主义也可以搞市场经济"②，要有计划、有步骤、有秩序地开展向社会主义市场经济转轨的体制变革。

改革初期，随着市场准入的逐步放开与价格管制的逐步解除，工农业部门各经济主体迅速填补国家空白领域并组织竞争，这极大地调动了社会生产的潜力。轻工业迅速发展，继而释放上游工业产能。到20世纪80年代末，中国市场经济体制的雏形已初步建立，居民温饱问题已基本得到解决。但这种以耐用消费品为主要产品的生产很快达到增长的上限，较低的工业技术水平限制了企业的营收能力，造成中央财政紧张、宏观调控能力削弱。过度投资造成的经济过热和财政赤字下的货币超发，使中国遭遇了80年代末的严重通货膨胀与随后的经济停滞。随后，中央政府持续推进财税、金融与贸易等各个方面的体制变革，深化国有企业改革。90年代后推进的分税制改革不仅加强了中央的宏观调控能力，也为地方增长创造了新的激励。地方政府为了招商引资，推进基础设施建设并设立产业园区，发展民营企业、引进外资企业。随着农民进城限制被打破、原国有企业员工大量下岗，大量剩余劳动力流入城镇工业，轻工业产量迅速增加。1998年，中国彻底告别短缺时代，居民温饱型消费转向质量型消费，基础耐用消费品开始升级换代。③进入21世纪后，中国以加入WTO为起点，深度融入全球生产网络，依靠中国市场内部的要素优势，引进外资与技术、输出加工贸易品，逐渐形成大规模生产、大规模出口的供需结构。在新一轮科技革命浪潮下，党

---

① 邓小平.邓小平文选：第2卷.2版.北京：人民出版社，1994：145.
② 同①235-236.
③ 中国社会科学院工业经济研究所.中国工业发展报告（1999）——告别短缺经济的中国工业.北京：经济管理出版社，1999.

的十八大报告提出推动"信息化和工业化深度融合、工业化和城镇化良性互动、城镇化和农业现代化相互协调,促进工业化、信息化、城镇化、农业现代化同步发展"①,并联式发展现代化的战略内涵再一次得到拓展和深化。

在中国式现代化战略的指导下,中国政府创造了在社会主义市场经济条件下经济快速发展奇迹。在公有制为基础、多种所有制经济共同发展的制度下,国有企业-民营企业的协同竞争结构进一步提升了资源配置效率。在按劳分配为主体、多种分配方式并存的分配制度下,经济主体的生产积极性得到极大调动。在坚持和完善对外开放的前提下,制造业企业的生产能力被极大释放,提供了大量就业岗位。到20世纪末时,中国工业行业已覆盖联合国《全部经济活动国际标准产业分类》中所有工矿业门类,制造业增加值占世界的比重在22个大类的7个大类中名列第一,出口商品结构也逐渐从初级产品为主升级至工业制成品为主。② 2012年,粮食产量比1978年增长93.5%。国民收入大幅提高,城镇与农村居民恩格尔系数均下降超20个百分点。③ 1978—2012年,中国维持了三十余年的高速增长期,GDP年均增长9.8%,"人民生活总体上达到小康水平"④,顺利实现了中国式现代化的阶段性战略目标。

3.全面建成小康社会

改革开放启动了中国经济的高速增长,但在这一时期内占主导的大规模生产方式下,相对低廉的国内劳动力成本支撑了"两头在外、大进大出"的生产消费结构,经济发展仍存在不平衡、不协调、不可持续的问题。截至2012年底,中国仍有9 899万农村贫困人口,国内

---

① 中共中央文献研究室.十八大以来重要文献选编:上.北京:中央文献出版社,2014:16.
② 董志凯.新中国工业化的路径与建树.中共党史研究,2009(9):3-14.
③ 改革开放铸辉煌 经济发展谱新篇.人民日报,2013-11-06.
④ 中共中央文献研究室.十八大以来重要文献选编:中.北京:中央文献出版社,2016:822.

消费需求增长还存在巨大空间。粗放型发展下"环境承载能力已经达到或接近上限"①。国际金融危机后世界经济复苏乏力、保护主义普遍，依赖出口造成巨大外部风险。为顺利推进中国式现代化，必须从"总体小康"向"全面小康"过渡，着力实现平衡、协调、可持续的发展。

为了全面建成小康社会，党中央采取了一系列重大举措。首先，为了消除农村贫困这一最突出的短板，实施精准脱贫战略，各级财政专项扶贫资金累计投入近1.6万亿元，分类救治2 000多万贫困患者、为近2 000万贫困群众提供低保和特困救助供养、为2 400多万困难和重度残疾人提供补贴。到2021年时，按照现行标准，"9 899万农村贫困人口全部脱贫，832个贫困县全部摘帽，12.8万个贫困村全部出列，区域性整体贫困得到解决"②。其次，针对生态文明建设的短板，中央先后修订《环境空气质量标准》、出台"大气十条"、印发《打赢蓝天保卫战三年行动计划》，提出调整优化产业结构、能源结构、运输结构的污染防治目标。截至2021年2月，钢铁行业超低排放改造产能6.2亿吨；2017—2020年，全国煤炭消费比重由60.4%降至57%左右；2015年底以来，全国淘汰老旧机动车超1 400万辆，新能源公交车占比从20%提升到60%以上。③ 最后，在贸易保护主义抬头等不利外部条件下，中央坚持"把扩大内需作为经济发展的长期战略方针，充分发挥消费的基础作用和投资的关键作用"④，提高消费能力、稳定消费预期、增强消费意愿、改善消费环境，提高投资的质量和效益，维持了经济的稳定增长。

2021年，习近平总书记宣告，中国实现了全面建成小康社会的第一个百年奋斗目标。由此，中国开启了向全面建成社会主义现代

---

① 习近平.习近平谈治国理政：第2卷.北京：外文出版社，2017：232.
② 习近平.在全国脱贫攻坚总结表彰大会上的讲话.人民日报，2021-02-26.
③ 生态环境部召开2月例行新闻发布会.生态环境部，2021-02-25.
④ 中共中央文献研究室.十八大以来重要文献选编：上.北京：中央文献出版社，2014：184-185.

化强国的第二个百年奋斗目标进发的新征程。这一时期中国社会的主要矛盾是"人民日益增长的美好生活需要和不平衡不充分的发展之间的矛盾"①。"不平衡不充分的发展就是发展质量不高的表现"②，体现为供给侧"一些行业和产业产能严重过剩，同时大量关键装备、核心技术、高端产品还依赖进口"，需求侧"一些有大量购买力支撑的消费需求在国内得不到有效供给"，"需求变了，供给的产品却没有变，质量、服务跟不上"。③当前占主导的大规模生产方式采取流水线自动化生产与纵向一体化管理模式，尽管能够以较快速度生产大量标准化产品，但是巨大的沉没成本使产品线转换困难，在关键技术和资源能源"卡脖子"下，产业升级困难。④这带来生产的僵化与产能的相对过剩，供给体系难以适应"人民群众个性化、多样化、不断升级的需求"⑤。在全球总需求不振的背景下，供给与需求的错配带来消费需求、投资需求、出口和国际收支、生产能力和产业组织方式、生产要素相对优势、市场竞争特点、资源环境和约束、经济风险积累和化解、资源配置模式和宏观调控方式等九大领域中的趋势性变化，经济发展进入"新常态"。

2015年，针对有效供给不能适应需求总量和结构变化的情况，习近平总书记指出："我国经济发展面临的问题，供给和需求两侧都有，但矛盾的主要方面在供给侧"，并提出供给侧结构性改革战略，即"用改革的办法推进结构调整，减少无效和低端供给，扩大有效和中高端供给，增强供给结构对需求变化的适应性和灵活性"。⑥短

---

① 中共中央党史和文献研究院.十九大以来重要文献选编：上.北京：中央文献出版社，2019：8.
②⑤ 习近平.习近平谈治国理政：第3卷.北京：外文出版社，2020：238.
③ 中共中央文献研究室.十八大以来重要文献选编：下.北京：中央文献出版社，2018：174.
④ 谢富胜，匡晓璐.以问题为导向构建新发展格局.中国社会科学，2022（6）：161-180，208.
⑥ 同③173、174.

期内，以推进去产能、去库存、去杠杆、降成本、补短板的任务为重点，中央政府推动实施了一系列措施，例如推动钢铁等行业企业兼并重组、分类调控房地产市场并进行棚户区住房改造、扩大小微企业所得税优惠范围并降低非税负担、扩大专项扶贫与基础设施建设资金等等。长期内，中央政府谋划布局现代化经济体系建设，全力支持企业"找准关键核心技术和零部件薄弱环节，集中优质资源合力攻关"[1]，并"推动各类资源要素快捷流动、各类市场主体加速融合，帮助市场主体重构组织模式"[2]，形成创新引领、协同发展的现代化产业体系，并在此基础上推动包含市场、收入分配、城乡区域发展、绿色发展与全面开放等多个体系以及经济体制在内的现代化经济体系建设。

在"创新成为第一动力、协调成为内生特点、绿色成为普遍形态、开放成为必由之路、共享成为根本目的"的高质量发展目标下，通过"把实施扩大内需战略同深化供给侧结构性改革有机结合起来"[3]，"实现产业体系比较完整，生产组织方式网络化智能化"，中国有望使生产方式跃升至新的水平，不断提高各要素效率，保障各经济主体间分配合理，"实现生产、流通、分配、消费循环通畅"，国民经济布局合理、发展平稳。[4] 只有通过不断推进高质量发展，才能使经济体的循环跃升到新的阶段，解决发展的不平衡、不充分问题，不断满足人民群众个性化、多样化、不断升级的需求，实现全面建成社会主义现代化强国的远期目标。

在中国式现代化历程中，中国共产党一直坚持将马克思主义基

---

[1] 中央经济工作会议在北京举行.人民日报，2022-12-17.
[2] 习近平.习近平谈治国理政：第4卷.北京：外文出版社，2022：206.
[3] 习近平.高举中国特色社会主义伟大旗帜 为全面建设社会主义现代化国家而团结奋斗——在中国共产党第二十次全国代表大会上的报告.北京：人民出版社，2022：28.
[4] 习近平.习近平谈治国理政：第3卷.北京：外文出版社，2020：238-239.

本原理同中国具体实际相结合、同中华优秀传统文化相结合，通过建立社会主义基本经济制度超越狭隘的资本利益，并不断根据各个历史阶段的主要矛盾调整政策方针。正因为如此，中国式现代化道路才呈现出现代化一般性与特殊性的结合，既遵循各国现代化的共同特征，也充分适应中国国情和反映民族特点，创造了人类文明新形态。

四、中国式现代化的一般性与特殊性

现代化理论先验地认为，资本主义是理性的、现代的，而其他制度是盲目的、传统的。但是，"世界上既不存在定于一尊的现代化模式，也不存在放之四海而皆准的现代化标准"[①]。"中国共产党人深刻认识到，只有把马克思主义基本原理同中国具体实际相结合、同中华优秀传统文化相结合，坚持运用辩证唯物主义和历史唯物主义，才能正确回答时代和实践提出的重大问题，才能始终保持马克思主义的蓬勃生机和旺盛活力。"[②]中国式现代化道路充分印证了马克思文本中的现代化思想，既在生产方式、政治制度、社会关系、价值取向以及世界市场等层次呈现出各国现代化的一般性，又根据历史方位与主要矛盾，在领导主体、基本制度、人口规模、发展目的、文明发展、生态建设以及对外关系等方面充分彰显了中国的特殊性，推进了与资本主义现代化截然不同的现代化，以一般性与特殊性的良好结合破除了先验的现代化认知。中国式现代化呼应了马克思的科学社会主义思想，丰富了现代化理论，开辟了现代化的新模式，

---

① 习近平.新发展阶段贯彻新发展理念必然要求构建新发展格局.求是，2022（17）：4-17.
② 习近平.高举中国特色社会主义伟大旗帜 为全面建设社会主义现代化国家而团结奋斗——在中国共产党第二十次全国代表大会上的报告.北京：人民出版社，2022：17.

成功为发展中国家走向现代化拓展了新的路径。

1. 中国式现代化的一般性

中国式现代化符合马克思文本中的现代化思想，是以生产方式工业化为其引领的多层次现代化。在生产方式层面，中国在计划经济时期建立起了高度设备自给、投入产出联系紧密的重工业部门，改革开放以后，轻工业部门井喷式发展，适应了消费结构的变化，中国式现代化的物质基础奠定于此。同时政治制度、社会关系、价值取向与世界市场等层面也在发生相应的变革。在政治制度层面，中国共产党作为组织化的现代政党，不断更新完善其治理体系，有效统筹推动了经济发展。在社会关系层面，大量劳动力从农业部门转移至城镇非农部门，培育起了具有一定规模的产业工人、企业家、专业技术人员和个体工商户群体。劳动力的社会流动性大大增强，人与人之间形成了广泛的社会联络与经济依赖。在价值取向层面，传统农业社会封建、陈旧的价值观念逐渐消弭，人们开始运用科学的世界观和方法论解决问题，发展解放思想、实事求是、与时俱进、求真务实的精神，不断实现人的现代化。在世界市场层面，中国与先进工业国进行深度技术与贸易交流，改革开放以后更是深度融入全球政治经济体系，不断优化对外开放格局。中国式现代化多层次的协同变革体现了社会复杂有机体不断运动的特征，深刻呼应了马克思文本中的现代化思想。

中国式现代化不仅符合马克思文本中的现代化规律，还与其他落后国家的现代化具有共同特征，其中最醒目的就是国家在推动资本形成与提高资本利用效率中的重要作用。随着资本的国际竞争加剧，落后国家工业化所需原料与劳动力更易流失，国内私人资本忌于投资风险，难以筹措和规划规模大、周期长的投资。这使得落后国家现代工业的初始资本难以形成，资本形成以后，也存在难以建立产业前后向关联、企业创新困难等问题。① 历史上的后发现代化国家中，法国与德国借助产业银行融资主导钢铁产业发展，19世纪后才开始现代化的日本、俄国等国则更强有力地介入生产，使用税收等工具直接将收入由消费向投资转移，组织企业债务重组，对特定部门提供援助与干预以帮助其实现产业升级。②③ 中国同样存在着一个发展取向的政府治理体系，中央政府规划和引导追赶式现代化的各个关键步骤，通过行政手段或财政、货币、产业政策将有限的建设资金引流至当前阶段的重要产业部门，在政府主导与市场调节良好并行的政企互动机制下，由经济基础出发，并联发展了社会有机体各个层面的现代化。

2. 中国式现代化的特殊性

中国式现代化尽管符合马克思文本中的现代化思想，也在路径上与某些后发现代化国家有相似之处，但绝不是对某种现有模式的复刻。"中华文明赋予中国式现代化以深厚底蕴。"④ 中华文明自古以来便有天下为公、民为邦本、为政以德、革故鼎新、任人唯贤、天人合一、自强不息、厚德载物、讲信修睦、亲仁善邻的宇宙观、天下观、社会观、道德观，与马克思的科学社会主义设想高度契合。中国共产党将马克思主义基本原理同中国具体实际相结合、同中华优秀传统文化相结合，使中国式现代化在领导主体、基本制度、人口规模、发展目的、文明发展、生态建设以及对外关系等方面破除了资本主义现代化过程中的种种矛盾，呈现出超越一般规律的特殊性，创立了新的现代化模式。

---

① 瓦尔德纳. 国家构建与后发展. 长春：吉林出版集团，2011.
② 格申克龙. 经济落后的历史透视. 北京：商务印书馆，2012.
③ 约翰逊. 通产省与日本奇迹：产业政策的成长（1925—1975）. 成都：四川人民出版社，2022.
④ 习近平. 在文化传承发展座谈会上的讲话. 求是，2023（17）：4-11.

中国共产党的领导是中国式现代化最关键的因素。中国地域辽阔，人员众多，但是在半殖民地半封建社会的旧中国，工业生产落后，封建主义、帝国主义、官僚资本主义势力盘根错节，基于分工与协作的现代社会结构尚未建立。如果无法建立起某种权威力量，整合松散的社会秩序，集中资源改造已有的物质资料，不仅现代化进程难以起步，社会还可能陷入动乱和危机。中国共产党成功整合社会并推动了现代化，这源于政党本身的高度组织性、自觉性与变革性。(1) 组织性体现在中国共产党内部权威明确、纪律严明，不依附于任何特定社会集团，保证了决策高度自主、能够不断自我革命。这使它能够整合中国社会的各股力量进行革命，并在执政后高度渗透到社会运行的各个领域，确保政治与宏观经济稳定，形成全国上下的现代化建设动员。(2) 自觉性体现在中国共产党具有深刻的历史自觉。"民为邦本，本固邦宁"，中国共产党传承了中华优秀传统文化中的为政之道，以宽广的政治意识超脱了对短期利益的追求，始终坚守以人民为中心的价值取向，以解决中国社会发展中的主要矛盾为其中心任务与历史使命，先后通过民主革命、社会革命、体制变革来依次实现民族独立、人民解放与经济发展，掌握历史前进的主动权。(3) 变革性则体现在中国共产党能够始终依据党和人民事业所处的历史方位和发展阶段制定路线方针政策，着眼于人民的需要、社会主要矛盾的变化，不断推进马克思主义理论中国化，批判吸收各国先进经验，推动政治经济体制不断克服弊病、实现动态升级，"每一次重大改革都给党和国家发展注入新的活力、给事业前进增添强大动力"[①]。在其高度组织性、自觉性、变革性下，中国共产党的领导保证了中国社会各个层面现代化发展的统筹性、长期

---

① 中共中央文献研究室.习近平关于全面深化改革论述摘编.北京：中央文献出版社，2014：10.

性、创新性，使中国式现代化具有了区别于以资本集团为领导主体的西方式现代化的特殊性。

中国共产党通过建立社会主义的基本制度引领推进中国式现代化，社会主义是中国式现代化的本质属性。"生产关系的革命，是生产力的一定发展所引起的。但是，生产力的大发展，总是在生产关系改变以后。"① 西方的现代化是资本主义制度下的现代化，通过资本的原始积累，完成了产权关系的私有制转型，催生了以经济领域的支配与竞争为原则的资本主义生产方式。在私有制的基础上，农业与工业生产资料的占有者获得了无限扩大其财富的动机，不断提高直接生产过程的生产率，不断扩大市场以实现商品，带来了资本主义生产的普遍化。② 新中国成立之初，官僚资本并不具备发展生产、积累国民财富的动机，民族资本不成气候。因此，建立社会主义制度，彻底改造农业与工业生产方式，为社会生产力的发展开辟道路，成为中国必然的选择。生产资料公有制下的农业集体生产与工业计划生产克服了生产的无政府状态，保证了重要战略性领域的生产服务于国家现代化的目标。工业基础已经在一定程度上建立以后，社会主义市场经济体制的建立又发掘了社会联系引致的潜在生产力，进一步推进了现代化建设。与社会主义经济制度相结合的，是社会主义的政治制度，中国共产党坚持和完善党的领导制度体系和人民当家作主制度体系，同时坚持和完善党和国家监督体系，坚持发展人民自己参与和管理的全过程人民民主，超越了西方表面民主实则资本主导的"精英民主"，充分体现了人民意志、保障了人民的长期利益。

不同于西方人口规模有限的现代化，中国式现代化是人口规模

---

① 毛泽东.毛泽东文集：第8卷.北京：人民出版社，1999：132.
② 伍德.资本主义的起源.北京：中国人民大学出版社，2016.

巨大的现代化，"九州共贯、多元一体"。新中国成立之初人口即在5亿以上，如今的14亿多更是超过已经实现现代化的国家人口的总和，如此人口规模的现代化在世界历史上前所未有。巨大人口规模对现代化进程具有双重影响：一方面是资源的相对紧缺和管理难度的增加，另一方面也意味着充足的劳动力与超大规模市场带来的巨大消费潜力。中国共产党通过建立社会主义制度下的农业集体生产，组织起接近全国人口90％的农村人口，有效利用了协作带来的巨大社会生产力，为工业发展筹措了大量资金。改革开放后，中国在"以市场换技术"与出口导向的发展模式下，利用大量高素质劳动力，抓住机遇融入全球生产网络，带动了各工业部门发展。到新时代，面临城乡区域差距与人口红利减弱等问题，中国共产党确立了全体人民共同富裕与高质量发展的目标，以规避西方国家现代化进程中的两极分化现象，带动劳动生产率提升，从而继续充分利用巨大人口规模的优势并防范潜在的劣势。

不同于西方两极分化的现代化，中国式现代化是全体人民共同富裕的现代化，"天下为公、天下大同"。西方的现代化以资本获取利润为最终目标，资本积累的逻辑下劳动者被剥夺、财富不断集中，贫富差距日渐扩大。中国式现代化始终坚持以人民为中心，强调现代化成果由人民共享。社会主义的本质要求是共同富裕，共同富裕"不是少数人的富裕，也不是整齐划一的平均主义"[1]，这是中国式现代化的重要特征。改革开放以来，中国共产党坚持公有制为主体、多种所有制经济共同发展，按劳分配为主体、多种分配方式并存，不断探寻效率与公平的平衡点，通过解放生产力、"先富带后富"，使7亿多农村贫困人口摆脱了贫困。党的十八大以来，党中央采取

---

[1] 习近平.扎实推动共同富裕.求是，2021（20）：4-9.

有力措施保障和改善民生，打赢脱贫攻坚战，历史性地解决了绝对贫困问题，全面建成了惠及十几亿人口的小康社会，为共同富裕奠定了坚实的基础。

不同于西方物质主义膨胀的现代化，中国式现代化是物质文明和精神文明协调发展的现代化，"富民厚生、义利兼顾"。在资本主义经济当中，劳动者的劳动与其本身相异化，商品拜物教渗透到经济社会的每个领域，人对幸福的追求化约为对物质资料无法满足的贪婪，无节制的物质主义、享乐主义与利己主义泛滥。中国共产党在推进中国式现代化的过程中，一方面大力推进以社会生产力进步为基石的物质文明发展，另一方面将马克思主义基本原理同中华优秀传统文化相结合，根植于时代性、民族性，构建国家、社会、公民价值要求融为一体的社会主义核心价值观，不断推进物质文明与精神文明的协调发展。

不同于西方先污染后治理与污染转嫁的现代化，中国式现代化是人与自然和谐共生的现代化，"天人合一、万物并育"。在中国现代化建设的早期，由于经济快速、粗放式发展，也与西方一样产生了资源过度开发与环境破坏的问题，造成现代化建设的明显短板。党的十七大首次提出建设生态文明，贯彻落实科学发展观对资源环境保护工作的要求。新时代以来，习近平总书记多次强调要正确处理经济发展和生态环境保护的关系，让良好生态环境成为人民生活的增长点。在"绿水青山就是金山银山"的理念下，中国共产党不断推动发展模式由高耗能、高排放向创新驱动转型，加快污染治理与生态修复，建设生态文明制度体系，推动实现人与自然和谐共生的现代化，在经济发展与生态保护之间寻求长期的平衡。

不同于西方对外扩张掠夺的现代化，中国式现代化是走和平发展道路的现代化，"怀柔远人、和谐万邦"。西方的现代化伴随着帝国主义的殖民掠夺，一些后发现代化国家则是依附于他国实现发展，而中国共产党领导中国人民走出了一条独立自主与对外开放相结合的发展道路。20世纪初，帝国主义国家通过军事手段提取殖民地的超额利润来供养国内的资本积累，摧毁了殖民地的国民工业发展；第二次世界大战以后，操控贸易规则、建立货币霸权等手段又进入了发达资本主义国家实施新殖民主义的工具箱。不同于此，中国以和平方式积累工业初始资金，通过农业集体化提高社会生产力，并规划农业剩余向工业转移；与此同时优先发展重工业，快速实现了国防与经济的独立自主，避免被迫走向依附性发展。改革开放以后，中国坚持独立自主与对外开放相统一，持续和平发展与世界各民族的普遍依赖关系。新时代以来，中国则规划实施"一带一路"倡议等促进欧亚经济一体化，并在非洲等国提供援助、建设基础设施，不强加、不掠夺，持续推动构建互利共赢、多元平衡的人类命运共同体，为完善全球治理体系变革提供了新的思路。

3. 中国式现代化理论

中国式现代化既体现了各国现代化的一般性，同时又由于对外界环境、自身国情、历史阶段的适应，呈现出中国的特殊性。中国式现代化以马克思的现代化思想为指导，积极扬弃资本主义社会形态，打破了现代化理论的"欧洲中心论"倾向，证明了不存在某种绝对正确和普适的现代化模式。中国式现代化良好整合了现代化一般与特殊的过程，形成了中国式现代化理论，为发展中国家推进现代化提供了启示。

中国式现代化的第一步是建立独立完整的工业体系，形成有机体的物质基础。尽管落后国家在社会形态、生产方式等路径选择上具有历史主动性，但无法绕过发达国家已经达到的社会生产力水平，必须先建立一定的工业物质基础。① 如果不能使机器大工业"从它自身出发，自己创造出保存和增殖自己的前提"②，启动工业生产的循环，就无法组织起大规模人类协作的现代劳动体系、克服小农生产方式的局限。然而，市场配置低效与后向需求累积之间的交互，使上游工业部门成为市场不完善的交汇点。③ 中国共产党最大限度动员广大劳动人民，破除了资产阶级的市场逻辑，确保有限资源集中于上游关键领域。通过"夺取政权，然后解决所有制问题，再大大发展生产力"④，中国共产党组织起社会主义制度下的农业集体生产与工业计划生产。在这个过程中，农业集体生产不仅带来了通过协作实现的社会生产力，还在保障农民生活的前提下，极大地压缩了国家与农民的交易成本，使农业剩余向工业部门转移，国内积累占国内生产净值的比重从1933年的1.7%上升到"一五"时期的20%以上。⑤ 同时，国家行政权力直接将个别工厂所具有的组织性原则扩大到国家层面加以应用，实现了社会生产的组织性、计划性。⑥ "四个现代化"战略优先发展各大重工业部门，更是激发了重工业生产的技术外部性，完整的重工业产品种类为后期轻工业产品的迂回生产奠定了基础。⑦ 通过建立单一公有制的计划经济体制，中国共产党在和平积累的前提下顺利建立起国内的机器大工业体系，为现代化提供了坚固的物质基础。

---

① 裴长洪,倪江飞.中国式现代化理论是马克思主义的创新发展——党的二十大精神学习中的思考.经济研究,2023(2):4-19.
② 马克思,恩格斯.马克思恩格斯全集:第30卷.2版.北京:人民出版社,1995:452.
③ Ernest Liu, "Industrial Policies in Production Networks", The Quarterly Journal of Economics, 2019, 134 (3): 1883-1948.
④ 毛泽东.毛泽东文集:第8卷.北京:人民出版社,1999:132.
⑤ 齐昊.长期视角下中国经济剩余利用的政治经济学分析.当代经济研究,2021(10):91-101.
⑥ 倪学鑫."国家大工厂"公有制模式的历史定位.江汉论坛,2001(2):10-14.
⑦ 姚洋,郑东雅.重工业与经济发展:计划经济时代再考察.经济研究,2008(4):26-40.

中国式现代化的第二步是深化普遍的社会交往，释放总和生产力。计划经济体制下国家占有大部分工业生产资料的方式能够利用规模效应快速发展生产力，但随着工业基础建立起来，原有生产方式阻碍分工范围扩大的弊端开始显现。马克思指出，以总和形式存在的社会生产力，必须通过私有制的方式，在普遍交往与广泛分工的过程中被释放："各个人必须占有现有的生产力总和，这不仅是为了实现他们的自主活动，而且从根本上说也是为了保证自己的生存。这种占有首先受所要占有的对象的制约，即受发展成为一定总和并且只有在普遍交往的范围里才存在的生产力的制约。因此，仅仅由于这一点，占有就必须带有同生产力和交往相适应的普遍性质。"[①] 更具体地来说，尽管私有制下存在着劳动产品的剥夺，劳动者完全"屈从于分工"和"被置于相互依赖的关系之中"[②]，必须依赖于以物的形式存在的生产力总和，才能生产出自身生存的需要，但这种"物的依赖性"也带来了人与人之间愈发普遍的社会联系，"这种互相依赖，表现在不断交换的必要性上和作为全面中介的交换价值上"，形成人与人之间"普遍的社会物质变换、全面的关系、多方面的需要以及全面的能力的体系"[③]。在互为条件的交换和分工下，"不同个人的共同活动产生了一种社会力量，即成倍增长的生产力"[④]。因此，一国经历以"物的依赖性"为基础的社会形态，是现代化进程中难以超越的历史发展客观规律。当重工业体系已然建立时，为了防止资源集中于少数部门而产生大量过剩产能，必须促进经济主体间自发协调、自发联系，建立社会生产过程的循环体系、形成前后向关联的产业体系。中国共产党通过渐进式推进生产关系变革，

---

① 马克思，恩格斯.马克思恩格斯文集：第1卷.北京：人民出版社，2009：580-581.
② 同①579.
③ 马克思，恩格斯.马克思恩格斯全集：第30卷.2版.北京：人民出版社，1995：106、107.
④ 同①537-538.

在竞争性非战略性领域下放经济活动的自主权，既充分挖掘了这种仅仅在普遍社会交往内才存在的总和生产力，又避免了关键领域大规模私有化带来的经济波动与贫富分化。通过建立社会主义市场经济体制，中国共产党推动深化普遍的社会交往，使社会有机体蕴含的总和生产力得以释放，现代化的进程由此顺利推进。

中国式现代化的第三步是变革生产方式，推动经济高质量发展。"经济发展是一个螺旋式上升的过程，上升不是线性的，量积累到一定阶段，必须转向质的提升"[①]。随着社会主义市场经济的发展与社会分工的不断深化，社会有机体的要素构成愈发复杂，矛盾也以更尖锐的形式从中浮现。尤其在帝国主义阶段，若落后国家长期处于技术依赖状态、生产低附加值产品，经济发展模式不能"从量的扩张转向质的提高"，那么当产业逐步转移至成本更低的国家时，外部出口与内部消费的挤压将持续冲击已形成的循环体系，国家现代化就可能"徘徊不前甚至倒退"[②]。因此，要转变经济发展的方式，"不再简单以国内生产总值增长率论英雄"，"立足提高质量和效益来推动经济持续健康发展"，"追求有效益、有质量、可持续的经济发展"。[③] 其中，"主导国家命运的决定性因素是社会生产力发展和劳动生产率提高，只有不断推进科技创新，不断解放和发展社会生产力，不断提高劳动生产率，才能实现经济社会持续健康发展，避免陷入'中等收入陷阱'"[④]。党的十八大以来，中国共产党坚持推动高质量发展，不断推进供给侧结构性改革，着力提升供给体系质量，大力推动科技创新与产业升级，建设现代化产业体系；同时立足扩大内需的战略基点，实施区域协调发展、精准脱贫、乡村振兴等战略，使生产、分配、流通、消费更多依托国内市场；在强大国内经济循

---

①② 习近平.习近平谈治国理政：第3卷.北京：外文出版社，2020：238.
③ 习近平.习近平谈治国理政：第4卷.北京：外文出版社，2022：168.
④ 中共中央文献研究室.习近平关于科技创新论述摘编.北京：中央文献出版社，2016：30.

环体系的基础上，实行高水平对外开放，推动共建"一带一路"，稳步化解产业链供应链风险。中国共产党着眼于经济发展的不平衡、不充分，部署"先手棋"，在战略层面回答了如何调整生产关系、促进社会生产力不断向前发展，为实现经济的高质量发展、建成现代化强国提供了可行方案。

五、以现代化经济体系建设推进中国式现代化

中国式现代化已经进入迈向第二个百年奋斗目标的现代化新征程，当前的社会主要矛盾是发展的不平衡不充分，其本质是发展质量不高，技术水平较低的大规模生产方式不适应个性化、多样化、不断升级的需求。"推动高质量发展，就要建设现代化经济体系"[①]。作为"由社会经济活动各个环节、各个层面、各个领域的相互关系和内在联系构成的一个有机整体"[②]，现代化经济体系的微观基础是生产性企业，要以建立创新引领、协同发展的现代化产业体系为基点，在企业购买、生产与销售的周转过程中，逐步实现整个经济体系的现代化。为此，要以以县域为中心推动乡村振兴为重要基础，充分发挥消费的基础作用和投资的关键作用，缓解总需求不足的突出矛盾，顺势建设一批能够承接生产方式变革的基础设施。要以推动技术与组织的双重创新为战略支撑，打造自主可控、安全可靠、竞争力强的现代化产业体系。要以协调产业、市场、收入分配、城乡区域发展、绿色发展与全面开放等多个体系以及经济体制的现代化为最终落脚点，完成社会生产方式的跃升，为国内个性化、多样化、不断升级的需求提供有效供给，使经济有机体运行至新的阶段。

---

① 习近平.习近平谈治国理政：第3卷.北京：外文出版社，2020：239.
② 同①240-241.

1. 重要基础：以县域为中心推进乡村振兴

"总需求不足是当前经济运行面临的突出矛盾。必须大力实施扩大内需战略，采取更加有力的措施，使社会再生产实现良性循环。"① 改革开放后，中国为适应大规模生产方式的需要，大量建设了交通、电力、产业园区等基础设施，有效带动了需求扩张。然而，随着刺激性财政政策的推进，基础设施投资日趋饱和，甚至在某些地区存在超前投资现象。如果延续原有的投资思路，将导致基础设施利用效率的下降，诱发更严重的地方政府债务问题与产能过剩问题。因此扩大内需时必须精准把握投资的切入点。在当下，大量农民生活在农村，但农村的就业机会较少、居住环境较差、居民收入水平较低，"欠账还很多，投资空间很大"②。随着国内产业总体由劳动密集型转向资本密集型，城市相应的就业机会减少，部分农村劳动力将回流至家乡县镇。在这一趋势下，锚定县城"粮头食尾"与"农头工尾"的重要整合功能，一方面能直接刺激"有合理回报的投资需求"，产生"有收入支撑的消费需求"③，化解部分过剩产能，满足当下企业生存和居民就业的紧迫需要，另一方面能实现投资资金的有效配置与利用，为农工业生产提供基础设施，推动大规模标准化生产企业的县镇化，承接生产方式的转型升级。以县域为中心推动乡村振兴，扩大消费与投资需求，是建设现代化经济体系的重要基础。

乡村振兴要求"产业兴旺、生态宜居、乡风文明、治理有效、生活富裕"，其中，"产业兴旺，是解决农村一切问题的前提。"④ 而

---

① 习近平.当前经济工作的几个重大问题.求是，2023（4）：4-9.
② 习近平.坚持把解决好"三农"问题作为全党工作重中之重 举全党全社会之力推动乡村振兴.求是，2022（7）：4-17.
③ 习近平主持中共中央政治局第二次集体学习并发表重要讲话.新华社，2023-02-01.
④ 中共中央党史和文献研究院.习近平关于"三农"工作论述摘编.北京：中央文献出版社，2019：20，22.

生产性与消费性固定资本的投资，又是农村产业兴旺的前提。一方面，需要通过投资生产性的农村固定资本，包括高标准农田、农田水利设施、特色农产品加工和仓储物流基地、高标准养殖圈舍等基础设施，强化现代化农业生产与流通的科技和装备支撑、推动农村产业全链条升级，拓宽农民增收致富渠道。另一方面，需要通过投资消费性的农村固定资本，包括供水供气供热管网等，提高农村生活基础设施与公共服务的品质，为大学毕业生到乡、能人回乡、农民工返乡、企业家入乡提供现代文明生活环境，带动当地非农产业发展，形成农村现代化、城乡协同发展的良性循环。

城乡协同发展过程中，要锚定县城空间整合的重要功能，推动县城承接工业与农业链条重要环节。县域空间整合的第一面向是乡村农业——立足本县农产品特色，依托数字平台与物流建设，建立包含农资供应、仓储集采、农产品营销的农产品加工业集群，打造面向城市消费的即时化、多样化农产品生产流程。县域空间整合的第二面向是城市工业——承接劳动密集型产业转移，布局大中城市关联产业、配套产业。可依托农民工返乡创业园等产业平台，配置标准厂房、通用基础制造装备、共性技术研发仪器设备等，实现县乡专业化"作坊经济"的提档升级与集约化"规模经济"的协作生产。要以县域为锚点，扩大县乡的投资与消费需求，并为工业品"下行"与农产品"上行"的良性循环奠定基础。

2. 战略支撑：建设创新协调的现代化产业体系

"建设现代化经济体系，必须把发展经济的着力点放在实体经济上"[①]。技术创新、组织创新双管齐下，创造一批"生产组织方式网络化智能化，创新力、需求捕捉力、品牌影响力、核心竞争力强，

---

① 习近平.习近平谈治国理政：第3卷.北京：外文出版社，2020：24.

产品和服务质量高"①的企业,建设创新引领、协同发展的现代化产业体系,才能扩大有效和中高端供给,适应满足现有需求、创造引领新的需求。具体来说,一方面,要"找准关键核心技术和零部件薄弱环节,集中优质资源合力攻关"②,提高国内企业新技术研发与应用能力,突破"卡脖子"的关键核心技术;另一方面,要借助数字化技术"推动各类资源要素快捷流动、各类市场主体加速融合,帮助市场主体重构组织模式"③,形成即时响应、动态配合的多层次国内生产网络。建设现代化产业体系,保证供给端科技自强、高效联动,是建设现代化经济体系的战略支撑。

为实现产业体系的创新引领,需要发挥企业的主体作用、发挥新型举国体制的优势,突破"卡脖子"的关键核心技术,实现自立自强的关键部件技术创新。首先,要"发挥好政府在关键核心技术攻关中的组织作用"④。技术创新具有集体性、累积性、不确定性。⑤关键核心技术攻关不仅要求长期投入大量资金,还存在技术无法转化、产品无法进入市场的风险。在面向世界科技前沿与国家重大需求的重要科创领域,单一市场机制无法保证资源充分调动,需要国家对技术创新决策、研发投入、科研组织、成果转化全链条整体部署,对政策、资金、项目、平台、人才等关键创新资源系统布局,从而最大限度整合要素和资源、保证其用于抢占科技竞争制高点。同时,要"突出企业科技创新主体地位"⑥。企业直接面对市场需求,具有提高生产率、追求利润的强大激励,将设法高效整合产、学、

---

① 中共中央党史和文献研究院.十九大以来重要文献选编:上.北京:中央文献出版社,2019:139.
②④⑥ 中央经济工作会议在北京举行.人民日报,2022-12-17.
③ 习近平.习近平谈治国理政:第4卷.北京:外文出版社,2022:206.
⑤ O'Sullivan, M., *Contests for Corporate Control: Corporate Governance and Economic Performance in the United States and Germany*, Oxford: Oxford University Press, 2001.

研，将基础科研成果转化为应用技术并推动量产。随着核心企业对关键技术的基础设施与技术平台的建设更加完善，新技术溢出至大部分企业，高端产品得以大量进入市场。由此，国家实现基础研发的"从0到1"，企业实现产品转化的"从1到100"，才能破除关键技术"卡脖子"问题、提高国内高端产品供给水平，实现以自主可控、高质量的供给适应满足现有需求、创造引领新的需求。

为实现产业体系的协同发展，需要推动传统产业数字化业务流程再造，形成即时响应、动态配合的多层次国内生产网络。"数字经济具有高创新性、强渗透性、广覆盖性，不仅是新的经济增长点，而且是改造提升传统产业的支点，可以成为构建现代化经济体系的重要引擎。"[①] 可以通过"促进数字经济和实体经济深度融合"，对传统产业进行全方位全链条的数字化、网络化、智能化业务流程再造。对于第一层次技术知识密集的核心企业，应鼓励其剥离边缘业务，专注关键部件创新与品牌经营，雇用高技能人员组建职能交叉开发团队，实现核心部件的"精益生产"。对于第二层次的"专精特新"企业，应鼓励其与核心企业结成供给者联盟，聚焦少数品种的产品生产，专攻子系统的研发创新，巩固优势产业领先地位。而第三层次企业采用大规模生产方式，则要加强人才培训，使其胜任数字工业系统操作与物联网平台接入等职能，以便提高生产效率并迅速响应其他企业和消费者的需求。随着多层次国内生产网络的形成，大规模生产与消费者定制的弹性生产能够更好实现低成本、小批量、多品种的生产，快速适应个性化、多样化的消费需求。

3.最终落脚点：各个体系有机联系发展

生产性企业是一切经济体系运行的微观基础，随着技术与组织

---

① 习近平.不断做强做优做大我国数字经济.求是，2022（2）：4-8.

创新的推进，个别企业、个别部门、个别区域的生产方式变革逐步扩散到经济体系的各个子系统。随着现代化产业体系的形成，实现投资有回报、企业有利润、员工有收入、政府有税收，政府参与设计再分配，形成体现效率、促进公平的收入分配体系。多层次生产网络的形成意味着不同产业在地理空间上分工的深化，不同规模城市、县域乡村、不同区域承接各个层次、各个专业化产品的生产，形成彰显优势、协调联动的城乡区域发展体系。创新型企业生产效率较高，有助于形成资源节约、环境友好的绿色发展体系。国内完成技术突破后，中高端产品能够在国际市场获得更多利润，稳固的产业链能减轻外方遏制与意外冲击的影响，形成国内国际充分循环的市场体系与全面开放体系。

建设产业体系对构建现代化经济体系有带动作用，同时，现代化经济体系的各个体系是有机统一的总体，要"一体建设、一体推进"[①]。围绕着推动供给体系适应需求变化这个核心任务，一是要"有为政府"与"有效市场"相结合，规范市场秩序，建设现代化流通体系，优化土地、劳动力、货币、数据等要素配置，推动形成商品要素合理流动、区域优势互补、产业高效集聚的全国统一大市场，从而加快构建高水平社会主义市场经济体制，充分发挥市场在资源配置中的决定性作用。二是要稳步扩大制度型开放，深化要素流动型开放，高质量参与全球产业分工协作，更大限度调动国内国际市场的资源联动。三是要在新发展理念的指导下，遏制高污染、高耗能过剩产业盲目扩张，保证自然环境与资源能源能够保证企业生产过程顺利进行。围绕着产业体系建设，使市场、收入分配、城乡区域发展、绿色发展与全面开放等各个体系以及经济体制有机联系发

---

① 习近平.习近平谈治国理政：第 3 卷.北京：外文出版社，2020：241.

展，是建设现代化经济体系的最终落脚点。

现代化经济体系形成，基本实现新型工业化、信息化、城镇化、农业现代化，国内生产方式跃升至新的形态，供给体系满足个性化、多样化、不断升级的需求，最终解决人民日益增长的美好生活需要和不平衡不充分的发展之间的矛盾，使经济有机体的发展跃升至新的阶段，中国式现代化的远景目标就能得以实现。

六、结　论

"中国式现代化理论是基于中国国情、中国现实的重大理论创新，体现了我国现代化发展方向，是对全球现代化理论的重大创新。"[①] 作为在矛盾运动中不断变革自身的有机总体，中国社会的现代化历程，就是在中国共产党领导下，通过不断变革生产方式克服社会主要矛盾、推动社会生产满足社会需要的过程。在此过程中，中国共产党通过建立社会主义基本经济制度与重工业优先发展的计划经济体制，建立起独立完整的工业体系，为经济有机体提供了坚实的物质基础；通过构建社会主义市场经济体制，调动了经济主体的生产积极性，激发了人与人的普遍交往，挖掘了社会交往的潜在生产力；通过精准脱贫等一系列战略，实现了全面建成小康社会的第一个百年奋斗目标，开启了迈向第二个百年奋斗目标的新征程。

中国式现代化的实践既体现了各国现代化在生产方式、政治制度、社会关系、价值取向以及世界市场等层次的共同特征，又在领导主体、基本制度、人口规模、发展目的、文明发展、生态建设以及对外关系等方面体现了中国的特有实践。中国共产党具有高度组

---

① 习近平. 在二十届中央政治局第一次集体学习时的讲话. 求是，2023（2）：4-9.

织性、自觉性与变革性，始终代表人民群众的根本利益，根据所处历史方位与不同阶段的主要矛盾，以强大组织动员能力，不断完善上层建筑以适应经济基础的发展，不断调整生产关系以适应社会生产力的发展。通过社会革命与体制变革，中国共产党推动了生产方式的工业化并引致政治、文化、社会、生态文明等多个层面的变革，使社会有机体有效循环运转、不断在更高水平上实现动态平衡。

中国式现代化是中国共产党领导的社会主义现代化，植根于中华优秀传统文化，体现了科学社会主义的先进本质，展现了不同于西方现代化的人类文明新形态。其过程既印证了马克思文本中的现代社会发展规律，呈现出各国现代化的一般性，又体现了中国式现代化的特殊性。这种一般性与特殊性的结合为现代化理论创新提供了全新的理论图景，更为发展中国家实现现代化开辟了可行的路径，是马克思主义中国化的伟大创造。

在迈向全面建成社会主义现代化强国的新征程中，为解决人民日益增长的美好生活需要和不平衡不充分的发展之间的矛盾，需要不断以现代化经济体系建设推动供给体系适应需求变化。解决中国社会主要矛盾的关键是"把握好全局和局部、当前和长远、宏观和微观、主要矛盾和次要矛盾、特殊和一般的关系"[①]，本文遵循系统观念，提出建设现代化经济体系的可行方案包括以下几个方面。首先，要瞄准农村发展这一突出短板，发挥县域连接城市与乡村的重要功能，建设一批生活生产基础设施，扩大投资需求与消费需求，满足短期内企业生存与劳动者就业的迫切需求。其次，将以企业为主体的创新与新型举国体制结合起来，推动关键核心技术创新与应用，借助数字化、网络化、智能化形成多层次国内生产网络，在技

---

① 习近平.高举中国特色社会主义伟大旗帜 为全面建设社会主义现代化国家而团结奋斗——在中国共产党第二十次全国代表大会上的报告.北京：人民出版社，2022：21.

术与组织的双重变革中推动建立现代化产业体系。最后，在以产业体系建设为战略支撑的市场、收入分配、城乡区域发展、绿色发展与全面开放等多个体系以及经济体制的统一建设中，推动国内主导生产方式跃升、企业长期盈利能力跨上新台阶、供需在更高水平上实现动态平衡。推进不同层次、不同要素、不同阶段相互联系的现代化经济体系建设，在新征程中不断推进中国式现代化。

第十六讲
以世界一流企业建设支撑现代化经济体系

黄群慧[*]

在中国式现代化的大背景下，建设现代化经济体系具有重要的意义，因为中国式现代化的本质要求之一就是高质量发展，而高质量发展又需要新发展格局的构建和现代化经济体系的建设。世界一流企业在构建高水平社会主义市场经济体制和建设现代化经济体系中扮演了重要角色，因为企业是市场体系中最关键的微观主体，现代化经济体系需要以世界一流企业作为支撑。从内涵和意义来看，现代化经济体系具有"6+1"的结构，它是构建新发展格局的架构。而现代化经济体系内涵的多个方面都与企业主体密切相关。为了成为世界一流企业，需要有合适的价值导向、弹性的战略柔性、高超的动态能力和足够的资源基础。还需要发扬企业家精神，构建有效的企业管理架构，最终不断促进企业的创新。而到了新发展阶段，

---

[*] 黄群慧，中国社会科学院经济研究所所长，兼任中国企业管理研究会副会长、理事长，国家制造强国建设战略咨询委员会委员，国务院反垄断反不正当竞争委员会专家咨询组成员、"十四五"国家发展规划专家委员会委员、国家计量战略专家咨询委员会委员。

国有企业进一步的改革和发展目标是要成为现代新型国有企业。现代新型国有企业的改革与发展要围绕其在中国式现代化过程中的使命展开。而成长为世界一流企业应当成为现阶段国有企业的目标之一。

一、建设现代化经济体系的内涵和意义

在学术上多年来谈的都是现代经济体系或现代产业体系。党的十九大报告仍然使用的是现代产业体系，但使用了现代化经济体系，而到了党的二十大报告及以后就使用的是现代化产业体系和现代化经济体系。如何理解这种区别？如果把中国式现代化作为我国的奋斗目标，那么产业、经济等概念都要与此有所对应，所以现代化经济体系这一概念本质上是为了对应，与以往学术上常用的现代经济体系概念的含义差别不大。但现代化从字面上有动态的含义，而且从政策上也更对应中国式现代化的表述。

为了厘清现代化经济体系的具体内涵，需要首先明确现代化的含义。现代化既可以是一种历史现象，也可以是一个发展过程。这就是为何当前谈的是中国式现代化开创了人类文明新形态，因为这确实是一个历史的发展过程，也是一个人类文明转型的发展过程。转向经济方面，现代化代表的就是一个经济发展过程。经济发展过程源自近300年前的工业革命所带来的工业化，而工业革命的出现实际上把人类社会区分为了传统和现代人类社会。研究工业史和工业化的很多学者，尤其是历史学家们，往往把整个人类的发展分为两个阶段，也即工业革命前和工业革命后这两个阶段。工业革命后，人类步入社会的现代化进程，和人类几千年的发展所创造的文明相比，现代社会在物质、文化、生活等方面的改变是彻底革命性的。

现代化路径一般可以分为先发内源性的和后发赶超性的两类。英国的工业革命，或者欧洲工业革命，包括后来美国等少数国家的发展路径，可以理解为先发内源性的现代化路径。韩国、新加坡和中国等国家的发展路径则是后发赶超性的现代化路径，因为这些国家都是在多年前开始学习西方的现代化。但无论是哪种类型的现代化路径，都没有一定之规。正如习近平总书记所言，"一个国家走向现代化，既要遵循现代化一般规律，更要符合本国实际，具有本国特色"①。所以讨论中国式现代化，既是因为尊重一般规律，也是因为中国的确具有自身的特色。

实现中国式现代化的目标有两步走的战略，具体包括到 2035 年基本实现社会主义现代化，以及到 2050 年建成富强民主文明和谐美丽的社会主义现代化强国。党的二十大报告和"十四五"规划把 2035 年作为一个节点，做了很具体的描述，包括人均国内生产总值达到中等发达国家水平和创新等各个方面，其中建成现代化经济体系占据了很重要的位置。可见现代化经济体系本身就是中国式现代化的一个目标。

建成现代化经济体系，既是高质量发展的迫切要求，也是现代化强国的一个重要的战略目标。从建设现代化来看，一个现代化的国家必须形成一个体系，而且需要一个经济体系作为支撑，因而体系是一种架构。关于党的二十大报告的一个常见问题是：现代化经济体系和构建新发展格局是什么样的关系？现代化经济体系从经济角度来看就是一个架构。作为经济活动，就要有循环和要素的流动，而构建新发展格局强调的是构建以国内大循环为主体、国内国际双循环相互促进的新发展格局，因此新发展格局就是从循环和要素的

---

① 正确理解和大力推进中国式现代化. 人民日报，2023－02－08.

流动角度来理解经济运行的,而经济体系就是支撑这种经济运行方式的架构。为了实现这种支撑作用,现代化经济体系既包括产业体系、市场体系、收入分配体系、城乡区域体系和开放体系,也包括社会主义市场经济体制和宏观调控体系,另外还包括绿色发展体系。这些体系之间会相互影响,例如产业体系也包括绿色发展等方面,区域问题则涉及城乡区域体系和区域协调体系。现代化经济体系实际上是 6 个体系加 1 个体制机制,而这个体制机制是社会主义市场经济体制的体制机制。所以现代化经济体系本身就和高水平的社会主义市场经济体制直接相关。现代化经济体系的"6+1"体系具体包括下述内容。

1. 现代化产业体系

现代化产业体系在现代化经济体系中尤为重要,这既是因为百年未有之大变局所带来的数字经济、数字化、智能化和绿色化的变革趋势,也是出于国际竞争的需要,尤其是当前我国产业链供应链正受到美国的打压。这里的关键问题是切实推进实体经济和制造业的高质量发展,从而建设创新引领、协调发展的现代化产业体系。

现代化产业体系一定要以实体经济为支撑。2023 年 5 月召开的二十届中央财经委员会第一次会议提出了两个非常重要的内涵:一是建设以实体经济为支撑的现代化产业体系,二是人口的高质量发展。什么是实体经济?一些人认为金融业和房地产业也是实体经济,因为没有这些行业,实体经济就无法发展。但粗略来说,可以把实体经济分为三个层次,最狭义的实体经济概念一定是制造业,宽泛一些的实体经济概念可以包含工业、农业和建筑业,而最宽泛的概念还可以包含很多服务业、运输业和科研,但这个概念永远不会包含金融业和房地产业。房地产业为什么不是实体经济?因为房地产的增加值已经剥离了建筑业增加值,因而它只是金融的一个衍生的增加值概念，在本质上，房地产业仍属于金融业。正是因为这个原因，房地产市场扩张所带来的金融化已经积累了大量风险，我国房地产"三高"的发展模式不可持续。实体经济正是在上述意义上成为现代化产业体系的支撑。

围绕着实体经济支撑，把经济发展的着力点放到实体经济上，要做的是推进新型工业化以及制造强国、质量强国、航天强国、交通强国、网络强国和数字中国建设等。当谈到产业时，存在几个基点：（1）方向问题，产业转型升级的方向是重要的，包括高端化、智能化、绿色化、服务化/融合化。（2）从产业组织角度分析，包括产业链供应链和产业集群两个维度。建设现代化产业体系要求建设现代化的产业链供应链和现代化的产业集群。从产业链供应链的角度来说，现代化是价值链的高端化，只有掌握了高端价值链，产业链才会成为现代化高水平的产业链。由于产业链的转型升级方向是高端化、智能化、数字化、绿色化，所以需要数字经济与实体经济的深度融合。要真正有竞争力，关键在于数字经济如何推进这些发展，因此最关键的是需要进行（新型）基础设施的建设，需要构建现代化的基础设施体系。

产业体系应该有四个层面或者说四个性的要求，即完整性、先进性、安全性以及协调性。

产业体系的完整性非常关键。我国有14亿多人口，又是社会主义大国，所以不能一味追求所谓的先进性，也就是不能把传统产业作为低端产业进行抛弃。如果能使传统产业转型升级，进行绿色化、信息化、数字化、高端化的融合改造，那么就没有了低端产业，所以不能一味地将这些产业抛弃。而且对14亿多人口来说，我国仍需要一个完整的产业体系，这正是人口规模巨大的中国式现代化的独特要求。

此外，在当前的环境下，产业的先进性与安全性紧密相关，因为不先进就无法保证安全。安全性也不仅是一个先进性的问题，也有其他方面的要求，所以尤其要强调先进性和安全性之间的协调。从先进性来说，在26类制造业中，我国领先的有11类，因而大概有60%的产业与他国仍有巨大差距。安全性的关键是解决"卡脖子"问题。我国目前总体上60%的产业是安全可控的，包括自主可控和一般安全可控，而其他产业对外依赖程度较高。

需要强调的是，在先进性方面之所以存在一些难补的短板，实际上是因为产业基础存在短板。一般核心基础零部件、关键基础材料、先进基础工艺和行业共性的技术短板，在10大先进制造业中合计共有600多项。我国正在补齐这些短板，所以需要发展的不仅仅是一般所讨论的芯片，例如我国的工业软件90%以上依靠进口，这就对安全性构成了挑战。还有一个关键问题是美国对我国采用了所谓的"小院高墙"战略。美国明白在当今全球化的背景下，完全的脱钩无法实现，但是可以通过"小院高墙"战略管控关键的核心技术。我国需要学习和借鉴其中所涉及的评估方式、战略安排和战略实施，用以反制"小院高墙"的打压。

除了"小院高墙"的制约，产业体系完整性的演化过程还带来了能力缺失型安全性问题。一方面，我国在软件、航空发动机、光刻胶、高端芯片等行业仍然能力不足；另一方面，产业链完整性的缺失也带来了新的安全性问题。近年来，基于经济学理论，一些我国原本拥有完整产业链的产业逐渐转移到了国外，我国也就失去了对原有完整产业链的安全控制能力。这种转移过程符合经济学理论的要求，而且除了由于追求低成本而形成的转移外，还有一些转移是由于美国的打压，很多企业只能将产能转移到东南亚或墨西哥，这同样对我国的能力造成了部分转移或破坏。除此之外，还有一类事关总体响应能力的安全性问题也应该高度重视。换言之，当面临疫情、战争等外部冲击时，我国产业体系或产业链能否快速恢复到正常情况，也是一类产业安全性问题。

现代产业体系需要创新引领、协调发展。实体经济和虚拟经济需要协调发展，以实体经济为支撑并非抛弃虚拟经济；各个产业（一次、二次、三次产业）也需要协调发展。

综上，产业的完整性、先进性、安全性、协调性是建设现代化产业体系非常关键的要求。

2. 现代化市场体系

现代化市场体系包含很多内容。现在提到市场体系，尤其是高水平的社会主义市场经济体制，对我国来说比较特殊，因为我国经济中存在公有制企业和非公有制企业两类主体。这是社会主义市场经济体制的一个必然结果。在社会主义条件下发展市场经济，是中国共产党的一个伟大创举，同时也是中国创造经济快速发展和社会长期稳定两大奇迹的一个重要根源。现在来看，要坚持"两个毫不动摇"，而在坚持过程中，要处理好国有企业、民营企业和外资企业之间的关系，这是建设统一开放、竞争有序的现代化市场体系，以及构建高水平社会主义市场经济体制需要解决的重大问题。2023年围绕民营经济的发展产生了很多讨论，但有两种极端观点不可取：一是所谓的民营经济离场论，二是只按所有制来区分企业的优劣。这两种观点都脱离了社会主义市场经济体制，脱离了"两个毫不动摇"的框架。所以，既要做强做优做大国有企业，也要促进民营企业的发展壮大，这两类企业都要完善现代企业制度，弘扬企业家精神，从而建成世界一流企业。

想让两类企业都很好地发展，就要在市场经济体制、要素市场建设和市场的标准上不断优化，具体包括产权保护、市场准入、公平竞争、社会信用等营商环境。同时也要强化反垄断和反不正当竞争，而这不仅仅是针对平台的问题。平台垄断具有和传统工业行业垄断的不同特性，因为它具有先天的垄断优势，而这在传统的反垄断框架下很难处理。理论界、实践界和法律界都在讨论如何既要发挥平台的功能，又要防止由它引起的不正当竞争。鼓励平台经济并不意味着不需要反垄断，反平台经济的垄断也不是针对民营企业，这两者都是极端的观点。

目前来看，我国的两类市场主体已经形成了一个相对平衡的分工状态，尤其是在工业上。烟草、电力、煤炭开采、能源这些行业，国有企业占比较高，而一般的处于产业链供应链下游的生产性行业，民营企业占比较高。正是由于这种分工格局，当工业品出厂价格指数（PPI）高涨的时候，国有企业的利润会增加，因为很多国有企业分布在产业链供应链的上游或中游。近年来国有企业的利润变化情况就与这种市场分工体系有关。

当然现在要通过构建统一大市场来打破这种结构，要允许各类所有制企业都公平竞争和公平进入不同行业，要破除地方保护，破除行政性垄断，尤其是要打破某些领域现有的国有垄断格局，从而推进建设一个统一开放、竞争有序的市场体系。

3. 收入分配体系

社会主义除了本质上强调要发展生产力，还要在发展生产力的前提下走向共同富裕。走向共同富裕的过程中有一次分配、二次分配、三次分配和再分配，需要通过分配制度的改革推进共同富裕。现有分配体系的一个结构性问题是居民收入在国民收入分配中的占比，以及居民收入里的劳动报酬在初次分配中的占比都不高。

我国的社会主义分配制度是按劳分配为主、多种分配方式并存的制度，但我国近年来的劳动报酬份额基本上保持在50%左右，最低曾到过46%，最高则是52%~53%。美国和欧盟国家的劳动报酬占比反而更高，这无法体现按劳分配为主的特性。此外，在初次分配和可支配收入的分配中，居民收入占比也比较低。在初次分配中，居民收入占比一般是60%左右，低于国际上常见的70%~80%。

近两年在谈到经济形势时常会提到要扩大内需，扩大内需的关键是要扩大消费，而扩大消费的关键是提升居民收入。消费是收入的函数，在收入占比低的情况下，不可能形成高消费，因而就无法扩大内需。在当前外需下降和投资不可持续的背景下，经济增长需要依靠消费，这需要从根本上提高居民收入。

除了提高居民的劳动报酬收入，要使居民增收还可以提高其财产性收入，但现在的问题出在哪里？中国居民的财产主要体现在房产上，房产占到财产的60%左右，而靠房产提高居民财产性收入存在一些问题。最重要的是，房产占有的基尼系数较大。根据估算，我国2013年的财产基尼系数是0.6，现在大概达到了0.7以上。财产基尼系数将随房价正向变动，也即房价的增长将提高财产基尼系数。这是财产存量方面的影响。从收入流量来看，单纯靠房产和房租也不会对财产性收入造成重大影响，因为在财产性收入中，房产和房租的收入只占到百分之十几。在房价和房租不合理且在短期内难以改变的情况下，资本市场发展起来也会有利于提高财产性收入，但目前资本市场的发展也比较困难，因而通过财产性收入提高居民收入的渠道存在问题。

此外，数字经济的发展也对共同富裕的实现提出了新的挑战。高质量发展就是创新、协调、绿色、开放、共享五大方面都要推进的发展，而为了实现高质量发展，要大力推进数字经济的发展，包括数字经济和实体经济的融合，以及数字技术和制造业的融合。但数字经济的发展带来了收入分配的"三重极化"问题，这些问题正在成为全球面临的挑战。首先，数字平台的超级明星企业占据了绝大多数利润、数据和市场份额。当前我国制造业的利润低迷，但却有大量的利润进入平台企业。其次，数据作为生产要素需要与资本要素深度融合，因此数据要素和资本要素共同参与收入分配，这对劳动报酬产生了挤出效应。最后，数字技术的发展造成了收入分配的极化效应。数字技术的发展既会对劳动者产生替代，也会创造大量新的就业岗位。以 ChatGPT 为代表的新技术正在对中等技术的劳动者产生替代，这会造成收入分配的极化。

4.城乡区域体系

城乡区域体系包含两个层面，一是城市和乡村的体系，二是中国区域协调发展的体系。经过多年区域协调发展战略的实施，我国已经形成了两横三纵 19 个城市群的区域协调发展格局。此外，城市群和都市圈是我国经济的增长极，但又需要强调乡村振兴战略，因为一个现代化的强国需要乡村的现代化。所以既要推进新型城镇化，又要进行乡村振兴，因而需要各类战略的协调。

目前的区域协调发展至少具有两方面的特征。第一，进入新时代以来，我国东三省的人均 GDP 年均增速低于全国 2 个百分点左右，南北之间的差距在扩大。第二，我国经济真正的经济增长极是城市群和都市圈，因而城乡差距明显。

在新形势下，要针对这两个特征进行区域协调发展。首先是在南北之间差距扩大的情况下，区域协调发展思路在 2019—2020 年有一个重要转变。中央新提出的区域协调发展的基本思路不是简单地追求人均 GDP 的均等化，而是各个地区要基于各自的比较优势，获得一个分工定位。当然，每个地区的分工定位要通过市场化的条件和要素的合理流动确定。例如东北地区强调的是粮食安全、生态安全和边疆安全的功能，中央会通过转移支付来保证居民的公共服务水平和基础设施建设。这既保证了地区的功能定位，又保证了这些地区公共服务的质量。根据地区的分工定位可以形成现代化的区域体系。此外。尽管考虑到已经不再强调人均GDP的均等化，而是强调地区的分工定位，但城市群和都市圈仍然重要，它们仍然是地区的经济增长极，负有推进当地经济快速发展的责任。

其次，在城乡差距仍然明显的情况下，城市群和都市圈发展仍是我国城镇化的战略核心，但要和乡村全面振兴相协调。直观上看，两种战略间存在着一个矛盾，乡村振兴强调的是要素流到乡村，而城镇化强调的是要素流到城镇，应如何处理这种矛盾关系？虽然近年来的农村居民收入增速快于城市居民收入增速，使得城乡收入差从3倍逐渐缩小到2.5倍，但目前我国的城乡差距仍然明显，所以农业农村现代化仍然非常关键。解决问题的基本逻辑是要将两个战略协调起来。

第一，在承认城市群和都市圈仍然是经济增长极的背景下，需要国家在农村农业方面进行大量的基础设施投资。基础设施的逐渐完善，可以畅通城乡之间的要素流动，从而实现要素的市场配置。这是建立统一大市场的重要组成部分。只有完善了农村的基础设施和制度条件，才能形成对要素的吸引。第二，可以寻找城乡之间的结合区域，通过完善基础设施，大力发展县域经济。县域经济正是我国新型城镇化过程中城市与乡村振兴中农村之间的结合点。让很多要素集聚在县域经济中，就为两种战略寻找到了结合的空间。

5.绿色发展体系

绿色发展体系对我国的现代化非常重要，因为中国式现代化的特征之一是人与自然和谐共生的现代化。促进人与自然和谐共生，尤其是将建设美丽中国作为一个大战略，就不仅要发展经济，而且要构建绿色发展体系。

其中的关键问题有很多，但从企业视角来看，最重要的是推进碳达峰与碳中和。但如果企业无法得到足够的利润，就会降低转型的积极性。针对这一点，要在企业管理上推进 ESG，其中 E 代表环境、S 代表社会责任、G 代表公司治理。ESG 的理念与新发展理念，以及习近平总书记提出的全球发展倡议是吻合的。ESG 是联合国全球契约组织提出的，近年来受到了资本市场的青睐。通过披露 ESG 报告，企业若得到了资本市场的认可，相关股价就会上升，企业的融资成本也会降低。大量的基金和投资方青睐 ESG，就会有利于促进我国企业通过资本市场获得相应的资金支持，进而追求绿色发展，推进碳达峰与碳中和。

6. 开放体系

我国现在需要的开放是更高水平的对外开放。更高水平的对外开放与以往相比有着显著的不同。过去的开放是在我国严重缺乏外资的背景下进行的，所以希望可以通过开放吸引外资来我国投资设厂。此外，过去我国也严重缺乏外汇，所以希望可以通过低成本的出口导向的工业化战略积累外汇。这些战略成功地让我国成为世界第二大经济体。但目前我国的主要优势不再是低成本的劳动力、低成本的环境或其他低成本的要素。我国的比较优势已经从以前低成本的要素优势转变为超大规模的市场优势。超大规模的市场优势可以吸引外部资源的流入，而国内投资者也可以利用这个优势"走出去"，从而充分利用国内国际两个市场，实现两种资源的联动。

在这种情况下，我国的开放就不仅仅是一般产品的贸易和资本的进出口，而是在规则、规制和管理标准上的开放，因此我国的市场化、国际化和法律化的营商环境都很关键。目前，我国已签署《区域全面经济伙伴关系协定》（RCEP），仍在进行加入《全面与进步跨太平洋伙伴关系协定》（CPTPP）的谈判，其中的关键是在规则、规制和管理标准上的一系列对接。这是需要逐渐探索的过程，因为不同国家和地区的制度存在差异，需要彼此进行协调。最合适的试验方式应该是建立自贸区网络。通过建立高标准的自贸区网络，可以让自贸区成为高水平的自主创新高地、高素质的要素聚集地，以及高标准规则的试验场。在海南建立自贸区正是这方面的尝试。

7.社会主义市场经济体制和宏观调控体系

现代化经济体系既需要高水平的市场经济体制，又需要宏观调控，也就是既要发挥市场的主导作用，也要更好地发挥政府作用，形成两者的协调。目前我国所构建的宏观调控体系与传统的宏观调控存在区别，因为宏观调控体系需要实现宏观经济治理能力的现代化。因此宏观调控体系不仅包括传统西方意义上的财政政策和货币政策，还要实现宏观政策与其他政策的协调，包括与产业政策、区域政策、科技创新政策以及市场经济的反垄断、反不正当竞争政策等一系列政策的协调。

就宏观调控来说，仍需回到"三驾马车"的框架。尽管一些学者对"三驾马车"的框架存在异议，但目前没有更好的替代性分析框架。根据"三驾马车"的分析框架，我国需要扩大内需，而扩大内需的关键有两个，即投资和消费。投资的关键作用是优化供给结构，而消费起到基础性作用。目前扩大内需的整体核心是要扩大消费，这一点已经体现在了一系列政策中。一个现代化国家的消费占比会逐渐提高，而我国目前的消费占比仍然偏低。尽管消费是关键，但仍需重视投资，尤其是有效投资，因为有效投资主要针对的是消除短板和经济社会转型升级的需要。但吸引投资的关键机制很重要，投资必须带来回报，否则企业没回报、居民不消费，这种投资便毫无意义。

近年来，我国的宏观调控已经转为宏观经济治理，因而对经济活动的要求越来越全面和综合。当前总体的宏观战略是以供给侧结构性改革为主线，而扩大内需是主导战略，所以要把供给侧结构性改革和扩大内需战略相结合。我国于2015年提出了供给侧结构性改革，是因为当时发现仅依靠改革开放以来我国所坚持的"三驾马车"的导向无法实现经济增长。对经济结构的深入剖析表明主要是供给侧有问题，也即供给的创新不够，无法生产市场需要的产品，形成了结构性的错配，因此要进行供给侧结构性改革。当时对需求侧没有特别强调，但也没有完全忽视需求问题。2020年之后，新冠疫情严重影响了需求，所以现在必须进一步扩大需求。因此既要在需求侧扩大内需，又要坚持供给侧结构性改革，形成动态的协调。现在对宏观经济治理的要求是供给与需求、结构与总量、短期与长期、国内循环与国际循环、改革与管理都要实现协调。而其他政策，包括财政政策、货币政策、产业政策、科技创新政策、区域政策、企业/市场方面的政策也要围绕这些问题进行协调，这被称为稳中求进的政策体系。可见这些形成了一个非常复杂的治理体系，而不仅仅是宏观调控。

我国人口总量及其结构的转折性变化也带来了新问题。2012年我国的劳动年龄人口开始负增长，而2022年我国总人口也开始下降，这意味着从供给侧来看，劳动年龄人口和人口总量会减少。人口老龄化加深意味着新成长劳动力的减少，而新成长劳动力往往受教育程度较高。传统劳动力受教育程度相对来说较低，例如大龄劳动力和农民工。因此，我国的人力资本积累可能会出现问题，进而影响经济的潜在增长率。从全要素生产率来看，全要素生产率这些年总体在上升，但是上升的速度在下降，而这两年确实出现了负增长。这意味着我国还没有发展到发达国家水平的时候，潜在的经济增速和全要素生产率增长都出现了下降，这是很严重的挑战。

此外，仍然需要强调投资的意义。促进工业化转型升级以及新型工业化所需的基础设施投资都是必要的，而新型基础设施也需要大量投资。但需要建立有效的市场机制，不能仅依靠政府，政府要引导市场跟进，这些领域要对市场开放。另外我国的新型城镇化基础设施也需要投资。上文提到了城市群和都市圈是经济的增长极，要把绿色化、智能化、数字化技术叠加到传统的城市设施中，从而更好地促进增长极发挥作用。

在这个过程中，仍然需要强调制造业的作用，因为制造业和创新是直接相关的。制造业既是所有原创性技术直接得到应用的领域，同时又供给了科学研究、知识产生和技术发展所需的科研设备、创新设备和技术设施。考虑到制造业在创新上的重要性，制造业的占比可以降低，但要保证制造业的一定比例。如果制造业比例太低，可能会影响到创新过程，这也正是美国进行再工业化的一个关键原因。目前我国制造业吸纳就业的作用已经越来越小，而制造业在促进创新方面的意义越来越大，这也是我国制造业投资的重点方向。

从高质量发展来看，上文所分析的宏观调控体系要协调好创新、协调、绿色、开放、共享和安全等方面的理念，有几个着力点。首先，要将劳动报酬份额和居民收入比重的提高作为宏观政策的重点。前文的分析已经指出没有收入的增长，就不会有消费的扩张和内需的扩大，经济的增速也会受到影响。尽管当下在强调让经济实现质的有效提升，但为了实现2035年的目标，仍需要保持经济一定量的增长。根据测算，我国人均GDP若要在2035年达到2万美元的水平，就需要保持4%的经济增速。其次，关于数字经济的发展，一定要强调破除数字鸿沟，包括城乡之间和人与人之间的数字鸿沟。要克服对老年人使用数字技术的歧视，同时要构建全社会的终身学习体系。最后，推进数字经济的发展也要重新思考现在的招商引资模式。原有的内卷化的招商引资对数字经济的发展可能并不适用，因为数字经济具有赢者通吃的特性。而很多数字技术基层的技术需要国家进行统一的生产力布局。此外，地方政府要着力在数字经济的消费层面进行政策创新。

二、世界一流企业建设的基本认识与关键着力

建立现代化经济体系，就需要建设世界一流企业，因为没有一批世界一流企业，就谈不上现代化。很难在学术上对世界一流企业进行精确的定义，可以粗略表述为这些企业是在某个领域，尤其是一些关键领域，能够长期持续保持全球领先的竞争力、实力和影响力，而且品牌卓著、产品卓越、创新领先、治理现代的企业。

从企业方出发，世界一流企业应该具有三个层面的东西。一是精神。做企业就要具有锲而不舍、不懈奋斗的精神，把建设企业作为一个可持续的卓越发展的目标。成为世界一流企业需要很长的时间，所以需要具有这种精神和信念。二是价值观。成为世界一流企业需要具有一个复杂多元的价值体系。世界一流企业绝不是仅仅具有高利润率，而是同时实现了经济价值和非经济价值的有效统一。三是组织业务重塑。需要通过一些对标和方法论才能推进世界一流企业的建设。例如国资委在推进国有企业成为世界一流企业时，需要促使国有企业建立现代企业制度、提高创新能力、进行国际化经营等。

从对标世界一流企业的角度看，世界一流企业的管理特征又可以有四个维度。一是价值导向。这一维度涉及企业的使命、社会责任、组织文化、企业价值和企业家精神。二是战略柔性。这一维度涉及企业能够动态快速地响应环境变化的能力，需要企业根据内外环境去分析战略定位，做好规划，并在适当的情况下进行转型。例

如现有的世界一流企业必须抓住机会进行数字化转型，否则它就无法继续作为世界一流企业。世界一流企业还要走国际化道路，这是一个几十年甚至上百年的积累过程。三是动态能力。要实现战略柔性，企业必须具有这种能力。这种能力具有两个层面的因素：其一是企业的领导层或者说企业最关键的一些能够把控企业发展方向的基本机制或机构，也就是公司治理机制或公司治理结构。例如ESG中的每一个维度最终都要落到公司治理上。其二是整个公司要有创新能力。创新是极为关键的，它包括管理创新、组织创新和技术创新。所有这些能力构成了一个公司的动态能力，这可以让公司制定出具有柔性、适应环境的战略，从而保证公司的使命和价值观得到践行。四是资源基础。要实施公司的战略，还需要有对应的资源，包括人力资源、企业家的创新精神和企业能够支配的资金。

还存在一些难以归类的世界一流企业的管理实践。首先，世界一流企业一定要有宏大的企业家精神。绝不能像某些企业那样，即使规模已经很大了，仍在靠竞争排名赚钱。需要那种要为人类做一些贡献、为人类探索未来的企业家精神。只有具备了宏大的企业家精神，企业才可能成为世界一流企业。其次，一定要有优秀的公司治理结构，这是企业长期可持续的制度保障。要有组织文化和企业文化，要追求长远的品牌价值和良好的声誉。最后，发展战略一定是柔性的，且能适应多重变化，要经常适应环境的要求去转型。要有在全球调控资源的能力。集团也要有管控能力，以防过于分散以后，没办法实现其他目标。要能够实现管理创新，并实现管理创新和组织惰性之间的协调，克服大企业病。但创新又不可能脱离组织的规范，所以需要创新力和规范力的协调。

我国的不少企业与世界一流企业还存在哪些差距？中国的企业最大的问题是创新不足。数据表明，2021年全球2 500家大公司中

（这并非通常意义上的500强企业），美国企业的研发投入是7.8，而我国企业只有3.6。按绝对规模算，我国企业的平均研发投入是2.9亿欧元，远低于美国的5.4亿欧元，也不如欧盟和日本的企业高。我国企业虽然在规模上比欧盟和日本的企业大，但研发投入却并不比它们高。还有一个重要现象是国有企业越多，研发投入占比越低。上市公司数据显示，公司的国有资本占比越高，研发投入占比就会越低，这说明国有企业的研发投入是不够的。国有企业着重进行研发投入的行业也表现出很强的特征，那就是在强国行业而非民生行业进行大量研发投入。例如，处于航空航天领域的国有企业的研发投入高达33%，远超4.5%的国际水平，而处于医药行业的国有企业研发投入只有0.5%，远低于14%的国际水平。

我国企业的品牌价值相较于美国也存在很大差距。在世界500强企业中，我国企业占比已经成为第一，这些企业的规模也比较大，但存在大而不强的问题。数据显示，我国企业的平均资产规模比美国企业高9%，但平均营收和利润水平却分别低16%和31%。我国企业的销售利润率、平均资产收益率和平均净资产收益率分别为4.53%、1.83%和8.59%，而美国上榜企业的对应指标分别为6.95%、3.56%和29.23%，分别为我国上榜企业的1.5倍、1.9倍和3.4倍。

除此之外还有国际化和全球化的问题。世界一流企业必然具有很高的国际化水平。我国企业目前的处境与美国的打压有关，另外也与我国的发展阶段有关。我国企业正在努力进行国际化，尤其是在我国提出"一带一路"倡议之后，现在很多企业的国际化都和"一带一路"倡议有关。我国企业与响应"一带一路"倡议的国家展开了大量合作，这有效促进了企业的国际化，但与世界一流企业仍存在差距。

三、现代新型国有企业的提出背景与建设方向

成为世界一流企业应当成为很多国有企业的一个奋斗目标,这是国有企业改革与发展适应新发展阶段特征的结果。

建设社会主义市场经济体制的一个关键主题就是国有企业的改革和发展。国有企业需要改革和发展,一方面是因为国有企业自身要成为社会主义市场经济重要的市场主体,另一方面则是因为国有企业的发展可以为非公有制企业带来巨大的成长空间。计划经济体制向社会主义市场经济体制的转型既是国有企业社会化改革的结果,又是众多领域逐渐向非公有制经济开放,从而促进大量非公有制企业成长的结果。最终形成了公有制企业和非公有制企业共同繁荣发展的局面。

到了新发展阶段,国有企业需要进一步改革和发展。近几年出现了一个概念现代新型企业,它和中国式现代化相关。在新一轮推进国有企业改革的过程中,有两个重点:一是要提高核心竞争力;二是要增强核心功能。针对提高核心竞争力,改革开放40多年来始终都是围绕这个目标,因为在早期强调的是国有企业没有活力,所以要提高国有企业的活力与竞争力。这些年把国有企业塑造为市场主体就是为了解决这个问题。增强核心功能是一个新的目标。该目标表明国有企业不仅要在市场上有竞争力,而且其定位要围绕中国式现代化,因此国有企业要围绕自身的功能定位去发展,要聚焦和增强。

上文已经指出了我国企业与世界一流企业的各种差距,既有财务指标上的差距,也有创新上的差距。若国有企业要做强做优做大,包括发挥国有经济的战略性支撑作用,就要解决当前存在的问题。关键在于要进行分类改革,从而处理好国有企业的社会责任和经济

责任的关系。进入新时代后，国有企业最大的改革就是分类改革。分类改革要解决什么问题？实践发现国有企业既承担经济责任，又承担各种各样的政策要求和社会责任，于是我国政府把国有企业分成了三类。下一步的关键是基于不同类型去对国有企业进行治理和监管。如果没有分类治理和监管，就没办法处理好国有企业的社会责任和经济责任的关系。

现在国有企业改革要坚持下述两个方向。一是国资委和国有企业之间的关系是要有以管资本为主的国有资产管理体制，其中涉及国有资本投资公司、国有资本运营公司和具体的企业。二是在具体企业层面，国有企业要建设中国特色的国有企业公司治理机制，要按市场化的要求去运营，最终成为世界一流企业。这是改革开放以来始终坚持的改革方向，而党的二十届三中全会又提出了国有企业改革的新要求，那就是国有企业改革要切合中国式现代化的要求，国有企业的定位一定要更加聚焦，要能够提高中国式现代化水平，要有扛起使命的责任。

当下的一个热点概念叫现代新型国有企业，其实这是对新型国有企业和现代化的概念进行了叠加。新型国有企业本身并不是新概念，20世纪90年代学界就大量讨论了新型国有企业。当时认为适应了社会主义市场经济要求的国有企业就是新型国有企业。现在在新型国有企业的概念上叠加了现代一词，可以认为现代新型国有企业是既适应社会主义市场经济体制的要求，又符合推进中国式现代化要求的具有现代属性的国有企业。可以从四个维度描述现代新型国有企业。

其一是从资本维度进行描述。资本维度又可以分为微观维度和宏观维度。从微观维度说，股份公司和有限公司是现代企业的制度形式，也就是微观的股权结构。从宏观维度说，关键是国有资本的布局，而这一布局一定要符合中国式现代化的要求。中国式现代化需要国有企业做什么，就要在资本上布局什么，国有企业一定要适应国家现代化的不同阶段的要求进行战略性的动态调整。这与民营企业围绕盈利来进行治理与活动的准则形成了鲜明的对比。

其二是从治理维度进行描述。国有企业的治理要落实两个"一以贯之"即：坚持党对国有企业的领导是重大政治原则，必须一以贯之；建立现代企业制度是国有企业改革的方向，也必须一以贯之。也就是说，既要坚持党对国有企业的领导，又要有规范的公司治理结构。现在的问题是如何把两个"一以贯之"有效地统一到具体企业的微观层面。

其三是从技术维度进行描述。产业的先进性是现代性的重要体现，需要国有企业成为产业链供应链的链主，并成为一个开拓性和原创性技术的策源地。

其四是从管理维度进行描述。从内部来说，一定要实行市场化的经营管理机制，从而提高管理的现代化水平。没有管理现代化水平的提升，就无法建成世界一流企业。从外部来说，还存在宏观方面的管理，这恰好体现了国资委作为国有股东代表和具体企业之间的关系。这种管理的关键在于如何提高监管的效能，也就是如何协调国资委、国有资本投资公司、国有资本运营公司和国有企业的关系。

到了新发展阶段，强调的是中国式现代化和现代新型国有企业，所以国有企业改革发展的逻辑已经发生变化。过去的国有企业改革是希望国有企业能够转变为社会主义市场经济的主体，而现在的国有企业改革要围绕中国式现代化的使命展开。所以新一轮国有企业改革的逻辑起点不仅是进一步的市场化，而且更明确了国有企业在中国式现代化建设过程中的角色定位和使命要求。国有企业现在要成为现代化经济体系的一个重要市场主体，所以需要国有企业能实现高水平发展、自立自强，能提升产业链供应链的现代化水平，能推进共同富裕，能帮助构建新发展格局，并能在以国内大循环为主体、国内国际双循环相互促进中发挥引领和支撑作用。这给国有企业的改革提出了下述要求。

第一，国有资本的布局和结构要进行调整。资本布局要围绕制造强国、质量强国、航天强国、交通强国、网络强国、数字中国、乡村振兴、新型城镇化等战略和目标进行。2021年的中央经济工作会议曾指出要防止资本无序扩张。当时学界的关注点集中在防止平台资本的无序扩张上，但防止资本的无序扩张实际上对整个社会主义市场经济体制和企业主体都有要求。社会主义市场经济体制必须鼓励资本的发展，因为资本是活跃生产力的一个主要因素。但是要设置资本的"红绿灯"，其基本意义在于限制资本进入不可进入的领域，而不可进入的原因是这些领域违背了社会主义的基本要求。这个要求如何体现？对非国有资本而言，就是符合法律的规定以及社会公认的——也许法律并没有很明确地规定——维持一个良好社会秩序所需的公德要求。只要不违反这些原则，资本就享有进入某一领域的自由。但对国有资本而言，还有另外一种类型的无序扩张，即国有企业进入了与其定位不符的领域。一个处于制造业的国有企业就应当服务于实现制造强国的目标，就应当在现代化产业体系里成为某个产业链的链主，或者能引领这个产业链的转型升级。如果这个国有企业扩张到了房地产领域，那就是资本的无序扩张。应当对国有资本的无序扩张有更强的约束。

第二，国有企业要避免脱实向虚。现在一些国有资本也在慢慢向房地产业集聚。国有企业向房地产业集聚有其好处，因为不会出现像恒大和碧桂园那样的问题。但总体来说，国有企业的基本定位是必须服务于以实体经济为支撑的现代化产业体系。国有企业的发展一定要把握好制造业和实体经济在现代化产业体系中的作用。尤其重要的是国有企业要强调在未来产业和战略性新兴产业中的布局。战略性新兴产业和未来产业不是同一个概念。从产业的生命周期来看，成熟产业要经历投入期、成长期、成熟期、衰退期四个周期。处于成熟期的往往是一些成熟产业或者叫支柱产业，处于孕育期（即生命周期之前的阶段）的往往是未来产业，而处于投入期和成长期的往往是战略性新兴产业。以前的国有企业常常是在投入期和成长期获得大量投入。要想实现当前对国有企业的新定位，让国有企业成为原创性技术的策源地，就要在孕育期对未来产业进行大量投资，把控好一些重点领域。这恰恰又要求对国有企业的考核方式进行改革，例如要考核企业经营者的长期计划，同时也要有一定的容错率。

第三，国有企业的治理要落实两个"一以贯之"。其中一个"一以贯之"是建立现代企业制度，其实现需要进一步在微观层面进行探索。现在已经探索形成了一套比较成熟的体系，其中党组织把方向、管大局、保落实，董事会定战略、做决策、防风险，经理层谋经营、抓落实、强管理，监事会监督、审查、纠偏。"新三会"与"老三会"之间的关系正在慢慢地趋于稳定，未来的关键在于在企业内部更进一步地协调各方的关系。

第四，要坚持进行分类改革。要推进高水平对外开放，我国需要在规则、规制和管理标准上与国际对接。我国目前正在进行加入CPTPP的谈判，该谈判既涉及把我国的规则与CPTPP的规则对接，也涉及一些规则的改变。而在对国有企业的认识上，双方存在较大差距。更进一步的分类改革可以让国有企业更容易地在CPTPP的规则中找到对应。基于分类改革的分类治理也有助于对标CPTPP的规则。

第五，国有企业的目标是建成世界一流企业，但仍需加强创新。上文的分析表明国有企业的创新不足是阻碍其成为世界一流企业的重要障碍。促进创新必须有针对国有企业的长期主义绩效考核和针对创新的容错机制。有调查问卷表明国有企业领导人普遍认为从严管理、理想信念和党内监督具有很强的约束性，但是缺乏容错、宽容失败和鼓励创新的机制，这恰恰体现了国有企业激励约束机制需要改善的方向。

需要指出的是，世界一流企业和现代新型国有企业存在差异。现代新型国有企业强调的是所有的国有企业改革发展共同遵循的目标，而其中的某些大规模企业可能会成长为世界一流企业。全国真正有潜力成为世界一流企业的国有企业数量相当有限。但通过现代新型国有企业的建设，能够把成为世界一流企业作为一个目标，这里头有四个方面要努力：一是要创新，把握趋势，提高创新力；二是要建设品牌，对标世界一流企业的管理，从而提升品牌价值；三是要进行有效治理，在治理上对标世界一流企业的实践；四是要提升国际影响力，按照构建新发展格局的要求，积极融入国际循环中，不断提高企业的全球影响力。这样才会推进国有企业成为现代新型国有企业，并使之朝着成为世界一流企业的方向努力。